新时代乡村产业振兴干部读物系列

乡村休闲旅游业

农业农村部乡村产业发展司　组编

中国农业出版社
农村读物出版社
北　京

图书在版编目（CIP）数据

乡村休闲旅游业 / 农业农村部乡村产业发展司组编
. —北京：中国农业出版社，2022.1
（新时代乡村产业振兴干部读物系列）
ISBN 978 - 7 - 109 - 27508 - 9

Ⅰ.①乡… Ⅱ.①农… Ⅲ.①乡村旅游－休闲旅游－
旅游业发展－中国－干部教育－学习参考资料 Ⅳ.
①F592.3

中国版本图书馆 CIP 数据核字（2020）第 204499 号

中国农业出版社出版
地址：北京市朝阳区麦子店街 18 号楼
邮编：100125
责任编辑：廖 宁 文字编辑：杨桂华
版式设计：王 晨 责任校对：吴丽婷
印刷：中农印务有限公司
版次：2022 年 1 月第 1 版
印次：2022 年 1 月北京第 1 次印刷
发行：新华书店北京发行所
开本：700mm×1000mm 1/16
印张：16.75
字数：280 千字
定价：68.00 元

丛书编委会

本书编委会

主　　编　王　维
参编人员　周佳佳　赵艳超　刘　康　于维钢　范文童
　　　　　王　聪　张玉霞

序

　　民族要复兴，乡村必振兴。产业振兴是乡村振兴的重中之重。当前，全面推进乡村振兴和农业农村现代化，其根本是汇聚更多资源要素，拓展农业多种功能，提升乡村多元价值，壮大县域乡村富民产业。国务院印发《关于促进乡村产业振兴的指导意见》，农业农村部印发《全国乡村产业发展规划（2020—2021年）》，需要进一步统一思想认识、推进措施落实。只有聚集更多力量、更多资源、更多主体支持乡村产业振兴，只有乡村产业主体队伍、参与队伍、支持队伍等壮大了，行动起来了，乡村产业振兴才有基础、才有希望。

　　乡村产业根植于县域，以农业农村资源为依托，以农民为主体，以农村一二三产业融合发展为路径，地域特色鲜明、创新创业活跃、业态类型丰富、利益联结紧密，是提升农业、繁荣农村、富裕农民的产业。当前，一批彰显地域特色、体现乡村气息、承载乡村价值、适应现代需要的乡村产业，正在广阔天地中不断成长、蓄势待发。

　　近年来，全国农村一二三产业融合水平稳步提升，农产品加工业持续发展，乡村特色产业加快发展，乡村休闲旅游业蓬勃发展，农村创业创新持续推进。促进乡村产业振兴，基层干部和广大经营者迫切需要相关知识启发思维、开阔视野、提升水平，"新时代乡村产业振兴干部读物系列""乡村产业振兴八大案例"便应运而生。丛书由农业农村部乡村产业发展司组织全国相关专家学者编写，以乡村产业振兴各级相关部门领导干部为主要读者对象，从乡村产业振兴总论、现代种养业、农产品加工流通业、乡土特色产业、乡村休闲旅游业、乡村服务业等方面介绍了基本知识和理论、以往好的经验做法，同时收集了脱贫典型案例、种养典型案例、融合典型案例、品牌典型案例、园区典型案例、休闲农业典型案例、农村电商典型案例、抱团发展典型案例等，为今后工作提供了新思路、新方法、新案例，是一套集理论性、知识性和指导性于一体的经典之作。

丛书针对目前乡村产业振兴面临的时代需求、发展需求和社会需求，层层递进、逐步升华、全面覆盖，为读者提供了贴近社会发展、实用直观的知识体系。丛书紧扣中央三农工作部署，组织编写专家和编辑人员深入生产一线调研考察，力求切实解决实际问题，为读者答疑解惑，并从传统农业向规模化、特色化、品牌化方向转变展开编写，更全面、精准地满足当今乡村产业发展的新需求。

发展壮大乡村富民产业，是一项功在当代、利在千秋、使命光荣的历史任务。我们要认真学习贯彻习近平总书记关于三农工作重要论述，贯彻落实党中央、国务院的决策部署，锐意进取，攻坚克难，培育壮大乡村产业，为全面推进乡村振兴和加快农业农村现代化奠定坚实基础。

农业农村部总农艺师　曾衍德

前　言

　　乡村振兴的关键在于产业振兴。乡村休闲旅游是产业振兴的新业态，在乡村振兴的大棋盘下发挥着重要作用。

　　乡村休闲旅游是以乡村为背景，以乡村文化、乡村生活和乡村田园风光为特色而进行的兼带观光度假、休闲性质的旅游活动。乡村休闲旅游利用乡村自然资源和人文资源，把农耕活动与休闲农业、传统农业文明与现代乡土文化有机结合起来，以农耕文化为魂，以美丽田园为韵，以生态农业为基，以古朴村落为形，以创新创意为径，把农区变景区，把田园变公园，把劳动变运动，把空气变人气，把青山变金山，把农房变客房，把农产品变礼品，把农业做成幸福的产业，把农村做成欢乐的家园，把农民做成致富而有尊严的群体，推动乡村生产、生活、生态三位一体发展，有力促进乡村振兴。

　　发展乡村休闲旅游，可以促进产业兴旺有"市值"。乡村休闲旅游是农村一二三产业发展的天然融合体，产业链长、涉及面广、内涵丰富。发展乡村休闲旅游，可以发掘农业的多种功能，夯实一产的基础，推动二产两头连，促进三产走高端，让乡村资源优势变为经济优势，让农民的钱包鼓起来。

　　发展乡村休闲旅游，可以促进生态宜居有"颜值"。乡村休闲旅游是绿水青山转化成金山银山的"金扁担"，可以让乡村的景观靓起来，同时能为市民提供各种服务，让人们享受"好山好水好风光"的视觉愉悦。

发展乡村休闲旅游,可以促进乡风文明有"气质"。乡村休闲旅游结合当地文化符号、文化元素,通过休闲养生、农耕体验等活动,挖掘当地的民俗乡土文化、农耕饮食文化、图腾文化和民间工艺,将其激活、保护、传承和弘扬。

发展乡村休闲旅游,可以促进治理有效有"基质"。乡村休闲旅游以农民为主体、农村为场所,既有小农户和基层组织的自主经营,又有工商资本的参与带动,这一过程中,乡村休闲旅游将先进的管理模式和理念引入农村,影响基层组织管理方式,促进自治、法治、德治"三治"体系的建立,有利于激发基层组织自我调整和创新的活力。

发展乡村休闲旅游,可以促进生活富裕有"品质"。乡村休闲旅游能够大幅提升农产品附加值,增加农民收入,扩大就业容量,从而有效提升农村产业的劳动生产率、土地产出率、资源利用率,让农业"有干头、有赚头、有奔头、有念头"。

乡村休闲旅游业在乡村振兴中至关重要,本书可供相关工作人员、专业人员学习和参考,以便更好地服务"三农",振兴乡村,实现自己的价值。

编 者

2021 年 6 月

目　录

第一章
乡村休闲旅游业的概念

第一节　乡村休闲旅游的定义与内涵

一、乡村休闲旅游的定义

乡村休闲旅游特指在乡村地区开展的，以特有的乡村人居环境、乡村民俗文化、乡村田园风光、农业生产及其自然环境为资源，为游客提供观光、休闲、体验、健身、娱乐、购物、度假等新型旅游经营活动。

二、乡村休闲旅游的内涵

乡村休闲旅游业是以农业、农村、农民为背景，利用农业景观、农村环境、农业资源，以农村生活文化为依托，以休闲农场，休闲农园，观光农园，体验农园，科技农园，生态农园，休闲酒业，市民农园，农业公园等为载体，以增进人们对农业、农村的生活体验为目的，打造具有"生产，生活，生态"为一体的"三生一体"的特色和一二三产业融合特征的新型产业形态，并且提供了五个专业内涵。

（一）乡村休闲旅游的资源基础建立在于三农

乡村休闲旅游是以农产品延伸、农民工延伸、农业自身及农村本身延伸等几个向外延伸发展为产业延伸结构。以农产品为延伸对象是指：对农产品品种的丰富及扩展，对农产品加工的深度处理，延长产业链，开发农产品的多种消费途径，将促进并完善使生产、销售、服务融为一体，进一步扩展农产品的市场空间，满足消费者的合理要求。以农民工为延伸对象是指：充分利用和发挥农村剩余劳动力，通过对农民工进行培训教育，将农民工从原来的单一农业生产上转移并延伸到农产品加工、销售、餐饮和休闲旅游上。以农业自身为延伸对象是指：要具体充分的发挥和利用农业的有效资源及其特殊的生产方式及经营方式，打造优美的原生态休闲环境，为人们提供休闲度假、观光旅游、休闲养生、生产体验，娱乐教育等多种服务选择。以农村自身为延伸对象是指：充分利用农村的传统文化、生活特色、乡村建筑、自然生态等资源，为人们提供具有乡村特色的休闲服务。以地域分化为延伸对象是指：乡村休闲旅游发展地区的分布，应本着交通便利、水资源丰富、季节性蔬果齐全等特点，为人们提供选择上的便利，应该从"产业"到"地域"，从"地域"到"经济"的延伸，避免单一的产业延伸。

（二）乡村休闲旅游的经营内容必融合于"三产"

乡村休闲旅游是一个农业发展的新领域和产品发展的新业态，其范围涉及农、林、牧、副、渔在内的所有农业领域相关的部分，并融合了第三产业的产品加工业，是一个以产品加工为主，将农民生活及农村生态融合发展的新形态农业，是一个将农产品产销、农产品加工、提供游娱服务的三级产业，融合发展的一种新的产业营销方式。乡村休闲旅游业就是将原本单一的旅游观光变成以服务为主的"服务型旅游"，使农业从原本的一级农业产业变成由一二三产业融合发展的新型农业产业，并将其向市场化和产品化的方向延伸，使其优势转化为发展新农业产品的核心力和竞争力。

（三）乡村休闲旅游的服务宗旨需定位于"三生"

乡村休闲旅游业所呈现出来的"三生"是指"生产、生活、生态"，是利用田园景观、乡村风貌、自然生态等这种自然资源为卖点，为游客提供以乡村农业环境为载体，以农业科技为依托，以为人民服务为宗旨，以增加农民收入为根本目的的乡村休闲旅游。其中，对于"三生"的基本发展顺序，应该是"生态、生产、生活"。反之，就会出现投入过大，或者资源浪费、效益低下等诸多问题。

（四）乡村休闲旅游的体验价值需依赖于"三美"

乡村休闲旅游是一种体验经济，其价值依赖于"三美"，即"特色之美、生命之美、人文之美"。乡村休闲旅游是向游客展示乡村原有的自然之美，再对其特点进行发掘和利用，使乡村显露出不同的特色之美；乡村休闲旅游是让游客看到、触到、品到绿色生态的农产品，通过绿色环保的生产过程，展现出对大自然生态平衡的尊重，展示出农产品的生命之美，让游客体会到生命是一种恩赐。人文之美是指企业在经营过程中所流露出来的文化传承，是一种尊重大自然、细腻精致的工作习惯，是秉承精挑选、精加工、精包装、优质量、优价格、优选择的服务理念，是吃饭喝茶时的文化气息。乡村休闲旅游将优秀的中华传统文化与乡村休闲旅游相结合，使游客在乡村休闲旅游的同时体验到乡村的人文之美。

（五）乡村休闲旅游的产业提升需来源于"三力"

乡村休闲旅游发展离不开对农地的有效利用，有效利用农地则应立足于善用土地的栽培力、负载力和区位力。善用栽培力发展农业生产，重视栽培力适合具有养生功能而偏远的地区；善用负载力发展农产品加工业，重视负载力适合有特色而距离较远的地区；善用区位力发展旅游服务业，适合收入较高、人员较集中的地区。

第二节　乡村休闲旅游的意义与作用

乡村振兴的关键是产业振兴，乡村休闲旅游是产业振兴的新业态。乡村振兴战略背景下，加快转变农业发展方式，促进乡村产业振兴是当下的主旋律。随着消费结构升级，城乡居民对休闲旅游、健康养生等需求增加。各地发掘农业多种功能和乡村多重价值，推动乡村休闲旅游业蓬勃发展，使之成为横跨一二三产业、兼容生产生活生态、融通工农城乡的新产业新业态，成为绿水青山转化为金山银山的"金字杠杆"。

1. 发掘农业多重功能和乡村多重价值　乡村休闲旅游业适应人们对农业功能需求的变化，更深挖掘乡村价值，促进农业从单纯衣食

3

功能向多功能转化，推动"农业＋"文化、教育、旅游、康养等产业发展，催生创意农业、教育农园、消费体验、民宿服务、农业科普、康养农业等新产业新业态，天然地把农业生产、农产品加工、乡村服务等一二三产业融合在一起，并从零星分布向集群转变，从郊区景区周边向更多适宜乡村拓展，涌现出一大批有特色的农家乐、休闲农庄、休闲聚集村和民俗村。通过试吃体验、认识农业、体验农趣和科普讲解等方式，发挥网站、微信、公众号和电商的展示、互动、体验功能，实现消费主体的集聚，帮助消费者获取对称信息，让农业多种功能和资源多重价值充分发挥。2019 年，北京农业嘉年华 58 天迎客110 万，其间推出 190 多个创意农业景观、800 多个农业优新特品种、70 多项先进农业技术、220 多项互动体验活动，累计接待入园游客110.72 万人次，带动周边草莓采摘园接待游客 253 万人次，昌平民俗旅游接待游客 55.72 万人次，实现总收入 2.47 亿元。据监测调查，2018 年全国休闲农业和乡村旅游接待人次超 30 亿，营业收入超过8 000 亿元。

2. 开辟农民跨界增收跨域获利渠道 乡村休闲旅游业发掘稻田湿地、油菜花海、草原绿地、森林氧吧和河流海洋等绿色价值，促进农民从单纯卖农产品向更多"卖过程""卖风情"转变。让农业有文化说头、有休闲玩头、有景观看头，实现农业物化产品和精神产品双重增值。农民不仅需要生产出优质原生态的农产品，还要加工成游客可品尝、可观赏、可携带的商品和工艺品，不但卖产品，也可以卖体验和过程，多元化增加经营性收入。农民把农家庭院变成市民休闲的"农家乐园"和可住可租的旅店，实现"空气变人气""叶子变票子"，增加收入。农民把农业产区变成居民亲近自然的景区，带动餐饮住宿、农产品加工、交通运输、建筑和文化等关联产业发展，增加工资性收入。陕西省咸阳市礼泉县袁家村发展乡村餐饮和旅居，收入超过10 亿元；浙江省天台县后岸村家家发展农家乐，收入超过 2 000 万元，户均收入超过 18 万元。

3. 打造居民望山见水忆乡愁好去处 乡村休闲旅游业以其新颖的产业形态和有效的运行方式，充分发掘绿水青山、清新空气、文化传承、生态涵养等资源价值，凝聚乡村人气，促进乡村从单纯农民居住向农民市民居住转变。为市民打造"离城不近不远、房子不高不低、日子不紧不慢"的高品质生活，给居民提供望蓝天白云、看碧水清波、吸清新空气、品特色美食的休闲好去处，日益展现出产业融合、资源整合和功能聚合的独特作用和迷人魅力。目前，全国已形成了南京农业嘉年华、海南共享农庄、四川农业主题公园等品牌。北京市开展"十百千万"畅游行动，将推出十条北京最美乡村路、百余个美丽休闲乡村、千余个精品观光采摘园、近万个民俗接待户。

4. 促进人才土地资金等资源要素向乡村汇聚　乡村休闲旅游业以其连接城乡、沟通工农的独特功能，促进城乡从单向流动向双向流动转变。大量的工商资本投入农业和农村改造，资金聚集效应明显，先进生产技术和管理技术得到广泛应用。乡村的水、电、路、气、讯等公共设施得到改善，城市的公共服务正在快速向农村延伸，消费支出由城市向农村流动。乡村休闲旅游同时吸引外部人才下乡进村创业，促进本乡人才就地就近就业，激发各类人才努力进取兴业，实现城市和乡村融合、市民和农民互动、城镇化和"逆城镇化"相得益彰。

第三节　乡村休闲旅游发展的总体思路

一、总体思路

乡村休闲旅游业是一个新兴产业，也是一个系统工程，需要统筹谋划，精准发力，为乡村振兴提供有力支撑。在推进思路上，要坚持"一个围绕，两个紧扣，三个突出，三个着力提升"。

1. 一个围绕　就是围绕发展现代农业，运用现代科技、管理要素和服务手段，改造提升传统的乡村休闲旅游业态，逐步实现生产、经营、管理、服务的现代化。

2. 两个紧扣　一个是，紧扣乡村产业振兴，让农业经营有效益、成为有奔头的产业，让农村留住人、成为安居乐业的美丽家园；另一个是，紧扣农民持续增收，让农民足不出户就能获得稳定的收益，实现自身价值的提升和经营收入的增长。

3. 三个突出　一是突出特色化。立足当地资源、区位和传统优势，打造特色突出、主题鲜明的休闲旅游产品。二是突出差异化。因地制宜、错位竞争，让消费者感受与众不同的景观和体验。三是突出多样化。设立针对不同消费需求的产品，满足消费者个性化需求，实现休闲旅游产品异彩纷呈。

4. 三个着力提升　一是着力提升设施水平。从人性化、便利化、快捷化的角度，加强乡村休闲旅游设施建设，让消费者尽情享受、顺畅游玩。二是着力提升服务水平。为游客提供休闲、观光、体验等服务，让游客玩得放心、住得安心、花得舒心。三是着力提升管理水平。创新管理理念，引进农业、旅游、人力、财务等多领域人才，实现质量效率同步提升。

围绕上述思路和要求，要重点抓好以下措施落实：

（1）强化规划引领。要立足资源优势、产业基础和市场需求，制订发展规划，引导资金、技术、人才等向优势区域聚集。中央印发的《乡村振兴战略规划（2018—2022 年)》，对休闲农业和乡村旅游发展也进行了统筹安排。各地要按照规划要求，注重因地制宜和多规合一，切实抓好落实。

（2）强化精品打造。以行政村镇为核心，培育一批天蓝、地绿、水净、安居、乐业的美丽休闲乡村（镇）。以集聚区和经营主体为核心，建设一批功能齐全、布局合理、增收机制完善、示范带动力强的休闲农业精品园区和农庄。持续开展精品推介活动，推介农业嘉年华、休闲农业特色村镇、农事节庆等形式多样、富有特色的活动。

（3）强化规范管理。对乡村休闲旅游的标准进行梳理，制修订一系列的技术规程和服务标准，提升产业的标准化、行业的规范化。组织开展人才培训，重点开展经营管理、市场营销、创意设计等培训，培养一批素质强、善经营的休闲旅游人才。要不定期地对休闲旅游聚集区的设施状态、安全责任、服务水平开展督促检查，保障服务规范、运营安全。

（4）强化设施完善。基础设施投入主要靠国家级、省级、市县级的交通建设规划和旅游景点的建设规划投入。相关部门应加强沟通协调，密切配合、共同推进。旅游景点设施投入主要靠经营主体自筹资金解决，可申请适当补助。

（5）强化业态丰富。对"农家乐""农事体验"等一些传统业态，要通过改造基础设施、提升服务水平、创新营销模式，实现"老树开新花"。适应消费升级需要，引导经营主体发展高端民宿、康养基地、摄影基地、教育农园等高端业态。因地制宜开发深度体验、新型疗养等新型业态，发展森林疗养、音乐康养等服务。

二、重点工作

针对当前乡村休闲旅游发展中出现的新情况、新问题，要加强引导，规范管理，保持良好的发展势头。重点要处理好以下几个关系。

（一）处理好政府引导与市场主体的关系

1. 发挥市场配置资源的决定性作用　充分调动各类市场主体从事乡村休闲旅游的积极性，才能有效地将社会的资金、技术、人才等要素与农业特色产业、农村生态与环境、农民生活与文化等优势相结合，创造出满足城镇居民体验农业、回归自然、回报乡村需求的新产业新业态，才能在政策和规则的框架下，使休闲旅游在经营上更加灵活多样，在机制上更加充满活力，在服务上更加贴近市场需求。

2. 更好发挥政府的引导作用　政府通过制订发展规划，引导乡村休闲旅游的发展方向；通过制定优惠政策和措施，吸引社会主体参与；通过强化管理服务，促进规范服务，提档升级。如果缺乏正确的引导，就会出现诸如损害农业基础、破坏生态环境、侵害农民权益等问题。

（二）处理好农民主体与社会参与的关系

1. 尊重农民的意愿和主体地位　发展休闲农业必须把促进农民就业创业、增加农民收入作为根本出发点和落脚点，不论是搞休闲观光还是餐饮服务，都要健全利益联结机制，让农民深度参与，这样才能持续稳定发展。

2. 引导社会资本参与，聚集更多资源要素 鼓励城市工商资本进入乡村，兴办休闲农业和乡村旅游，解决乡村产业发展中资金短缺问题，将更多的先进管理经验、信息技术和营销网络引入乡村，做大这一产业。同时，资本下乡要带动老乡，不能代替老乡，更不能剥夺老乡。农家乐不能光让老板乐，还得让农民乐。

（三）处理好经济效益与生态效益的关系

1. 注重经济效益提升 休闲农业和乡村旅游是一个产业，要遵循经济规律，投资要有收益，经营要有利润，这样才能持续，否则就办不下去，留下一个烂摊子，投资损失更大，农民收益得不到保障。

2. 注重生态环境保护 天人共美、相生共荣的好生态，是休闲农业和乡村旅游的独特吸引力和竞争力。发展休闲农业和乡村旅游，要坚持生态为先，践行好"两山"理念，美化山水林田湖草。严禁开山填湖、破坏生态，杜绝毁坏村容村貌，严格落实耕地保护制度。

第二章
乡村休闲旅游业的演变历程

第一节　乡村休闲旅游的起源与发展

一、乡村休闲旅游的雏形

乡村休闲旅游是当代社会旅游业发展的方向之一，具有强大的发展空间与升值空间。经调查研究表明，乡村休闲旅游业在国外已经有100多年的历史了，乡村休闲旅游业最早出现在19世纪30年代的欧洲，当时，部分欧洲国家及地区就已经开展了休闲旅游农业活动。1865年，意大利成立了"全国农业与旅游全国协会"，该协会专门介绍城市居民到农村去体验乡下生活，乡村休闲旅游作为一种新型的旅游形式广受众人喜爱，这是乡村休闲旅游发展历史的一个标志事件。只是当时并没有普及开，直到乡村休闲旅游推动了当地的经济，并对农村当地的经济起到了较大的贡献，解决了当地乡村农户的就业问题，才被人们所熟知、推崇。在20世纪30年代，欧洲特色农业得到较大的发展，并逐渐向美洲等部分国家和地区快速扩展；到了20世纪中期，世界各地都开始开展具有观光职能的观光农园，其更多的包含了食、住、行、游、购、娱六种元素的经营，并出现了一批新兴职业，从而产生了相应的专职人员；20世纪80年代后，乡村休闲旅游开始得到普及发展，并且随着社会发展，呈现出不同的经营模式。

我国乡村休闲旅游诞生得更早。史料记载，旅游活动最早出现于原始社会末期，而城市在我国最早出现于春秋战国时期。那么，在原始社会末期至春秋战国时期的这段时期内，旅游活动的客体无疑就是乡村的风物、风情以及荒野风光，这种以原始的乡野农村的风光、风情为活动对象的旅游，合乎现代乡村休闲旅游的定义。我国先民也有到郊野农村去春游（即踏青）的习俗。如《管子·小问》记载："桓公放春三月观于野。"就记录了齐桓公到郊野农村娱乐身心、享受明媚春光的情况。这也是我国春游一词的最早出处。而且，史料记载，当时人们外出踏青已较多地使用牛车、马车、旅馆等交通、住宿设施。因而，这种踏青活动已具有现代乡村旅游的特性，应该是一种乡村旅游活动。因此，我国先民的春游活动可视为我国乡村旅游活动的雏形。

二、现代乡村休闲旅游的发展阶段

现代意义上的乡村休闲旅游始于 20 世纪 80 年代，经过 20 世纪 90 年代和 21 世纪头 10 多年的逐步发展，现在已进入快速发展阶段，大致划分为 4 段历程：

（一）萌芽期（1980—1990 年）

改革开放以后，我国休闲农业和乡村旅游开始萌芽兴起。靠近城市和景区的零星极少数农民，通过举办荔枝节、西瓜节等节庆活动，吸引城市游客前去购买品尝、观光旅游，这是我国休闲农业和乡村旅游的最初形态。

（二）起步期（1990—2000 年）

这个阶段我国城市化步伐加快、居民收入提高、消费结构开始改变，城市居民在解决温饱之后，有了观光、休闲、旅游的需求。大中城市周边的一些农村和农户利用当地特有的农业资源和特色农产品，开办休闲农业园和民俗接待户，吸引大批城市居民利用节假日到农村采摘、垂钓、野餐。

（三）成长期（2000—2010 年）

进入 21 世纪后，人民生活水平由温饱转向逐步小康，对休闲旅游的需求日益旺盛。这个阶段我国休闲农业和乡村旅游的突出特点是发展速度较快、规模较大、数量较多，涌现出一批生态农业观光园、现代农业示范园和观光休闲农业园区。

（四）加速期（2010 年以后）

国际经验表明，一个国家或地区人均 GDP 超过 5 000 美元时，就会形成休闲度假的消费需求。2010 年，我国人均 GDP 达 4 600 多美元，居民休闲旅游需求日渐强烈。与此同时，政府部门加强规划指导，农业部（现农业农村部）于 2010 年出台全国休闲农业"十二五"规划，与国家旅游局（现文化和旅游部）签署休闲农业和乡村旅游合作协议。2014 年开始，国务院及有关部委出台多个文件，支持休闲农业和乡村旅游发展，包括 2018 年 14 部门联合印发的《大力发展休闲农业的指导意见》，绝大多数省份也出台了扶持政策。2015 年以后连续几个中央 1 号文件都对休闲农业和乡村旅游进行部署。一系列支持措施，推动我国休闲农业和乡村旅游进入加速期。

第二节　乡村休闲旅游的现状与特征

近年来，随着消费结构升级，城乡居民对休闲旅游、健康养生等需求增加。各地发掘农业多种功能和乡村多重价值，推动乡村休闲旅游业蓬勃发展，使之成为横跨一二三产业、兼容生产生活生态、融通工农城乡的新产业新业态，成为绿水青山转化为金山银山的"金字杠杆"。数据显示，我国乡村休闲旅游人数不断增加，从 2012 年的 7.2 亿人次增至 2017 年的 28 亿人次，年均复合增长率高达 31.2％，增长十分迅速。据测算，2018 年全国乡村休闲旅游接待人数超过 30 亿人次，乡村成为城市居民休闲、旅游和旅居的重要目的地，成为乡村产业的新亮点。到 2019 年上半年，全国乡村旅游人数已经超过 15 亿人次，同比增加 10.2％。

2012—2018 年，我国乡村休闲旅游营业收入增长十分迅速。其中，2013 年、2015 年、2016 年我国乡村休闲旅游营业收入增幅达到 30％以上。2017 年全国乡村休闲旅游营业收入达到了 7 400 亿元。初步统计，2018 年全国乡村休闲旅游营业收入超过 8 000 亿元。随着生活水平的提高，人们越发追求精神享受，回归自然，无疑会进一步促进乡村旅游业的发展。2019年，我国乡村旅游发展态势一片大好。仅上半年实现乡村旅游总收入0.86万亿元，同比增加11.7%，这一数值超过2018年全年收入，2019年乡村旅游收入将顺利突破1万亿元。

在政策推动、市场拉动、创新驱动下，我国乡村休闲旅游发展呈现出四个特征。

(一) 市场需求旺盛，社会投资活跃

随着居民收入的提高、休闲时间的增加、生活方式的改变、盛世乡愁的呼唤，我国乡村休闲旅游市场需求旺盛，消费持续强劲。2018年全国乡村休闲旅游接待人数达30亿人次。在需求的拉动下，社会资本投资活跃，据统计，2013年以来，每年全国乡村休闲旅游完成投资从960亿元，增加到3 000多亿元。

(二) 经营主体多元，发展势头迅猛

我国乡村休闲旅游初步形成了家庭经营、合作经营、集体经营、企业经营等多种经营方式共同发展的格局。目前，上规模的经营主体达30多万个，其中，聚集村达到9万个、园区超过4万家，年营业收入8 000多亿元。

(三) 内涵日益丰富，类型模式多样

各地深入挖掘地域文化、农耕文化、民族文化、历史文化等，以文绘魂、以景铸魂、以情述魂，演绎山水人情事，勾勒令人神往的故乡，书写动人的乡愁，开发出一大批人无我有、人有我精、特色鲜明、文化浓厚、吸引力强的休闲体验产品，形成形式多样、功能多元、特色各异的模式和类型。如以"吃农家饭、住农家院、摘农家果"为主要内容的农家乐，以休闲度假和参与体验为主要内容的休闲农庄，以农耕文化和现代科技为主要内容的现代农业示范园，以展示农业生产过程和田园风光为主要内容的农业观光园，以彰显传统民俗文化和特色文化为主要内容的民俗村。此外，农业主题公园、高端民宿、特色小镇、康养休闲等各种新模式新业态也不断涌现。

（四）组织体系完善，指导服务有效

在行政管理体系上，农业农村部乡村产业发展司设立了休闲农业处，省级农业农村部门均设立了休闲农业管理机构。在行业服务体系上，农业农村部农村社会事业发展中心于 2007 年率先在成立休闲农业处，很多省、市相关事业单位也承担了发展休闲农业的职责。同时，与休闲农业和乡村旅游配套的规划设计、投资融资、人才培养、信息咨询、宣传推广等中介服务机构也逐步建立和发展。

第三节　乡村休闲旅游的时代机遇

一、城镇化进程

随着世界工业化和城镇化进程的加快，人们长年生活在高楼林立、拥挤喧嚣、空气污染、景观呆板的城市中，离优美舒适的大自然越来越远，加之生活节奏紧张，社会竞争激烈，使得城市生活缺乏生趣、充满压抑。许多人产生了返璞归真的强烈愿望，渴望到安静、洁净、开阔的环境中去感悟大自然、放松身心、考察生态、增长阅历，以提高生活质量。乡村优美的环境、清新的空气、物美价廉和富有特色的食品、独特的乡间音乐和舞蹈以及浓浓历史与文化的积淀，成为人们选择乡村休闲旅游不可抗拒的理由。乡村休闲旅游作为人们回归自然的一种生态旅游活动，也得到了迅速发展。

二、乡村资源环境

乡村地域辽阔，自然景观多样，很多地方还保持着原有的自然风貌，加上各地风格各异的风土人情、乡风民俗，使乡村在活动对象上具有鲜明的独特性。乡村环境质量优于城市，污染少、空气新鲜、空间开阔，使人感觉自由和放松。秀丽、清新、和谐、健康的生态环境是城市居民回归自然、绿色旅游的好去处。乡村是无污染的纯天然绿色食品生产地，各种野菜、野味，更受到城市居民的喜爱，到乡村去品尝美食和购买各种绿色产品、农副土特产品，也成为乡村休闲旅游的独特魅力。古朴的乡村作坊，原始的劳作形态，真实的民风民俗，

悠久的农耕文化，旧式的村落建筑，为游客重返自然、返璞归真提供了条件。

三、乡村振兴战略实施

乡村振兴战略的实施，将使农业的生产过程、农民的生活方式和农村的生态环境发生深刻改变，将催生出一大批特色小镇、美丽乡村、休闲农庄、乡村休闲旅游、田园综合体等新载体，将涌现出大批山水林田湖草、城乡一体融合、一二三产业融合发展的平台。乡村振兴就像一条"金扁担"，一头挑着绿水青山，一头挑着金山银山，到处是掘金淘宝的"富矿"；乡村振兴将把绿水青山、清风明月、大地山河、蓝天白云、满天繁星、美丽传说转换成"金山银山"，提升乡村的价值。

第四节　乡村休闲旅游业存在的问题与改进措施

一、存在问题

虽然我国乡村休闲旅游有着悠久的历史，近些年发展也比较迅速，但仍然存在着很多亟待解决的问题。为促进我国乡村旅游的健康发展，检查和反思这一快速发展领域所普遍存在的问题，具有十分重要的价值与意义。

（一）规划盲目不科学

乡村发展规划是为促进乡村发展，但很多乡村在规划改造的过程中没有处理好建设新农村和保留乡村风味的关系，造成了乡土特色的丧失和乡村景观的庸俗化，使乡村休闲旅游发展的载体遭到了破坏。乡村休闲旅游资源的优势就在于与大城市截然不同的环境，如原始、古朴、自然等，正是这些旅游特色，吸引了想回归大自然、追求古朴和原始生态的旅游者。

许多地区在开发旅游资源时，追求眼前的经济利益，缺乏对旅游资源和旅游项目深入的调查研究和全面的科学论证、评估与规划设计，匆忙进行开发，不讲质量，具有较大的盲目性。大兴土木，建宾馆、饭店、大型娱乐设施，把城市现代化建筑移植到了乡村，形成了城市化的发展格局，使乡村休闲旅游资源特色丧失、乡村风貌特点受到侵害，造成物力、财力、人力的巨大浪费，也使乡村生态旅游产品品位不高、产品生命周期短，极大地影响了乡村休闲旅游的可持续发展。

（二）环境风貌遭破坏

对自然环境，在空气品质方面，乡村原有的清新、自然的空气品质正伴随着乡村生态旅游的发展、游人的进入以及供游客乘坐的交通工具的大量进入在日益下降；在环境卫生方面，固体垃圾污染问题严重，严重影响了旅游地的环境卫生；在植被保护方面，乡村生态旅游地的植被由于未受到合理的保护而使面积在逐渐减少。

对社会文化环境，一是乡村文化被城市文化所同化。城市发达的经济孕育产生的文化和经济欠发达的乡村休闲旅游地的文化发生同化，导致城乡差别的日趋缩小或最终消失，乡村也就因此失去对都市旅游者的吸引力。二是乡村朴实的民风和生活秩序受到破坏。在游客财富和生活方式的诱导下将对一部分乡村居民的生活节奏和生活态度产生负面影响。

（三）产品单一无特色

由于乡村旅游开发对区域文化和地域资源的依赖性等原因，我国乡村旅游开发存在一哄而上和简单复制导致的高度同质化、乡村性缺失等问题，缺乏创新设计和深度加工，产品雷同、品位不高，缺乏地域性和多样性。同时，许多地区具有乡村建筑设施城市化、旅游产品商业化等倾向，乡村性特色大打折扣，游客消费满意度下降，消费回头率降低。其结果是低价拉客竞争、低层次旅游服务和消费，影响乡村旅游的长期发展。产生这一现象的根源是我国乡村旅游开发缺乏强有力的规划和管理，加上很多地区乡村休闲旅游还是以家庭或其合作组织为单位，市场主体的综合实力及组织性不强，导致旅游项目的规划、建设和管理水平偏低。

（四）服务管理不规范

我国乡村旅游普遍存在服务水平差，管理欠规范等现象。在乡村休闲旅游发展中，由于企业多数为乡村当地模拟股，乡村地理位置决定了当地农户的受教育程度，这也在一定程度上影响到乡村休闲旅游发展的服务行业的专业程度，乡村休闲旅游发展服务水平不高主要是政府引导不够以及乡村农户的传统意识的影响。一方面，农户传统意识影响乡村休闲旅游服务水平的提高，长期以来，乡村农户都淳朴、善良、讲究自然和谐，因此，在一定程度上直接或间接的影响到了农户的传统思维方式；另一方面，由于乡村农户的固有思维削弱了其对乡村休闲旅游的服务意识，加上乡村农户大多数都没有参加过专业、系统、全面的服务培训，使其根本不了解乡村休闲旅游服务行业对发展乡村休闲旅游的重要性。

（五）配套设施不健全

我国现代乡村旅游开发时间短、底子薄，加上乡村旅游开发单位的组织程度不高等各种原因，导致乡村旅游的配套设施普遍不健全，难以给旅游者提供系统优质服务。主要体现在道路交通、景区开发等基础设施建设落后，乡村休闲旅游突发事件的安全应急系统亟待建设；卫生设施尤其缺乏，特别是饮水和厕所设施卫生条件差；卫生观念落后，部分地区仍存在"人畜同饮""人畜共居"现象，使游客望而却步；餐饮、住宿、文化娱乐等配套层次低甚至不健全，难以满足旅游消费者的基本需求和差异化多层次需求，使很多乡村旅游演变为单纯的参观游或餐饮游，这种旅游产品的单一化倾向，严重影响到乡村旅游的深度开发和创收能力。

（六）促销推广少创新

我国乡村旅游普遍缺乏有效的促销推广活动，促销推广策略陈旧、方式原始单一，缺乏创新。调查显示，传统的自然人际传播依然是乡村旅游项目得以被外人所知的主要途径，这一现状导致许多具有极大发展潜力的乡村旅游项目难以走出"养在深闺人未识"的困境。究其原因，一是投资主体的实力不够，促销推广预算不足；二是项目规划层次低，对乡村旅游资源的挖掘和价值认识不够；三是缺乏促销推广方面的专业人才。

二、改进措施

（一）强化规划管理，突出项目特色

要避免我国乡村旅游陷入重复开发无特色的现状，一定要从其根源治理上着手。首先，要搞好乡村旅游开发的项目规划、评审和管理服务。通过提升规划的层次水平，避免低层次的开发和重复建设，尤其是对旅游资源破坏式掠夺的开发建设。其次，要提升乡村旅游开发的组织化程度。乡村旅游虽然是开发乡村旅游资源，这往往涉及自然乡村的山水、土地、房屋等自然人文要素，需要调动各家各户的参与积极性，但不是简单的"拉郎配"，也不是简单的经济合作组织，而应该引入实力雄厚的专业旅游开发公司进行资源整合和统一开发，以提升整体规划水平，打造独具特色的乡村旅游项目。最后，专业的旅游开发公司有资金、有实力对乡村旅游进行综合开发，比如统一规划和推广旅游线路、开发有显著地域特色的旅游商品和服务产品，提高乡村旅游产品的趣味性、知识性和参与性，提高旅游商品销售竞争力及增值能力。

（二）规范服务流程，强化服务意识

提高乡村旅游者的满意度，可以从规范服务流程、强化服务意识着手。要做好服务的流程化、规范化管理。传统的乡村旅游往往是农户或乡村自己规划、自己设计、独立运营，经营服务人员一般是当地村民，容易出现低层次竞争抢客源、服务不到位等问题。引入专业旅游开发公司能较好地整合松散的乡村旅游资源，妥善协调好各参与主体的利益关系，促进乡村旅游服务的流程化、规范化，使游客可以享受到乡村旅游的自然风光、风土人情、乡村美食，使身心得以愉悦和放松，从而产生美好的旅游消费体验。还要强化服务意识。由于村民的服务意识普遍不强，对都市游客的消费心理和购买行为特征认识不足，导致乡村旅游的服务水平不高，在一定程度上影响到游客的旅游体验和满意度。乡村旅游的服务意识是管理者和服务人员需要共同面对的课题，这种服务意识不仅仅是指提升其商业服务意识，乡村旅游服务更应该突出其"乡土性"和"淳朴性"，这正是乡村旅游服务的魅力所在。

（三）健全配套设施，提升服务能力

随着城市居民对周末休闲游的需求日益升温，乡村旅游在全国各地呈现遍地开花的兴旺景象，这种一哄而上发展起来的乡村游由于配套设施不健全，难以满足游客的基本需求，更谈不上满足各种类型游客的差异化需求。差强人意的乡村旅游产品很难摆脱低价格、低盈利的魔咒，一哄而上的同时导致一哄而下，种种乱象在全国各地不断上演。

因此，建立健全乡村旅游的配套设施，全面提升服务能力刻不容缓。据调查，我国乡村旅游配套设施建设方面，最突出的问题首先是交通、道路等基础设施建设落后问题，因此，除了政府部门要做好地方乡村旅游的规划和发展等前瞻性工作外，还要在公共交通建设方面做好配套，以减少私人交通工具普遍使用带来的交通拥堵。其次，旅游景区的导游、餐饮、交通、住宿、文化娱乐等方面配套建设事关游客是否满意及乡村旅游点的长期发展，健全的旅游服务使旅游者沉迷于乡村特色旅游而流连忘返，旅游者高度的心理认同和满意自然产生相关的旅游消费。从竞争角度看，服务差异性应是破解我国乡村旅游同质化的有效战略。

（四）整合促销推广，打造特色品牌

搞好乡村游市场整合促销，打造特色品牌，第一，要避免以家庭为单位的农家乐模式，通过招商引资方式提升农家乐投资主体的经济实力、专业水平和运营能力，在此基础上整合当地乡村游资源，开展有效的促销推广活动，加大品牌传播力度，逐步建立品牌声誉。第二，要采取多种方式培养和留住优秀的促销推广策划专业人才。第三，乡村游促销要与时俱进，要善于采取都市人喜闻乐见的方式方法，比如微信服务、线上服务平台等。第四，乡村游促销要善于挖掘其资源优势和亮点，针对都市消费者的消费心理和行为特点开展促销设计。比如，某乡村在农忙季节组织游客在水田里抓鸡，虽然弄得参与活动的游客满身泥水，可是大家都很开心快乐。第五，乡村游要善于向远道而来的游客讲故事。广袤的乡村有悠久的历史、灿烂的文化、传奇的人物，一个好的故事可以让游客发思古之悠情，带来乡村游的神秘感。

第三章
做好乡村休闲旅游业的基本要素

第一节　规划先行

一、四个理念

在乡村振兴背景下的规划新理念中，主要包含了纯真理念、生态理念、融合理念、共享理念。

（一）纯真理念

随着中国乡村休闲旅游的蓬勃发展和"美丽乡村"建设的不断推进，乡村休闲旅游已经成为乡村振兴的重要突破口，是乡村三产融合的重要抓手。但在乡村休闲旅游的建设中，很多规划者并没有挖掘到乡村真正的内涵文化，只是简单地把表面文化放大，使得表现出来的乡村文化缺乏独特性、纯粹性、真实性。

纯真理念就是指在发展乡村休闲旅游的整体规划中要因地制宜、根据当地实际科学谋划，因地、因时、因人制宜，宜农则农，宜旅则旅，充分考虑民族风情、历史文化底蕴、自然风光和特色产业等因素，留住乡村的纯真，在最大程度上还原当地纯真的乡容、乡貌、乡土气息。乡村休闲旅游是"吃、住、行、游、购、娱"六大要素的集合，只有把纯真的乡土气息贯穿于旅游活动始终，才能使乡村休闲旅游明显区别于其他类型的旅游活动，在旅游市场中占得一席之地。

1. 景观要具有原生性　原生性是休闲农业与乡村旅游的根本特性。田园风光、泥土芳香、农舍民情，其真正的优势在"土"字，在其原生性，这些才是吸引城里人的法宝。

2. 房屋要体现乡村特色。自家屋里的乡土气息、乡村趣味正是城里人所期待、希望、追求的。因此，休闲农业与乡村旅游不能搞都市化、高档化。

3. 饮食要土制土吃　农家饮食要力求"土味"和"野味"，菜品的原料要本地种植的蔬菜和养殖的鸡鸭鱼，烹饪方法要按照传统的家常味，菜要土碗装，柴最好用茅草或秸秆。此外，游客也可以自己到菜园摘菜，下厨掌勺亲自做一餐农家饭。

4. 娱乐活动要丰富多彩　现阶段休闲农业与乡村旅游的娱乐活动一般都是卡拉OK、麻将、纸牌和看录像，这让旅客丝毫没有新奇的感觉，因此，要从"原味"的角度展示农事活动，如插秧、拾穗、割稻、浇菜、牧牛羊、饲鸡兔，让游客短时参与并配以讲解示范。

5. 旅游商品要有乡村特色　休闲农业与乡村旅游根植于乡村，与农业生产息息相关，农产品可以跳过流通环节直接到达消费者手中，这种带有"土味"和"野味"的农产品作为旅游商品可以让游客延续在休闲农业与乡村旅游的快乐和回忆。

（二）生态理念

在近些年的发展中，我国乡村休闲旅游遇到了过度开发、监督不到位、破坏生态环境等问题。在生态文明视域下，我国乡村休闲旅游持续健康发展，亟待解决好这些问题。也只有解决好这些问题，乡村休闲旅游才能实现人与自然的和谐发展，为我国生态文明建设作出贡献。

生态理念就是指要实现人与自然的和谐发展，党的十九大提出："建设生态文明是中华民族永续发展的千年大计。"改善生态环境，建设生态文明，严守生态红线，促进人与自然和谐共生，已经成为我国建设社会主义现代化强国的重要任务之一，在开发乡村休闲旅游资源的过程中，要以生态文明为根本，实行最严格的生态环境保护制度，建设美丽乡村，为大众提供良好的旅游体验。

要保护好乡村的绿绿美美。绿，就是绿水青山中长出绿色产业；美，就是美丽乡村长出美丽产业。美丽乡村建设、乡村振兴和乡村建设不能就美丽而美丽。要在生态优先、保护第一的基础上，真正把美丽、生态、文化、风景、乡愁变成产品、变成生产力、变成财富，也就是把绿水青山变成金山银山。这样的美丽乡村、乡村振兴和乡村建设才是可持续的、有生命力的。美丽乡村如果要全靠政府"输血"肯定是不行的，一定要培育其"造血"的功能。

（三）融合理念

在我国，大部分乡村蕴含大量的历史文化，这些文化独具特色，是吸引游客的原因之一。但是我国部分乡村景区盲目追求短期收益，并不重视乡村文化的传承和自然环境的保护，这对发展乡村休闲旅游以及美丽乡村建设是极为不利的。美丽乡村建设基于"五位一体"，通过加强基础设施建设等方式构建诗意山水。融合理念将美丽乡村建设与发展乡村休闲旅游有机融合，有利于促进农村生态发展。

在城市和工业现代化的过程中，农业和农村不仅仅承载了农业生产的功能，还承载了生态文明和文化传承的功能。看得见的美丽，记得住的乡愁，是人们对现代农业农村的新认识。农业和农村在现代人类社会发展中，其生态文化功能的作用日益凸显。因此，城乡融合发展，要注重农业和农村的生态文化价值，通过规划实现城中有农田，农田中有城市的交互式情景，发挥农业的生态功能；通过发展乡村旅游旅居等保留好一些传统村落，发挥好农村的文化传承功能。融合理念更注重城乡融合、一二三产业融合，以实现资源优化配置，资源共享、优势互补、利益互享。除此之外，融合理念下的乡村休闲旅游规划设计，不仅满足游客的旅游需求，也满足居民的诉求，以发展乡村休闲旅游带动整体乡村的发展，并极大程度地推进乡村协调发展。

1. 绿水青山是城乡融合共生的根基 乡土风情、农俗文化、民居宅院，拾回心深之处的乡愁记忆。瓜果采摘、农田劳作、食品加工，感怀悠久深厚的农耕文明。山清水秀的乡村成了人们向往的去处。"居山林者谋入城市，居城市者谋入山林"，城市与乡村各美其美，相得益彰。

2. 实施城乡对接，把乡村塑造为城市的消费空间是乡村振兴的必由之路 发挥乡村山清水秀的比较优势，让城市社会在自然环境、生态农业等乡村空间领域进行系统消费，绿水青山就会成为金山银山。

3. 大连接推动大发展　未来城乡对接和立体融合，将从产业、设施、消费、主体全面铺开，在更大范围、更深层面推动资源要素优化配置，促进城乡互惠共赢。

通过产业链和价值链互联，推动城乡双向赋能，促进产销两旺；通过基础设施和公共服务互通，提升乡村"颜值"，让市民下得去、留得住；通过就业、住房等公共服务机会共享，增加城市"温度"，让农民工进得来、能安居；通过城乡优秀文化共融，城市为乡村注入文化含量，乡村为城市增添生活气息，实现城乡包容发展。

(四) 共享理念

在乡村休闲旅游开发成果共享理念引导下，当地居民、地方政府、旅游开发企业、旅游者四大利益主体通过博弈和协商，形成了多赢的利益共同体。在共享开发成果意识共鸣下，四大利益主体在乡村休闲旅游发展中有意识地引导乡村社会经济结构良性变迁。

共享发展理念是党的十八届五中全会提出的五大新发展理念之一(创新、协调、绿色、开放、共享)，共享的目标是全面建成小康社会，人民共享发展成果。运用共享发展理念，更好地调配乡村休闲旅游发展各项生产、生活、生态资源，充分实现全民共建共享、全民共富共享的目标。共享理念更加看中资源共享，强调村民参与度。

马克思设想的共产主义就是人类自由而全面的发展，就是人类的解放、交往的解放、物质的解放、商品的解放、资本的解放、劳动的解放、终极的解放，共七个解放。全世界的人形成自由人联合体、人类命运共同体。

一切均可共建、共有、共享。这世间万物为我所用，非我所有。如果清风明月、大地山河都能够为我所用，为什么要执着于得到它呢？能够为我所用，则资源无限；莫执着为我所有，则百川入海。如此，就能够从自私的占有转到无私的奉献，就能少欲而知足。

人与人分工到一定程度产生企业，企业与企业分工到一定程度产生产业，产业与产业分工到一定程度产生融合。

二、五个阶段

乡村休闲旅游规划作为旅游规划的一种特殊类型，必须遵循旅游规划的一般原则与技术路线。目前，国内外还没有专门针对乡村休闲旅游规划的技术路线。根据旅游规划的一般性要求，结合乡村休闲旅游规划的实际需要，乡村休闲旅游规划的过程一般分为五个阶段。

（一）规划背景

规划背景是对项目情况做一总述，它向文本阅读者解释项目编制缘由，介绍项目委托方、编制方的基本情况，确定项目规划范围，根据编制过程中涉及的法律法规列举编制依据，确定近、中、远期规划的起始年限，使规划成果使用者对本次规划有一个概况性了解。包含规划范围、规划期限、规划指导思想、确立规划参与者及工作组、设计公众参与的工作框架、建立规划过程的协调保障机制等步骤。

（二）调查与分析

1. 行业环境分析　主要从区域角度出发，对乡村旅游地所处的旅游市场环境、区域旅游竞争环境、政策环境、经济环境等方面做系统分析，了解本项目所面对的宏观环境，分析对比本项目的优劣势，寻找发展的突破口。

2. 开发条件分析　主要从项目地自身出发，对乡村旅游地的区位条件、自然条件、经济社会基础、历史民俗资源、场地条件等方面进行分析总结，对项目地的开发条件逐一分析梳理，总结项目地资源条件的优劣势，为后期项目策划等奠定基础。

3. 旅游资源构成与评价　规划者根据前期实地调研和资料文献的整理分析，按照国家相关标准规范，对乡村地区的资源类型、资源品级进行分类评分，对乡村旅游资源和乡村景观进行综合评价。

4. 市场分析　主要包括旅游需求分析、旅游供给分析、产业市场分析等，规划者应结合市场调研数据，深入了解游客需求，找准市场空白点，为后期的项目策划和产品设计提供市场支撑。

5. 主要问题与开发方向　根据以上分析，确定乡村旅游地现有的产品设计、规划布局、村庄建设、产业结构等方面存在的问题，明确未来本地区规划的主要方向。

（三）总体构思

总体构思部分是整个规划工作的核心和难点，是最能体现规划者思想和能力的部分。主要包括如下几方面。

1. 规划目标　包括时间上的近、中、远期目标，内容上的定性目标和定量目标等。规划者应根据乡村旅游地的实际情况，合理确定本地区的发展目标。

2. 规划理念　包括项目开发应遵循的理念、原则，以及规划工作的总体思路等。

3. 定性定位　包括项目开发的性质、项目地的性质，乡村旅游地的形象定位、功能定位和市场定位等。明确农业产业升级的方向，产业结构调整的方向。

4. 总体布局及功能分区　确定规划区的总体布局、规划的空间结构和功能区划。

（四）策划规划

策划规划部分是乡村旅游规划编制的主体，该部分基于总体构思的战略理念，详细阐述了规划者的规划思想和规划方法，是落实乡村旅游规划内容的唯一途径。

1. 旅游产品及重点项目策划　本部分主要根据乡村旅游地的资源、产业、市场等开发基础，提出项目地的产品设计思路，构建休闲、观光、度假产品体系，完成重点项目的设计构想。

2. 土地利用协调规划　本部分主要对规划区内的土地利用进行统筹安排，合理确定建设用地面积和布局，完善土地利用制度，对敏感地块的用地指标进行控制，明确乡村未来的用地发展方向。

3. 居民社会调控规划　规划者应根据乡村实际情况和项目开发需要，因地制宜确定规划区内的居民搬迁、土地整理等，科学有序的组织社区居民的空间转换和搬迁流动，尽量保留乡村聚落景观。

4. 旅游容量与游人规模预测　由于乡村地区的特殊性，乡村旅游规划宜将旅游心理容量与旅游环境容量一起作为衡量标准，确定本地区旅游活动量极限值，并在此基础上，根据乡村旅游地已有的游人基数，按照一定的增长率，预测规划期内可能达到的游人规模。

5. 基础设施规划　包括给排水、供电系统、道路系统、燃气系统、通信系统等方面的规划设计。基础设施规划要求各项指标能够满足乡村当地居民和未来旅游发展后的游客需求，规划方法和规划程序应严格按照国家相关标准规范进行。

6. 环境保护与环卫设施规划　本部分规划是通过对乡村环境的保护和培育，实现乡村整治。规划的主要内容包括明确保护目标，合理规划垃圾收集、污水处理、公共厕所等环卫设施，落实大气环境质量、水环境质量、固体废弃物、噪声等各类污染源控制指标，采取有效措施控制污染源。

7. 乡村遗产保护及风貌控制规划　乡村遗产保护规划主要对乡村地区具有保护价值的建筑、构筑物、服饰、景观等物质实体和民歌、舞蹈、手工艺、传说等非物质体制订保护计划，实施保护措施。乡村旅游规划应重视编制风貌控制规划，通过建筑风貌的协调规划，保护乡村景观和特色建筑，维护乡村意象，充分展示乡村的历史风貌和文化底蕴，统一建筑风格，突出整体性，避免杂乱无章。

8. 绿地系统规划　绿地系统规划主要是对乡村地区的植物生态系统进行规划。在绿地系统规划中，植物配置上应多采用乡土树种，力求打造自然随意、注重总体、色彩成片、单树成景的绿地景观，为乡村旅游活动的开展提供良好的绿色环境。

9. 防灾系统及安全规划　针对乡村地区可能遇到的各类灾害进行防护措施规划，主要包括抗震规划、防洪规划、消防规划、防病虫害规划、游客安全规划等多个方面。

10. 道路交通及游线组织规划　道路交通规划主要对乡村旅游地的道路交通体系进行梳理，规划建设进出便利、体系完善的道路系统。游线组织规划是将旅游区内各景点以游客游览线路的方式串联起来，规划游客流向，以便更好地调节游客情绪、布局服务设施。

（五）保障实施

任何规划项目都以能最终落实实施为目的，保障实施的主要内容即是为了确保策划规划的顺利实施而制定的一系列措施，主要包括项目建设时序规划、投入产出分析、管理与运营三个部分。

1. 项目建设时序规划 乡村旅游地的建设应从本地实际出发，避免一拥而上、盲目无序，导致开发失败对乡村遗产造成不可逆转的破坏。项目建设时序规划即是对项目开发建设的时间维度进行控制，循序渐进，量力而行，科学统筹安排资金、人力、物力，达到集约化、可控化、有序化建设。

2. 投入产出分析 投入产出分析是对乡村旅游规划所涉及的基础设施建设、旅游配套设施建设、市场营销宣传费用、项目建设费用等进行投资估算，对规划期内的旅游产出进行收入估算，制订投资计划，进行经济效益评估的过程。

3. 管理与运营 本部分的规划是为乡村旅游的开发、发展提供组织支持与后勤保障。主要包括乡村旅游社区的组织形式、管理模式、项目投融资模式、市场营销与宣传等方面的规划。

发展乡村休闲旅游，要以农耕文化为魂，以美丽田园为韵，以生态农业为基，以古朴村落为形，以创新创意为径，把农区变景区，把田园变公园，把劳动变运动，把空气变人气，把青山变金山，把农房变客房，把农产品变礼品。养眼养胃养肺养心养脑，慢吃慢喝慢睡慢过，把农业做成幸福的产业，把农村做成欢乐的家园，把农民做成致富而有尊严的群体。

发展乡村休闲旅游，要从游客需求角度，用"工匠精神"精心打造丰富多元的业态，塑造有灵魂、有骨骼、有血肉的乡村，推进产业融合发展，助力实现乡村振兴。在发展乡村休闲旅游的过程中，要学会换位思考，要站在游客的角度，要明白游客来乡村休闲旅游度假的目的，以给游客提供相对应的体验和需求。

发展乡村休闲旅游，要以"风餐露宿，人情世故"为基础目标。就是要有好的风景，要有一顿好饭，要有一条好路，要有一个好的民宿，这是硬件；软件就是，要以人为本，要有人情味，要有农事体验，要有故事和传说。

三、八项内容

（一）风，是风景、景观，让乡村游有看头

在经营乡村休闲旅游时，要满足游客到乡村观赏、审美、好奇的需求，要结合乡村实际的基本田间、地理条件、产业条件，以及文化基底打造和发掘能够产生"沉锚"效应的、具有标志性的物体，让游客能够多停留、多消费。主要包括乡村微景观观光、乡村农业产业观光、自然生态景观、乡村夜景观光等一系列和乡村休闲旅游挂钩的产品。

1. 发展乡村微景观观光　边角地块、房前屋后、街头巷尾，这些看似不起眼的农村小角落，一番精心改造后，处处都蕴藏着创作人员的匠心；破轮胎、旧水缸、碎砖瓦、老照片，这些几近废弃的物品变身为"宝贝"，被融入创作当中去，各个村庄的历史人文特色就通过这样一种别样的形式给保存了下来，留住了浓浓的乡愁。通过一个个微景观的营造，不仅把闲置地块利用起来，还推动房前屋后的卫生整治，扮靓了村庄环境。微景观就在家门口，村民们在这里泡泡茶，拉拉家常，村民之间的关系慢慢变得更加和谐。通过村庄景观改善乡村氛围的做法，和欧美日韩的社区营造理念有异曲同工之妙。

2. 发展农业产业观光　要结合农业种植条件，依托当地农业基础和地形地貌基础，因地制宜地进行不同类型的观光打造或创意改造，比如大面积种植的梯田本身就是一种景观，平原地区大规模的稻田种植则可以进行此种创意改造，并通过节庆推广或网红照片等渠道扩大影响。企业或政府通过明确创意主题，选择当地文化主题，引入时尚流行元素主题，并定期迭代更新。要注重栽培时令，根据作物生长时令，在栽培季进行设计种植，以便实现在任何时候都能够让游客看到不一样的乡村景观，体会不一样的乡村休闲旅游意境。

3. 发展自然生态观光　以乡村周边的大山大水景观或乡村自身的乡土生态环境为发展点，积极努力地做好生态保护，推进生态综合保护与治理；同时，做好配套的基础设施建设，以生态保护为前提，做好观光所需的道路交通配套、观景设施配套以及标识系统配

套等。

4. 发展历史文化区观光 文化保护与文化传承是魂，古村选址、街巷格局、山水风貌等环境与布局是体，要充分挖掘、寻找乡村文物古迹、通过修缮历史古老建筑和传统民居来保留乡村原有的文化特色与文化内涵。该类型旅游资源相对稀缺，可通过政府管控、申请保护名录、建设小微博物馆、定期维护等手段进行保护。

5. 发展乡村夜景景观 通过结合乡村建设，美化改造、创新升级原有乡村照明系统，依托乡村已有建筑或场地，与专业机构合作植入光影秀、演艺等。

(二) 餐，是餐饮、美食，让乡村游有吃头

民以食为天，餐饮在乡村休闲旅游中有着巨大的附加值，不但能够带动农民收入提升，还能促进乡村发展。发展乡村餐饮，要采用安全、绿色、原生态食材，实现在食材上的严格把控，最大限度地保证食材的新鲜、有机、时令、卫生，可以结合当地的美食文化，深入发掘，将地方特色美食工艺做精、做透、做极致，在口味、品相上既保持传统美食文化，又能够结合现代人的口味和需求；也可以开展特色的菜品，实现菜品创新，通过工艺的变化、创意的植入、活动的丰富，打造主题美食宴、主题美食制作体验馆、主题美食街等，使游客得到主题化的体验感。

主要类型包括农家乐、乡村精品餐厅和乡村美食街三大类。

(1) 农家乐。农家乐是乡村休闲旅游中最为常见的一种餐饮服务，遍布大部分乡村，多为个体农户经营。经营农家乐要体现出乡村的乡土特色，让游客品尝到乡村的本土风味，土里土气土特产，原汁原味原生态，好山好水好风光，老锅老灶老味道。

(2) 乡村精品餐厅。乡村精品餐厅是农家乐的升级版，一般偏向于有实力的经营个体和企业的连锁经营，更加注重菜品工艺和品位，在餐厅装饰上要体现出乡土和时尚的融合。

(3) 乡村美食街。乡村美食街类似于乡村的功能区，适合具有一定空间基础的乡村，由具有整体开发能力的村集体或企业运营，集合了所有美食店铺，发展主题鲜明，更加注重食物的品质、样式及卫生。在发展乡村美食街的规划设计上，对街区之间要求不宜过宽，这样有利于人群聚集。

（三）路，是道路、交通，让乡村游行的通畅

1. 路本意为道路　发展乡村休闲旅游，要完善基础设施建设，改善道路通行条件。

2. 路引申为交通　主要包括本土化的特色交通、现代化的交通工具、串联景点的绿道。一是发展乡村休闲旅游要充分结合乡村生产生活，做好本土化的特色交通。将富有当地特色的交通工具进行旅游化、景观化、休闲化包装打造，以形成一道别有风味的乡村风景线。陆地以牛车、马车、爬犁车、乡土人力车等为主要交通工具，水上以乌篷船、竹筏、溜索、龙船、独木舟、竹排等为主要交通工具，空中以空中溜索、高空吊桥等为主要交通工具。二是结合不同的乡村地域条件，把现代交通工具引入乡村。通过引入现代化观光小火车、环保自行车、越野车、房车、电动平衡车等陆地交通工具，快船、摩托艇、香蕉船、水上沙发、风情游船等水上交通工具，热气球、滑翔伞、动力三角翼、动力滑翔伞、小型直升机等空中交通工具，来丰富游客的体验，实现满足不同的旅游服务需求。乡村休闲旅游企业在发展乡村休闲旅游的时候，多数旅游地区以自然要素为基础，三是以自然人文景观和休闲设施为串联节点，发展构建绿色开敞空间廊道，做好慢行系统、标识系统，完善服务设施、景观绿化。乡村绿道主要包括乡村自行车道、漫步人行道、运动健身道以及其他主题步道等，它的发展不仅盘活了乡村的分散资源，提升了乡村的休闲功能，延长了服务链条，是乡村休闲旅游出行的重要支撑。

（四）宿，是住宿、民宿，让乡村游有住头

乡村休闲旅游住宿，按其功能特色可划分为：传统民居民宿、乡村度假酒店、乡村营地、乡村树屋，以及乡村家庭旅馆、乡村国际驿站、乡村院子、乡村会所、乡村庄园、乡村民宿、乡村精品酒店和其他一些特色创意乡村住宿。

"外面五千年，里面五星级"是乡村住宿建设改造的核心理念。通过采取租赁、购买等方式有效利用乡村的闲置资源，如农家院、民

房、集体建设用房等，对乡村资源进行盘活，在建筑材料、建筑风格、景观设计以及消费配置方面都要充分体现当地的历史文化、特色文化和乡土风情，让建筑本身就是景观。同时，在设计上更加偏向创意时尚、管理上也更加人性化、内容上更加偏向生活化，达到城市酒店五星级的标准，以便全方位照顾消费者的心理需求和精神需求。

对于养生资源较好的乡村，如有温泉、富硒土壤等资源，可以进一步升级乡村住宿设施，打造休闲养生度假区。休闲养生度假区多数以养生为核心功能，以民宿群为主要载体，重视对乡土及本土文化氛围的营造，开发大众化休闲养生娱乐活动，如养生饮食、养生运动等。

（五）人，是以人为中心、人本思想，让乡村游有厚度

以人为中心，体现在两个方面。

（1）加强乡风文明建设。发展乡村休闲旅游既要塑形、强身，更要铸魂。既要注重改善物质环境的硬件建设，还要着力提高人的素质，传承乡土文化。大力弘扬孝老爱亲、扶危济困、诚实守信、邻里守望等优秀传统文化，采取农民群众喜闻乐见的方式，加强社会主义核心价值观宣传教育，朴素的民风民情也将成为乡村休闲旅游的亮点。

（2）做好旅游服务。服务人员应诚实守信，尽职尽责，服务热情、周到，注意礼貌用语，让游客感受到真心、用心和爱心，感受到回家的温暖。

（六）情，是人情、情感，让乡村游有寄托

乡村休闲旅游是一种有别于城市生活的生活方式，更是一种情感的、精神的追求。其本质是给都市人提供一种不同于城市环境的生活体验，是入世与出世之间的一种空间转换模式，是工作与休闲之间的一种时间缓冲节奏，目的是满足他们的"世外桃源"情结，消解他们的"乡愁"心结。把广大城乡居民对那座山、那片水、那条河、那棵树、那块田的情感汇聚起来，表达出来，释放出来，让城乡居民享受乡村文化的精神熏陶，满足望山看水忆乡愁的向往，满足更丰富的精神文化生活需求。

除了换种环境，也是换种心境，体味土、野、俗、纯、真、古的意蕴，有禅茶一味中的"苦、静、凡、放"之感悟；也有苦中作乐、静中思睿、凡中寻大、放中求远之情怀。乡村休闲旅游不一定追求游客的多少，而是留住他乡人的心。留住心就留住了时间，外乡人有了快慰，本地人也有了收入。

（七）事，是农事体验、娱乐活动，让乡村游有玩头

农事体验以农产品生产为依托，吸引游客前来参加、体验乡村的生产活动，如掰苞米、磨豆浆、摇水车、种植、采摘、灌溉、犁地、耕田、喂养、钓鱼、赶羊、走稻草迷宫等。将乡村的生产活动、生活场景以及生态环境相结合，以提高游客对乡土活动的参与性、体验性和互动性。

娱乐活动以乡村生活为依托，可以让游客体验乡村悠闲自得的生活情境，体验到城市里所没有的风俗活动，如唱本地山歌、跳民俗舞蹈、赛龙舟、跳格子等节庆活动，剪纸、皮影、纳西古乐等民俗活动、赶集、庙会、农村生活市集、非遗文创 DIY 制作等（手工作坊）；以乡村生态环境为依托，通过导入多元化的消费业态，开发滑沙、滑草、滑雪、游船、漂流、游泳、潜水、垂钓、山林瑜伽、山地运动、儿童高尔夫等活动项目，做好迭代更新，可以让游客呼吸新鲜的空气，做健康的运动。

在游客体验农事活动、风俗活动的同时，也要进行科普教育，让乡村游有学头。通过农业生产、农村民俗活动、自然科普等方式让游客了解农业、了解农产品生产过程，享受和体悟乡土文化，收获乡村知识。村集体也可与专业组织合作，开展森林课堂和夏令营活动，吸引儿童和青少年前来参加，通过设定游学主题，确定课程内容，如军事主题的野外生存、集体拓展、合作互动等；如科普主题的认识生物、绘画自然；如野营主题的帐篷搭建、捡柴点火等；通过不同的主题可以让儿童、青少年学习到不一样的知识，收获不同的体验和心得。自然科普对于青少年和儿童来说是亲近自然、了解自然的好机会，不仅让他们得到体验，也培养了他们的冒险精神和感恩精神。

（八）故，是历史文化、故事传说，让乡村游有说头

历史文化、故事传说是乡村休闲旅游的重要卖点之一，是乡村休

闲旅游产品得到保证的前提条件，是乡村宣传的重要路径。游客在进行乡村休闲旅游前，多会从导游、本地人和外乡人口中得到乡村的基本信息或历史故事，从而加深对当地的了解，并通过了解到的信息对乡村进行选择。因此，乡村一定要有文化说头和精神的享头，有历史的由头和故事的来头，这样乡村就有人气人脉，没来就想来，来了不想走，走了还想来，就能赚钱了。乡村成功的秘诀在于打造文化内涵和精神家园。

在做好"风餐露宿，人情世故"的基础上，乡村休闲旅游的发展基本得到了保障。在此基础上，提升现有乡村休闲旅游购物的品质，完善乡村休闲旅游购物渠道，提高游客购买动力，将实现利用乡村休闲旅游目的地的美景、农产品、乡村文化、美食、乡村产业、传统民间技艺等转换为乡村休闲旅游产品，打造"伴手礼"工程、"后备箱"工程，让游客走时手里拎得满满、车里装得满满；通过会员服务、共享服务、公益行动等吸引回头游客，让游客有"再来的念头"，以实现乡村休闲旅游的可持续发展。

第二节　品牌赋能

一、品牌的概念

品牌是一种名称、术语、标记、符号或图案，或是它们的相互组合，用以识别某种产品或服务，并使之与竞争对手的产品和服务相区别。

品牌是一种识别标志、一种精神象征、一种价值理念，是品质优异的核心体现。品牌是企业的无形资产。培育和创造品牌的过程也是不断创新的过程，自身有了创新的力量，才能在激烈的竞争中立于不败之地，继而巩固原有品牌资产，多层次、多角度、多领域地参与竞争。

品牌是消费者脑子里的记忆点，地球人都知道，品牌的背后是文化，文化是太阳，品牌是影子。农业是中国未来的黄金产业，农业产值的增加在于品牌的塑造，从市场规律来看产品离不开品牌，但品牌可以脱离产品，可见品牌的重要性。

品牌是信用是依赖，是用户的信赖，是企业的幸运。品牌是文化，是企业的个性和主张。品牌是硬道理，品牌强则经济强，经济强则国强。塑造品牌，就像培育一棵百年老树一样用心、尽力。当今与其教导消费者如何辨别真伪，不如做大、做强品牌，来降低消费者的探索时间。

目前，全国各地都在大力发展休闲农业，市场竞争日益激烈。政府、企业或个人必须注重区域资源特色和文化的挖掘与包装，通过科学规划、精心设计，开发出具有特色的、与乡村环境相协调的、具有品牌效应的休闲旅游产品，打造出特有的、稳固的形象，营造良好的口碑。

二、创响农业品牌的诀窍

品牌是地球人都知道，是消费者脑子里记忆点，是口口相传的文字和符号。

（一）挖掘农耕文化

农产品依赖于特定的农耕文化、特定的区域文脉、特定的自然与社会环境。做品牌就是发掘、发展、利用品牌价值观、品牌文化内涵、品牌个性及其差异化的过程。

（二）打造特殊故事

通过有历史感的、鲜活的个性化生命，获得与消费者沟通的特殊语言、特殊故事、特殊情结，共享品牌特殊故事传说。然后以生动、形象、有趣的品牌形象出现在大众的面前。

（三）标识品牌特征

建立品牌区域特征标识、logo 符号标识、个性标识、意义标识、价值标识。

（四）形成品牌认知

树立品牌内涵，品牌形象认知、利益认知、情感认知、自我关系认知、价值认知-品牌意涵理解。

（五）产生品牌态度

形成品牌偏好、价值发现、自我表达-品牌态度一致性，培育粉丝和忠诚用户客户。

(六) 激发品牌行为

形成品牌消费行为、促成口碑、品牌忠诚-品牌行为的正向互动。最后形成品牌溢价、生态溢价、体系溢价，小商品大市场，小地方大名声，小企业大集群，小农户大产业，小老板大眼光。创响一个品牌，做成一个产业，带活一方经济，致富一方百姓。

三、创响乡村休闲旅游品牌

创响乡村休闲旅游的品牌要充分挖掘乡村本土资源和本土文化，将经济效益、文化效益以及生态效益与乡村文化传承有效地结合起来。通过对乡村休闲旅游资源的整合分析，塑造出形象鲜明的乡村休闲旅游品牌，彰显乡村休闲旅游的独特性，实现乡村休闲旅游品牌的可持续发展，带动乡村休闲旅游产品的整体发展。

乡村本土特色的挖掘是创响乡村休闲旅游品牌的核心，创响乡村休闲旅游品牌就是将乡村特色转换为旅游卖点。比起城市旅游资源集聚地，乡村休闲旅游的资源可挖掘的内容更为宽广，并且更能引起人们的共鸣。

(一) 明确区域，塑造形象

创响乡村休闲旅游品牌应明确乡村休闲旅游目的地的区域特征。

对某一座城市或者一个地方，人们都会有一定的综合印象和感官感觉，会依据一些当地基本概论来评判一个旅游地的情况，这些依据包括当地的自然环境、气候、地质、地貌、水文及当地语言等。创响乡村休闲旅游品牌应凸显目的地自身特点的利益和价值，树立目的地的品牌、特色以及标志印象。

乡村休闲旅游品牌构成要素包括旅游目的地内部的旅游产品、纪念品（工艺品）、服务、服饰、生态环境等。加强乡村休闲旅游产品的地理标志管理和对品牌形象的保护，结合地方特色，培育品质优良、特色鲜明的区域公共品牌。

2019 年中央 1 号文件已经发布，各地区乡村应结合本地实际情况和本地特色，积极制订乡村振兴战略的实施意见，因地制宜发展乡村休闲旅游业。

（二）穿梭古今，借古促今

历史应当被人铭记，传统文化应当得到传承，乡村休闲旅游业的发展离不开中国优秀的传统文化。因此，乡村休闲旅游目的地可对自身的古代文化及古代建筑进行传承和修复，环境进行整治规范及整治建设。可通过乡村休闲旅游目的地的风俗文化，民间故事建设符合当地特色的仿古建筑、古巷公园、村头广场等传统古老建筑，融合当地礼仪、服饰等人文文化来创响乡村休闲旅游品牌。

将乡村独具的历史研究透彻、延展开、活化好，并针对市场需求，在不同的时节，运用不同的主题，策划出一系列吸人眼球、有文化感受的旅游节事活动，已成为成功乡村休闲旅游地的标配。

人文历史传承强化了消费者对乡村品牌的认可，让消费者产生精神依赖与情感共鸣，对农产品区域核心价值的形成和提升有着显著作用。其中，人文风貌、历史文化、传统手工艺等，在创响乡村休闲旅游品牌中起着至关重要的作用。

（三）特色服务，丰富体验

当代旅游消费者已经不满足只是纯粹的观光旅游，他们更重视自身感受，更乐于参与其中体验身临其境带来的感官体验，其本质就是一种追求精神享受。乡村休闲旅游目的地所提供给游客的不单单是产品服务，更多的应该是去挖掘符合当地文化的特色服务。如举办各类非物质文化遗产活动来吸引游客参与，让游客体会并产生共鸣。

好的服务会带动乡村的整体发展，乡村休闲旅游服务是乡村休闲旅游企业提供服务的特性和特征的总和。其中旅游服务是一个整体，每个环节的服务加起来才构成乡村休闲旅游服务，每个服务环节都同样重要。旅游服务质量是一个整合的结果，每个服务部门、每个服务人员的表现都会影响游客对服务质量的感知。每一个服务人员都力争要做到，理解多一点，真情浓一点；学习勤一点，品质高一点；理由少一点，效率高一点；处理问题灵活点，工作过程用心点，让游客体会真诚与温暖，体会到亲人的感觉。

（四）明确主题，宣传推介

乡村休闲旅游作为国家重点扶持的对象，其品牌建设及品牌后期的发展离不开媒介的推广和宣传。宣传主题的确定直接影响到乡村休闲旅游目的地的发展前景，一个好的活动主题可以对游客产生吸引力，同时达到宣传的效果。对于宣传平台的选择也是直接关乎乡村休闲农业品牌的发展，因此，乡村休闲旅游的企业可通过"中国农业信息网""中国休闲农业网"等互联网网络专栏，《农民日报》等纸质媒体以及微信转发的形式，有步骤、有重点、分时段地对社会推出乡村休闲旅游的精品景点或特色农产品等，制作乡村休闲旅游宣传片、举办乡村休闲旅游新景点的发布活动、办理专栏专访等都可起到树立品牌的作用。

对乡村休闲旅游品牌的宣传有利于提高农户的环保意识，通过制定完善的环保规章制度，激发农户对自然环境的保护欲望，学会尊重自然、爱护自然、与自然和平相处，保护自然生态文明，有利于乡村品牌的树立。

（五）强化特色，升级品牌

依托乡村休闲旅游地的特有资源，紧密结合自身品牌的形象和定位，把握易读、易懂、易辨、易记的要求，从游客感受、游客需求的市场角度出发，彰显旅游地品牌优势，可通过强化"视觉语言""听觉语言"来加强品牌的辨识度，或利用本土特色产品给游客留下深刻印象。品牌的升级自然离不开创新，所谓的强化特色，升级品牌，就是对品牌、产品进行更新换代，好的留下，不好的舍去。

四、如何提升品牌竞争力

目前，全国各地积极响应国家号召发展乡村休闲旅游产业，通过口碑传播、品牌设计、品牌推广等，很多乡村都有自己的乡村休闲旅游品牌，形成了品牌多元化格局，产生了新的竞争趋势。提升品牌竞争力是乡村休闲旅游企业的必修课。

（一）占用游客更多的时间

服务类农业的本质是经营好用户的时间，用价值输出占用游客的时间，价值输出体现在乡村休闲旅游的方方面面，如农村劳作体验、极具乡村风情的餐饮、特色休憩场所、独树一帜的主题、丰富有趣的娱乐活动等。休闲农业项目要把时间维度融入建设规划中，用良好的休闲体验提升游客的消费时间。

（二）合理的消费层次提升消费水平

在规划休闲农业整体布局时，应考虑多样化产品服务和空间分布问题。如何提高产品和服务的层次感，如何将旅游观光、餐饮住宿、休闲娱乐合理搭配，这些都是休闲农业规划阶段提升档次、提升消费水平要考虑的问题。

（三）招商质量决定整体服务水平

对服务类农业项目而言，招商在某种程度上决定了项目的基本服务水平。提升整个服务类农业项目的档次，不仅可以依靠门店招商，也可以采取多种多样手段，用一些特色项目当作乡村休闲旅游的爆点，带动人气。在服务型农业项目中，项目的基本服务水平在一定程度上是由招商引资决定的。整个休闲农业服务水平的提升，主要取决于商铺投资，包含了多种操作方式，应该引进一些特色项目作为爆点来推动宣传、提升乡村休闲旅游档次。

（四）用高频活动建立强关系

当今社会各种社交媒体已经成为主流传播途径。高频率地推出各种主题活动，不仅当次传播更为广泛，同时经朋友圈转发等还能形成更大的二次传播，极大地提升农庄品牌影响力。这些主题活动的价值在于快速地将企业与消费者之间的弱关系变为强关系。

五、形象口号

（一）旅游形象口号

旅游形象口号是向游客传达目的地品牌的描述性和说服性信息的简短语言，是用于向大众传递旅游目的地主题和形象的最有效工具之一。基本来源有景区自主创新、美誉、荣誉、有奖征集、借用古诗词等。比如，长白山的形象口号是"千年积雪为年松，直上人间第一峰"。

（二）旅游形象口号的设计方法

旅游形象口号的设计方法类型主要有两种：一种是资源导向型，

即从旅游地的资源、文化、历史等方面特征来设计宣传口号；一种是游客导向型，即从游客需求出发，向游客传递一种信息——通过到旅游目的地旅游，游客将获得一种什么样的感受与体验。

在资源和游客导向型的基础上，可以将国内旅游形象设计的具体模式分为资源主导型、"借船出海"型、历史典故型、古今对接型、感召诱惑型和时代体验型6种。见图3-1、图3-2。

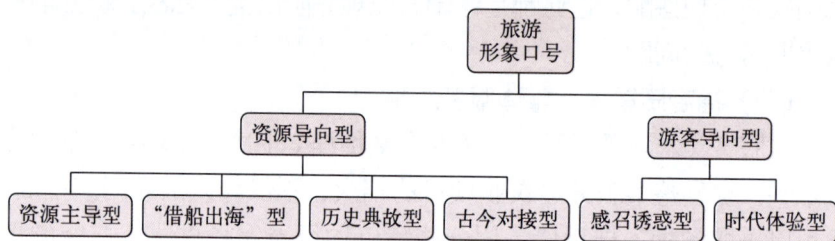

图3-1　旅游形象口号设计框架

项目	资源主导型	"借船出海"型	历史典故型	古今对接型	感召诱惑型	时代体验型
内容共性	"文化＋资源"式的组合	"同类＋自己"式的组合	巧用历史事件	以前与现在的形象并列	"感召＋许诺"式的组合	从游客需求角度出发
核心步骤	文化和资源特色的提炼	知名同类的选取	特殊历史事件的挖掘与放大	历史脉络的把握和当今发展的定位	核心特点的提炼	游客旅游心理的精准把握
适用条件	资源丰富，特色明显的地区	资源特色不明显的地区	拥有特殊的历史地位或特殊历史事件的发生地	不同时期，城市特色不同的地区	资源特色明显或者经济较为发达的地区	区域旅游业发展较为成熟，存在高端市场的需求

图3-2　旅游形象口号设计内容

1. 资源主导型

内容共性："文化＋资源"式的组合。

核心步骤：文化和资源特色的提炼。

代表案例：杜村——佛国花海，醉美杜村；凌源——花鸟祖源，就在凌源。

适用条件：资源丰富，特色明显的地区。

2. "借船出海"型　船，指知名度较高的同类地区或景区；海，指旅游经济的发展，"借船出海"就是借助同类景区较高的知名度实现旅游经济的发展。

内容共性："同类＋自己"式的组合。

核心步骤：知名同类的选取。

代表案例：武夷山市——东方伊甸园，纯真武夷山。

适用条件：资源特色不明显的地区。

3. 历史典故型

内容共性：巧用历史事件。

核心步骤：特殊历史事件的挖掘与放大。

代表案例：承德避暑山庄——皇帝的选择（清代自康熙帝始，承德成为清代帝王的避暑之地）；黄山——黄帝的山（唐代玄宗皇帝命名，意为代表皇帝的山）。

适用条件：拥有特殊的历史地位或特殊历史事件的发生地。

4. 古今对接型

内容共性：以前与现在的形象并列。

核心步骤：历史脉络的把握和当今发展的定位。

代表案例：江苏吴江——千年水乡，万秀吴江。

适用条件：不同时期，城市特色不同的地区。

5. 感召诱导型

内容共性："感召＋许诺"式的组合。

核心步骤：核心特点的提炼。

代表案例：曲阜——旅游到曲阜，胜读十年书（依托"三孔"，表明其浓厚的文化氛围，突显其儒家文化的发祥地）；西安——走进历史，感受人文，体验生活（四大古都，诸多的遗址遗迹，是了解我国古代历史文化的窗口）。

适用条件：资源特色明显或者经济较为发达的地区。

6. 时代体验型

内容共性：从游客需求出发。

核心步骤：游客旅游心理的精准把握。

代表案例：黑龙江伊春——"伊春，森林里的故事……"（表现小兴安岭的森林景色和资源特色，同时为受众留下一定的想象空间）

适用条件：区域旅游业发展较为成熟，存在高端市场的需求。

（三）旅游形象口号设计要求

1. 独特性　旅游地形象哪怕是刻意寻求，也要找出与众不同之处来。尤其是资源、市场都存在相似性的旅游地，产品替代性强，更要尽量反映唯我独有的特色，避免与竞争对手针锋相对。

2. 社会性　旅游形象应是正面的，满足人们对美的追求。丑陋、肮脏、单纯的落后，即使很有特色，也不会吸引游客前往。旅游形象应符合社会营销原则，引导市场向健康方向发展，不能迎合低级趣味。

3. 吸引性　旅游形象要有吸引力，要易于传播，不是研究者用来孤芳自赏的。要富有大众性、领先性、新奇性、时代感。要美好而令人向往，为大众乐于接受；或天下独步让人景仰，或神秘而使人好奇，激发旅游者的欲望。

4. 认同性　旅游形象不是商标，需要外界认可，不能抢注。脱离地方文脉，找最美好的词往自己身上套，往往传为笑谈。可感性是认同性的具体要求。普通游客应能够真真切切地感受、体验到旅游形象，旅游形象要同游客的直观感受一致，而不需要专业的分析、论证、比较。

5. 整体性　旅游地形象应是主题突出的完整统一体，而不是碎片的堆积。不能分析出若干条地方特色，拼凑成旅游形象，这样的旅游形象将不是旅游地总体形象。

6. 艺术性　主要指旅游形象口号设计的语言要求。旅游口号须用简洁、凝练、生动、优雅、新颖的语言构造一个有吸引魅力的旅游地形象，要能够打动旅游者的心，被旅游者永久而深刻地记忆。

7. 简明性　旅游形象口号必须易于记忆，所以文字不可过多，通常控制在 10 个字以内为宜，最多不可超过 15 个字，读起来要给人以朗朗上口的感觉，以便在经过一段时间后，仍能有较多的读者回想起这条宣传口号以及与之紧密联系的旅游目的地。

8. 稳定性　稳定的旅游形象容易建立起持久而稳定的市场认同感。相对稳定的形象口号能确切传达和稳定旅游形象，进而形成对客源市场稳定的旅游需求，这对于旅游地的长远发展来说十分重要。

（四）旅游形象口号的重要性

旅游形象口号是游客首先接触到的有关旅游地的信息，在目的地宣传过程中起着关键的作用，更是目的地营销活动组织过程中所围绕的中心。在乡村休闲旅游竞争日益激烈、旅游信息海量增长的今天，一个朗朗上口、特色鲜明、意境优美、过目不忘的优秀旅游形象口号，对乡村的休闲旅游发展有着十分积极的意义。

一是可以给旅游者留下深刻的印象，让旅游者过目难忘，引起游客注意，诱发出行欲望。

二是可以给旅游者带来美好的想象，为旅游者产生旅游动机提供必要的条件。

三是好的旅游形象口号能为旅游地建立良好的旅游形象、区域形象奠定良好的基础。

第三节　宣传助力

一、构建多渠道宣传体系

宣传促销是乡村休闲旅游发展很重要的环节，乡村休闲旅游业的发展离不开后期宣传推广，如线下品牌宣传、线上互联网宣传、宣传册宣传、人群口碑宣传、电视媒体广告投放等。好的宣传可以说是发展乡村休闲旅游的助力器，不仅可以为旅游目的地拉来资金还会吸引更多游客前来旅游观光。

因此，应由旅游行政主管部门牵头各单位形成合力，整体促销，联合促销，努力塑造乡村休闲旅游形象，提高知名度。可综合运用庆典活动，如周年纪念、重要仪式、赞助活动等提高自身的知名度和美誉度；可利用旅游推介会，将乡村休闲旅游作为重点宣传的内容之一，广泛采用高科技手段，强化宣传的手法和力度；还可借助互联网，建立和完善乡村休闲旅游网，全方位介绍乡村休闲旅游，实行网上预订等服务；给予优惠政策，加强旅游软件建设；通过电子商务网络，建立旅游信息网络，通过网络将旅游市场连为一体，使得物流、人流和车流畅通而高效。在影视作品宣传方面，鼓励著名的影视单位前来取景拍摄，精细制作乡村风光的音像制品或绘画。此外，还可以充分利用电台、电视台、报刊、网站、公众号、微博等媒体，开设乡村休闲旅游专版、专栏和专题，宣传乡村休闲旅游，提高乡村休闲旅游知名度，增强吸引力。

（一）运用报纸、杂志、广播、电视和网络进行对乡村休闲旅游的宣传

报纸、杂志、广播、电视和网络等不同的广告媒介在受众面、宣传特点、社会影响力和费用等方面都有些不同，乡村休闲旅游、休闲农业企业要根据自身产品特点、目标游客特点和市场竞争状况等条件慎重选择，以便能够用较少的花费获得良好的宣传效果。

1. 利用报纸进行宣传　首先，要选择有较多潜在顾客喜欢阅读的报纸，选择在客源地发行量较大的报纸。鉴于乡村休闲旅游是一种大众化的旅游产品，晨报、晚报一类的报纸较为适合，受众面广，也较为经济实惠，专业性、综合性的报纸则尽量不要选择。其次，尽量请专业人员帮助我们做宣传材料。最后，要根据宣传目的，选择合适的刊登时期。

2. 利用杂志进行宣传　由于有孩子的家庭和中老年人较为喜欢乡村休闲旅游，因此，可在客源地选择面向家庭、已婚妇女、中老年人的杂志进行宣传。宣传材料内容应丰富，应有一定的深度并最好配有彩色图片。

3. 如何利用广播进行宣传　利用广播宣传的优点在于，传播迅速、覆盖面广；较生动，有现场感；成本低廉，普及率较高。但广播宣传的局限性也很突出，时间较短，稍纵即逝，不便保存；不利于选择，检索性差。利用广播宣传应当注意的是，随着电视和网络的普及，广播的重要性有所降低，受众面变得较为狭窄，现在主要是司

机、乡村居民或其他老年人群。因此，在选择广播宣传方式时，要谨慎，注意瞄准潜在游客市场。

4. 如何利用电视进行宣传　据调查，观看电视是人们最为常见的闲暇方式。它的优点是除网络外其他媒介无法比拟的。首先，它真实感强，结合图、文、声、色 4 种因素；其次，电视的娱乐性强，可以同步传送，使人有身临其境的参与感；最后，电视信息传播快速，有直观的艺术性。

电视宣传也有不足之处：时间短，内容稍纵即逝、无法保存，广告制作耗时，费用昂贵；可选择的电视台较多，被顾客观看的概率较低；另外，除黄金时段外，其他时段效果较差。

利用电视进行宣传，费用问题很关键。一般而言，只有较大规模的乡村休闲旅游企业才能选择这种方式。实际上，由于乡村休闲旅游的核心市场为周边城市地区，可选择客源地收费较低的电视台进行宣传，而不必选择全国性广告。较小规模的乡村休闲旅游企业可尝试选择区（县）级电视台进行宣传，但应注意宣传效果。在时段选择上，要结合游客的观看习惯和费用支出综合考虑，以达到较好的效费比。

5. 利用网络进行宣传　利用网络进行广告宣传的优势是：可以根据更细微的个人差别将顾客进行分类，分别传递不同的广告信息；网络广告是互动的；网上的潜在游客有反馈的能力；可利用虚拟现实界面设计给人身临其境的感觉，具有强烈的感官刺激功能；传播范围最广，可以把广告信息 24 小时不间断地传播到世界各地；可精准统计出广告被多少个用户看过，以及这些用户查阅的时间分布和地域分布；广告易修改，成本较低。

网络广告也有不足之处：网络广告的阅读范围还比较狭窄，多是学生和受过良好教育的人，平均收入较高；供选择的广告位有限。可以选择搜狐、网易等较大的门户网站进行宣传，可以选择较为专业的旅游网站如携程旅行网、艺龙旅行网等进行宣传，也可选择搜索引擎如百度等进行合作。一般而言，城市居民在进行乡村休闲旅游前，常会到网上搜索相关信息，网络宣传的效果还是比较明显的。

网络直播是现在非常火爆的社交方式，吸取和延续了互联网的优势，利用视讯方式进行网上现场直播，可以将乡村景点、风俗活动、特色产品等内容直接发布到互联网上，发挥直播平台直观、快速的优势，表现形式多样、内容丰富、地域不受限制、受众面广等特点，加强宣传、推广的效果。常见的直播平台有抖音、快手等平台。

利用公众号、微博等投票宣传。构建参与感，调动积极性，增强互动性，提升全民认识与认同。乡村产业关乎全局发展，而不单是三农工作者。开展竞技模式、投票模式，力争全民参与、全民投票、全民受益。

（二）进行赞助与公关宣传

赞助与公关宣传是两种不同形式的存在，但都是利用公关关系促销的方式。赞助是无偿提供资金或物质对各种社会事业作出贡献；公关宣传是利用各种传播媒介，沟通自己企业同社会公众及游客之间的相互联系，增进相互的了解和理解。这两种方式的目的都是为了树立企业的良好形象和信誉，提高知名度，激发公众和游客的好感与信任，为企业产品销售创造一个良好的外部环境，实现企业盈利的目的。

1. 进行赞助　赞助需要一定的方式方法，否则效果难以预期。

（1）公关赞助应采取的基本原则。赞助是一种技术性和政策性很强的公共关系宣传活动，开展赞助活动必须遵循以下基本原则：一是社会效益原则。开展赞助活动必须着眼于社会效益，以获得公众的普遍好感。通常，企业应优先赞助社会慈善事业、福利事业、教育事业和公共设施的建设。二是合法原则。合法原则是开展赞助活动的基本要求。企业开展赞助活动时必须遵守党和国家的政策法律。违背政府的政策法规利用赞助活动搞不正之风，会削弱赞助活动的宣传效果。三是实力原则。一般地说，赞助活动应当量力而行，根据企业利润额、经济实力和市场发展战略，支出合理的赞助经费。赞助经费的数额，必须在企业能够承受的范围之内，同时又要达到一定的额度，以形成较大的影响。四是相关原则。赞助的对象应当与公众生活或自己的经营内容相关联。

（2）常见的赞助形式。包括以下几种。

一是社区赞助。这是对企业所在地事业的赞助，它有利于获得良好的经营环境和社会声誉。

二是慈善赞助。这种赞助往往与企业的营销目标无明显联系，但具有社会价值和社会需要，易在社会公众中引起较大反响。

三是市场开发赞助。这种赞助与市场营销战略和企业目标有关，如给学校赞助，有利于获得学校将该企业定为乡村实践基地等，不仅开拓了学校市场，同时还为将来的营销奠定基础。

四是文化赞助。这种赞助主要是利用文艺界、体育界的名人效应提高企业的声望。企业应支持和赞助具有充分公众基础的艺术形式和体育项目，立意创新，体现企业对发展文化、体育事业的赤诚之心和社会责任感，在公众心目中树立起良好的形象，企业的经济效益也会大大提高。

（3）公共赞助应该注意的问题。乡村休闲旅游企业应选择恰当的时机进行恰当的赞助。如出现重大事件时，社会、媒体、民众对事件的关注度最高，如果企业能够在第一时间主动表态，必然引来更多注意，也最能吸引媒体的报道。

另外，要制订详细的计划。企业在执行公益赞助时应预先将整个过程的每个步骤考虑周到，包括何时赞助、赞助多少，何时举行新闻发布会等。只有考虑充分、把握得当，才能使企业避免成为"无名英雄"。

2. 公关宣传活动　公关宣传活动包括吸引记者前来采访报道，策划新闻事件，组织参观活动等。记者的采访报道实际上是一种宣传，而且通常比其他宣传方式更为人所信赖，因此，乡村休闲旅游企业要积极吸引记者前来并提供各种便利。平淡的环境难以吸引记者前来，乡村休闲旅游企业要注意观察、发掘身边和企业的新闻事件，有意识、有目的、有计划地根据新闻事件的特点，展开一些宣传形象的活动，以便引起新闻媒介的广泛报道，产生重大的社会影响。如某地乡村休闲旅游经营户收养了一头野生小熊，吸引了电视台和报社记者前去进行系列采访报道，扩大了知名度和影响力。也应注意充分利用名人效应，如通过领导、明星的到来等进行宣传。

乡村休闲旅游者对自己的产品、服务和特色较有信心的时候，可以适当组织社会各界人士或有关公众代表免费参观考察，以加深公众对企业及企业产品的了解，引起公众的兴趣。

（三）利用"回头客"进行宣传

乡村休闲旅游重游率高于其他旅游，"回头客"众多。"回头客"对于乡村休闲旅游业十分重要，他们是铁杆消费者、忠诚的使用者和流动的宣传员，可利用"回头客"对乡村休闲旅游品牌进行宣传。

利用"回头客"宣传的优点是：宣传费用低、可信任度高、针对性准确，易整体提升企业形象，挖掘潜在游客的成功率高；能有效影响消费者决策，提高品牌忠诚度，更加具有亲和力，并避开竞争对手锋芒。其不足之处是：易产生个人偏见，观点有片面性；表述不够准确时，易产生错误的言论。

首先，要提供高质量的服务，真诚待客，获得游客的满意；其次，要注重旅游结束后的后续服务或联系，要常给"回头客"打电话或发短信、邮件进行联系、交流，介绍新产品；最后，要建立游客资料库，给"回头客"发放会员卡、价格打折或赠送小礼品、土特产品等，以体现诚挚感谢。采取这些措施，通常可以获得"回头客"的宣传帮助，也能一定程度上避免片面性的表述。

（四）自制宣传材料自我宣传

对较小规模的乡村休闲旅游企业来说，可能是非常重要的一种手段。自制宣传材料可以不拘一格，采取多种多样的方式，只要有效就可以。自制宣传材料包括名片、小册子、标牌、墙体广告等。

名片内容一般包括名称、经营范围与特色、联系方式等，其成本较低，对于"回头客"进行宣传比较有效。

宣传小册子和传单等具有内容较为丰富、色彩较为艳丽、成本较低等特点。它应突出亮点和特色。企业可向游客或潜在游客发放，通常会获得一定的市场效果。

标识牌、路牌不仅给游客提供了便利，也起到了宣传作用。它们的制作应美观耐用、简洁自然，千万不要因粗制滥造而起到相反效果。可在交通较为密集的国道、省道等公路两旁或车站等人流密集的地方设立广告牌，但应注意不要违反相关法规。广告牌的制作也应美观耐用，不要粗制滥造。

车贴广告可以在自己的交通运输车辆或付费使用他人的车辆上张贴宣传材料，其内容要别具一格，具有冲击力。

二、创造体验式营销模式

乡村休闲旅游营销的主要目的是激发旅游者的旅游欲望。正确的营销理念、营销手段、营销规划会对乡村休闲旅游的市场扩张起到推动的作用，重视把握营销机会，可以扩宽客源、增加收入。

（一）构建营销体系

1. 着眼整体，构架网络 建立一个完善的立体营销体系是企业走向成熟的标志。休闲农业企业要建立一个比较完整的销售体系，除了内部营销机构和团队需要发展壮大，还得在客源市场密集的大城市设立办事机构，方便与当地旅游代理商、旅行社等中间机构交流沟通，获取一手市场信息。

2. 锁定客户，细化市场 休闲农业旅游产品作为一个开放的旅游接待区域，其客户类型多样，需求层次也不尽相同。因此，需要对消费者群体进行锁定细分，包括其公司类别、年龄结构、收入结构等，针对不同群体采取不同的营销和推广形式。

3. 制作菜单，产品多样 休闲农业旅游产品可以根据自己的优势和特色制订不同形式的旅游产品，并推出不同的团体套餐。如果蔬采摘产品、水上活动产品、度假会议产品、亲子游乐产品等。

4. 紧抓客源，分步营销 对于市场营销，要采取务实的态度，确保销售和推广的操作更容易把握。主要是紧抓主要客源市场，经营一段时间后开始向二级市场渗透，再往省外特别是重要省会城市开拓。

5. 灵活机动，量身定做 为了满足大客户的个性需求，休闲农业旅游产品可以给来乡村休闲旅游、度假、会议活动的大客户量身定做一些有针对性的旅游活动，便于大客户在旅游的同时获得更大的收获。

6. 制造概念，打造品牌　要打造成功的休闲农庄品牌，就要有许多有特色的想法。对于休闲农业企业来说，主要围绕娱乐活动做主题，如当地节日、各类夏令营基地、异国风情等。

7. 推广合作，互惠共赢　休闲农业企业可以用自身的产品和资源与实力雄厚的品牌企业和中间代理商分享，以实现共同利益。

（二）开展体验式营销

1. 乡村休闲旅游进行体验营销具有必然性

（1）从旅游的本质来看，体验是旅游的核心属性之一。乡村休闲旅游的本质是向游客提供"一种或多种经历和体验"，给城市人提供一个认识农村、体验农家生活、追寻古朴民风民俗的机会，为游客提供娱乐体验、教育体验、审美体验和逃避现实的体验。面对生动的、具有审美感受的乡村景观，旅游者暂时从现实生活的烦恼和压力中脱离出来，体验轻松与自然，并将这美好的体验永远留在记忆中。

（2）从体验的内容来看，乡村旅游是体验的大舞台。体验是一种参与经历，包括娱乐、教育、审美和逃避现实四个领域，最难忘的体验是处于四者交汇的"甜美的亮点"。四者与乡村旅游的本质是一致甚至是融合于一体的，无论是"娱乐观光"乡村游、"劳动教育"乡村游还是"民俗文化"旅游或是"农家乐"乡村游，都为旅游者提供了一种可以全身心参与，并拥有自己独特记忆的经历。

（3）从乡村旅游消费者需求变化来看，体验经济时代，展示个性和交流沟通是逐渐成为消费趋向。乡村旅游者已不再满足于走马观花式的农业观光旅游，他们更强调的是一种参与，一种体验，如亲身参与乡村劳动，感受其中浓郁的乡土味和人情味，借参与产生互动，加深与乡村文化的交流与沟通。体验已成为旅游者购买乡村旅游产品的核心，这为开展乡村旅游体验营销提供了广阔的空间。

（4）从乡村旅游产品的发展来看，我国乡村旅游在发展之初，表现出对自然风景资源、农业生产的收获活动和乡俗节庆活动的极大依托性，产品容易模仿，造成了整个行业产品趋同化严重。这就要求乡村旅游企业必须深入研究顾客的体验需求，将体验营销的思想运用在产品设计和开发中，以达到吸引旅游者并增强其忠诚度的目的，从而全方位的提升乡村旅游的竞争力。

（5）从乡村休闲旅游发展壮大的需要来看，我国乡村休闲旅游存在市场集中度差、营销力度不够、营销方式雷同等问题，品牌优势很难形成。乡村旅游要发展，应针对体验经济时代消费需求的变化趋势，意识到营销规则的变化，否则必然要被市场淘汰。这就要求乡村旅游企业要将体验营销的思想贯穿整个经营管理过程。

2. 如何进行体验式营销

（1）设计鲜明的乡村旅游体验主题。个性鲜明、定位明确的主题是给游客带来独特体验的基础，也是体验营销策略的首要因素。体验主题不一定是企业经营使命的简单重复，但它应该作为体验设计的指导性纲领，将企业的各种活动和产品有机地结合在一起。主题是在了解消费者心理需求和欲望的前提下，定位在消费者心理的，它本质是针对某一目标市场，突出文化内涵，并以高度形象化的语言概括，以最终形成品牌为目的的营销过程。乡村旅游作为典型的体验型行业，其产品定位集中体现在主题上，也就是体验主题化。乡村旅游主题应该从作为其动力来源的乡村意象中提炼出征服旅游者内心的"品味"概念，创造一种强调体验的品牌形象。主题的确定必须体现乡村旅游地的特色，应根据主导客源市场的需求，突显个性，避免与周边邻近地区同类旅游目的地雷同，通过每一个细节来强化主题。它强调的是一种整体性，而这种整体性的体现必须靠对内营造和对外宣传两个方面结合才能够完成。一方面，必须有意识在乡村营造一种"可印象性"的整体氛围；另一方面，又必须通过宣传把它推向市场，形成鲜明的乡村旅游主题。

（2）整合各种感官刺激。感官营销的诉求目标是创造知觉体验的感觉，即利用人体感官的视觉、听觉、触觉、味觉与嗅觉，开展以"色"悦人、以"声"动人、以"味"诱人、以"情"感人的体验式情景营销，并让消费者参与其中，使其留下难忘的体验印象。感官营销可令消费者识别产品，引发购买动机与增加产品的附加值。如色彩具有先声夺人的效果和感人的魅力，国外有一种理论叫"七秒钟色彩"，即对一个人的认识乃至对一种商品的认识，可以在七秒钟之内以色彩的形象留在人们的印象里，并产生独特的促销效果。由此可见，感官因子给产品所创造的低成本高附加值作用是惊人的。以视觉为例，乡村旅游地的视觉景观形象设计要突出乡村景观特色，注重体量、色彩、比例、尺度、材料和质感等视觉审美要素给人的心理感受，如在设计建筑时要尽量运用当地的木材、石料、竹子、藤类等自然材料，除色彩要与环境协调外，还要杜绝诸如垃圾成堆、污水横流，厕所卫生差等"视觉污染"。实际上，体验所涉及的感官越多，就越容易成功、越令人难忘。因此，应该围绕主题把食、住、行、游、娱等各种服务用体验的观念整合起来，营造一个乡村特色浓郁的体验性场景，给游客带来全方位的感官刺激从而提升游客的体验质量。

（3）激发游客的情感。情感营销是以消费者内在的情感与情绪为诉求，通过激发和满足顾客的情感体验来实现营销目标。情感营销的核心是站在顾客的立场上考虑问题，密切关注顾客的需求，提供真正使其满意的产品和服务，并由此提升顾客对企业的满意度和忠诚度。这是因为顾客对于符合心意的产品和服务会产生积极的情绪和情感。情感营销的策略是在营销过程中引发出一种心情或者一种特定的情绪，使消费者在消费过程中充满感情色彩。情感营销的运作需要了解用什么刺激可以引起某种情绪，以及能使消费者自然地受到感染，并融入这种情景中来。从消费实践来看，旅游者总是关注旅游产品与自身关系的密切程度，偏好那些能与自我心理需求引起共鸣的感性旅游产品。亲近自然、远离喧嚣、贴近人心、爱心的奉献、亲情的呼唤等，都可以成为乡村旅游运用情感营销策略的基本诉求。

（4）引导游客的思维。思维营销诉求的是智力，以创意的方式引起消费者惊奇、兴趣和对问题的统一或各异的思考。思维营销以智慧的火花为卖点，通过激发消费者解决问题的欲望，并创造性地让消费者获得认识和解决问题的体验，从而使消费者获得一种自我成就感。思维营销的魅力在于让消费者通过自己的想法与产品或企业间形成有效的互动，好的思维营销往往让人津津乐道、回味无穷。乡村旅游将知识性、科学性、趣味性融为一体，具有较好的引发思考功能。大棚蔬菜、花草树木、昆虫、家禽都可以展现一段自然界生物生长的经历，这些生物奥妙能激发广大都市人的兴趣，激活其思维和探究欲望。如深圳高科技农业示范区，聘用农学博士采用先进的技术将示范区管理得井然有序，并将农业产品开发成为观光农业，吸引众多的游客前来游览体验、观摩学习、自主探究，使游客成为知识的发现者，并由此获得成就感、满足感和自豪感。

（5）营造参与互动的氛围。所谓参与营销就是企业在其所提供的产品或是服务的设计、生产、消费的过程中，努力创造条件和让广大消费者参与进来，按照消费者的生活意识和消费需求开发能与他们产生共鸣的"生活共感型"产品，使他们在对最终产品满意的同时，其兴趣、爱好、想象力和抱负也得以实现。体验营销的核心是吸引消费者参与并产生互动。为了强化参与的体验性，让游客亲自参与乡村生活、生产的某一过程，比如游客可以住在农家院、品尝农家饭，感受浓浓的乡情和纯朴的民风；还可以自己下地采摘瓜果、上山挖野菜，甚至自己动手制作豆腐等，切实体验劳动的艰辛和创造的喜悦。

（6）提升服务的体验价值。基于体验营销的服务营销是以顾客的服务体验为诉求，注重如何使服务个性化，如何使顾客在接受服务的过程中产生与众不同的感受，如何将服务利益转换成能给旅游者带来高水平体验的迹象。服务质量是服务营销的关键，服务质量往往取决于员工的服务态度、技能和服务水平。乡村旅游的特殊性决定了旅游接待、服务人员主要以农村青年为主，由于受文化素质的限制及缺乏规范的服务培训，整体接待服务水平较低。应加强对乡村旅游在岗员工的培训。通过服务员工的服饰和风度，服务设施的照明、温度和色调，服务场景的空间布局、美学展示等都可以提升服务的体验价值，提高游客的体验感知与满意水平。如上海崇明区近年推出了"农家乐服务"培训项目，培训内容包括农家乐礼貌服务、旅游咨询服务、客房服务、餐饮服务等，实现规范化管理，统一了服务标准和服务质量，效果显著。

第四节 经营管理

一、乡村休闲旅游经营概念和理念

(一) 乡村休闲旅游的经营概念

乡村休闲旅游经营是指以休闲农业旅游产品、农家乐、民宿作为旅游的供给方，以旅游市场为对象，以市场信息、调查、预测和决策为内容的综合营销手段。也就是说，旅游产品、企业、农户面向旅游市场，面向游客，推销旅游产品，提供多种服务，从而获得收益。

(二) 乡村休闲旅游的经营理念

经营理念是经营决策的指导思想，直接支配着经营策略、经营方式和经营效果。因此，经营理念对经营乡村休闲旅游的成败、市场的开拓和效益的大小影响极大。

1. 要有正确的社会判断 能够分清哪些社会经济热点是符合国家和地区的发展方向的，哪些是不符合的；哪些是持久的、有生命力的，哪些是短暂的、没有生命力的，绝对不能盲目行事。企业对自己的产品要有一个正确认识，弄清楚产品的优势和劣势。只有做到正确的判断，才能获得经营的先机。

2. 要有正确的市场导向 能够把握市场规律，瞄准市场需求和消费趋向，以利于占领市场、开拓市场。乡村休闲旅游度假产品主要面向城市收入较高的人群及其家庭。它们通常向往农村生活的宁静、安稳、健康，追求绿色食品。针对此类人群，适宜开发乡村特色美食，以及在乡村自然环境中健身、疗养及亲水运动或者以采摘、垂钓等为主的休闲度假活动。

3. 要有可持续发展的思想 企业要分清哪些是根本利益、哪些是非根本利益，哪些是长远利益、哪些是眼前利益。在经营中，在追求经济效益最大化的同时，兼顾社会效益和生态效益。基础设施、资源与生态环境的保护，要给予一定的资金保证。否则，会直接影响休闲乡村旅游业的可持续发展。

（1）环境的可持续发展。环境的可持续发展，指的是乡村休闲旅游活动的开展要与当地基本的生态发展、生物多样性和环境资源的维护协调一致。以前人们认为自然资源是取之不尽、用之不竭的，因此，忽视了发展旅游带来的环境污染。许多开发者急于求成，结果导致生态环境遭到严重破坏。自然生态系统一旦遭到破坏，不但会影响到当地人的生产和生活，还会降低对游客的吸引力。

在开展乡村休闲旅游相关经营活动的过程中，要充分考虑当地的自然生态承载能力和相应的社会承载能力，通过控制旅游容量等手段来避免对自然生态系统的影响，从而达到自然生态系统和社会经济系统的协调可持续发展。

（2）社会的可持续性。社会的可持续性指的是当地作为一个社区，在一段时间内对外部因素的包容能力。乡村休闲旅游经营活动的开展给社会的可持续发展带来的负面影响主要是社会分化，这是由发展乡村休闲旅游过程中形成的错综复杂的社会分工导致的。所以，在经营过程中可以通过对旅游产品容量的计算、环境影响的评估、可持续性指标等方法将这种分化的影响降至最低。

（3）文化的可持续性。文化的可持续性指的是农村传统文化能够保持和适应，使其区别于城市文化成分的能力。在经营活动的开展中，应注意维护和增强农村文化的独特性。城市文化的引入，必然会对农村产生信息、思想、科技、文化等多方面的影响。实现人文环境的可持续发展，一方面，要进行有效宣传，使游客对当地民风有所了解，充分尊重当地的风俗习惯；另一方面，当地的居民也要对自己特有的文化树立自豪感，切不可因与城市文化的反差而丢弃。

（4）经济的可持续性。经济可持续发展是指使乡村休闲旅游经营取得一定的经济效益，资源得到合理有效的开发和管理。经济以生态环境的可持续发展和人文环境的可持续发展为前提。在乡村休闲旅游经营活动中，要适度控制休闲农业经济发展的目标，避免对自然生态环境和人文环境的过度开发。

二、经营乡村休闲旅游的要求

（一）基本条件和要求

乡村休闲旅游经营管理是指对村庄内的旅游资源进行开发、经营、整合、维护、监督等多个方面的活动。

乡村休闲旅游经营应具备的基本条件和要求包括：从业资格、经营服务场地、接待服务设施、经营管理等几个方面。

1. 从业资格 应按规定办理相关证照，实行持证经营，在行政主管部门办理卫生许可证；排污申报许可证；工商注册登记；组织机构代码证。

2. 经营服务场地 生态环境良好，接待区域面积与接待能力相适应；无安全隐患，远离处于地质灾害或低洼河湖的危险地方；房屋结构坚固，通风良好，光线充足；环境整洁，无污水污物，无乱建、乱堆、乱放现象；垃圾处理、污水排放、油烟排放应符合相关规定。

3. 接待服务设施

（1）厨房。位置合理，远离垃圾堆、厕所、牲畜棚圈，有清洗、切配、烹调、凉菜制作和餐具、工具洗涤和消毒的设备和场所，并符合国家餐饮业管理规定和标准，要求洗涤消毒用的产品应符合有关规定。

（2）就餐环境。位置合理、采光通风良好；就餐环境应符合卫生要求。

（3）厕所。环境整洁、无污垢、无堵塞，异味较小。

（4）通用要求。上下水条件齐备通畅、饮用水符合有关规定；有防蝇、防鼠、防虫以及处理垃圾的措施和设施；有必要的消防设施；游乐设施应符合国家有关安全要求的规定。

4. 经营管理 严格按照国家有关法律、法规、规章和相关规定开展经营活动；有明确经营范围和经营方式；实行岗位责任制及服务规范化；有健全的卫生管理制度并设专人负责卫生工作，各种原料、辅料、调料应符合现行有效的产品标准或国家有关规定及要求；食（饮）具消毒应符合有关规定；应明示服务项目并明码标价。

5. 从业人员　从业人员应遵纪守法，遵守职业道德；从业人员应诚实守信，尽职尽责，服务热情、周到；接待人员应注意仪表仪容，使用礼貌用语；从业人员应身体健康，无传染性疾病和其他有碍食品卫生的疾病，并按规定定期进行健康检查，取得健康合格证。

（二）延伸要求

近年来，国家出台的政策鼓励乡村休闲旅游资源的开发，因为这是促进农业发展、吸收农村剩余劳动力、增加农民收入的可取之道。

1. 原则　乡村休闲旅游经营管理应自觉遵循以下原则：

（1）自愿和民主原则。对乡村休闲旅游的管理要遵从农户的意愿，不能强行征用土地、水塘、住宅等来进行旅游建设。同时，对于所管辖的旅游景点、项目的管理，要保证充分的民主，尽量使全村人都参与进来，保证受益面。

（2）量力而行原则。不能"好大喜功"，在资源、经费不允许和条件不成熟的时候大兴土木，过度开发，使得前期成本投入过多而无法正常完工或者投入运营。

（3）可持续发展原则。不能只顾眼前利益，过度投入和开发，"竭泽而渔"，而是要从长远的利益出发，注重旅游资源开发经营的生态效应、社会效应和可持续效应。

2. 要求　经营好乡村休闲旅游需要的延伸要求：

（1）高含金量的资源。乡村休闲旅游资源是开发经营的基础条件，也是乡村休闲旅游拓展的原动力。其拥有资源价值越高，对游客吸引力就越强，潜在的预期效益也就越大。乡村休闲旅游资源的含金量主要由 5 个方面决定：

一是美感。即农业资源最好具备生态美、动态美、意境美、色调美、韵味美、嗅觉美等，美感刺激越强烈，观赏价值就越高。

二是娱乐性。乡村休闲旅游最好具有休憩、康养、娱乐等方面的资源价值，以满足游客娱乐嬉戏、休养度假等需求。

三是文化。乡村具有历史悠久、文明传承、民风民俗、名人大家等，则更有魅力。

四是科普价值。这类资源能培养游客科学兴趣，拓宽视野，具有科普教育的功能。

五是有规模有布局。即各种资源条件组合布局协调，并具备一定的规模，这样的资源开发价值才高。

（2）优美的自然条件。乡村休闲旅游资源开发需要因地制宜，具有强烈的季节性和地域性。其所在地的综合条件一定程度上决定该资源的开发方向及种类，影响因素主要包括所在地的地形、气候、水利、环境质量状况等自然条件。通常适宜的气候，丰富优良的水文状况，丘陵及平原相间的地貌，肥沃的土壤，较少的灾害性天气，更适合发展乡村休闲旅游。

（3）较高的经济能力。开发乡村休闲旅游资源的经济条件，来源于所在地区社会经济发展程度和总体水平，直接影响该地区乡村休闲旅游开发经营的人力、财力、物力投入的水平，旅行接待能力，以及城乡居民出游水平等。

从以下五个方面进行评价：一是地区经济发展水平；二是资金筹措难易程度，本地政府补贴资金政策；三是生活用品、食品、特产以及建材等购买出售是否便利；四是开发地水电气等能源、交通、通信、安全、卫生、环保等基建设施建设；五是建设用地地形地貌、工程地质是否适合开发、价位是否合理。

（4）活跃的客源市场。客源市场很大程度上决定了旅游资源的开发规模。客源市场主要体现在：游客休闲需求、消费习惯；周边农业经营情况，竞争态势；地区人口规模，休闲农庄数目、质量及游客消费潜力等。

乡村休闲旅游客源市场主要群体是以回归自然环境、体验乡野风情和民俗民风为主要目的城区居民。

（5）优越的区位条件。乡村休闲旅游开发方向、规模和效益等在很大程度上取决于所在地的区位条件。区位条件分地理区位、交通区位和经济区位，即开发地所处位置、交通便利性、城区和附近旅游区相互之间的依托联系及本地在经济产业链中所占地位等。

经营乡村休闲旅游最好选址在毗邻城区或名胜古迹、交通便利的地区，如机场附近、国道省道沿线、江河沿岸的农牧渔区以及风景名胜附近。

（6）良好的农业基础。乡村休闲旅游所在地的农业基础对其经营开发影响重大。农产品的类型、产量、产品加工等与休闲农业的开发关系密切。农产品的类型越丰富，开发资源就越多；而其产量则是资源开发的基础条件；农产品加工对资源开发拓展具有进一步的影响。因此，经营开发休闲农业应对所在地农产品的类型、产量、产品加工等农业基础进行分析研究。

三、经营乡村休闲旅游的策略

经营策略是指在竞争的环境中，在充分考量自身的优劣弗基础上，以发挥优势并创造生存与发展空间为目的所采取的相应举措。通过产品开发和市场需求，选择目标市场，并对相关产品的定价、促销和宣传等活动的决策进行分析、规划、执行和控制，使产品具有独特性、合理性、多样性，以维护原有客源，并吸引新客源，从而开拓市场空间，为旅游产品创造更多利润，打响知名度。

经营策略必须随内部条件及外部环境的变动而进行调整，不能一成不变。在世界大环境瞬息万变的时代，以变应变，随时调整服务于经营战略的经营策略是经营管理的真谛。由此可见，在乡村休闲旅游经营管理中，为了实现某一经营目标，在一定的市场环境条件下，所有可能实现经营目标采取的行动及其行动方针、方案和竞争方式，均可称为经营策略。经营策略因乡村休闲旅游所依附的对象和经营内容的不同而不同，我国乡村休闲旅游的经营应把握以下几点。

（一）以农为本的经营策略

农业是乡村休闲旅游得以生存的根基，没有农田、果园、渔场、牧场、村落，也就没有乡村休闲旅游可言。在经营过程中，要充分挖掘农业资源，把农业文章做大做好。

1. 强化农业经营要素 乡村休闲旅游要想保持其产品对游客的吸引力，就必须强化产品经营的四要素，即文化性、环境性、体验性和个性定制。

（1）要突出乡村休闲旅游文化。休闲的最大特点就是它的文化性，休闲活动对于提高人们的生活质量和生命质量、对于人的全面发展有着十分重要的意义。乡村休闲旅游富含深厚的文化内涵，如农耕文化、乡土习俗、民族风情，在经营过程中大力挖掘和展示文化内涵对于游客必然具有强大的吸引力。

（2）要烘托乡村休闲旅游环境。提倡"创造性思维"，尽可能别出心裁地塑造文化氛围和烘托文化艺术，创造出有节奏、有情调的景观环境，并且通过这种环境来阐述休闲产品的文化理念，赢得游客的共鸣，形成乡村与游客的双向交流，提高当地形象不可模仿的独特性。现代都市生活充斥着钢筋水泥的冰冷、隔阂与重压，亲近自然、放松身心是都市人的迫切心理诉求，乡村休闲旅游恰恰提供了契合这种心境的环境。

（3）要增强乡村休闲旅游体验。休闲产业发展的一种重要趋势是发展以体验为基础的休闲产品，强调游客的参与性。没有游客参与的休闲产品是没有生命力的，满意的体验不仅让游客在参与中放松身心、获得快乐，而且会在亲朋好友中传播这种体验，使乡村休闲旅游产品获得回头客并扩大客源。

（4）要满足乡村休闲旅游个性需要。乡村休闲旅游产品应根据一部分游客的特殊兴趣爱好，确定产品主题，提供充满个性的乡村休闲旅游产品，来赢得游客的喜爱，增强对游客的号召力。

2. 突出农业经营主题 主题是乡村休闲旅游产品形成鲜明特色和独特个性的灵魂，也是乡村休闲旅游产品影响游客休闲娱乐选择的魅力所在。主题化经营既是乡村休闲旅游发展的趋势，也是乡村休闲旅游产品在激烈竞争中取胜的关键。因而，乡村休闲旅游主题必须是创新性思维的结果，并且可通过各种技术手段转化成现实的外部环境和娱乐氛围，使游客参与其中后能获得特别的感受。乡村休闲旅游产品由于不同的主题化设计，会获得各自的生存空间。乡村休闲旅游主题应注重提高吸引力，增强游客的参与性和体验效果，不同的主题对应不同的营销内容，把现代农业休闲活动带入一个主题化、休闲化以及倡导一站式服务的时代。

（二）独具特色的经营策略

对于农村而言，单纯的农田、果园、牧场、村落举目皆是。然而，如何才能把游客吸引到自己的农田或果园呢？必须具有特色。特色的形成除了必需的自然资源外，还要充分挖掘文化资源，文化是乡村休闲旅游产品的灵魂。休闲活动丰富多样，且必须具有特色，令游客能体验到城市中不常或不能见到或体验的活动。因此，乡村休闲旅游景点的建设不要模仿城市随处可得的休闲活动，也不要模仿城市公园的景观和活动，要体现出农村、农业、农民的特色，创造乡村休闲旅游产品品牌。乡村休闲旅游产品的特色经营项目的设计主要考虑以下3个方面：　是感受主题风情。以特殊的自然资源主题作为当地规划的出发点，打造某种感官情境，让游客体验怀旧之情、异国情调或是虚幻时空。二是欣赏乡野景观。通过漫步乡间、乡间骑行等方式，让游客在观赏景观的同时可以聆听虫鸣鸟叫，享受自然之美。三是心灵舒压疗养。通过听音乐、静坐等方式，让游客达到调养身心、陶冶情操的目的。

（三）创意创新的经营策略

无论是产品、包装，还是景观小品，都要注入创意的思维，可适当结合时尚元素，让游客有耳目一新、眼前一亮的感觉。例如，法国卢瓦河谷附近的维朗德里城堡，最著名、最有气势的景观就是蔬菜花园。堡主颠覆传统花园只种花的思想，以蔬菜为主题，通过各种搭配、排列，设计出充满别样法式风情和气质的个性蔬菜花园，既可采食，又能赏心悦目。时尚元素则很切合年轻人的胃口。如蓝调庄园在产品设计时，将时尚、休闲要素融入其中，通过求婚、求爱等动态的新奇体验，打造"爱的艺术"大地景观。设计时尚的休闲方式，如为年轻团体或情侣提供露营、户外休闲娱乐、健身、特色餐饮等，营造出一个颇具浪漫情调的"爱的伊甸园"，吸引了大量的年轻人和情侣。项目的设置要加强互动，引导游客深入体验，从中获得知识、技能或者新鲜的经历。在休闲牧场，游客不仅可以观察动物的习性，还可以亲自喂养动物，感受人与动物的和谐共处，也可以参与体验喂乳牛、挤牛乳、喝生牛乳的全过程，感受牧场农家的生活，并学习到一些动物饲养知识、挤乳的手法等，给人留下一段难忘的经历。

(四) 成本为王的经营策略

以成本为核心策略也叫价格竞争经营策略。由于乡村休闲旅游经营产品价格的基础是经营成本，因而该策略强调的是努力降低自己产品的成本。低成本经营策略可以帮助乡村休闲旅游、休闲农业经营进入良性循环。较低的经营成本为有竞争力的价格奠定了基础；有竞争力的价格会扩大乡村休闲旅游的市场份额，提高回头率，从而提高经营的收益；而较高的经济效益使得乡村休闲旅游有能力进一步扩大规模，增加服务项目，从而形成新的较低成本项目，如此循环反复。

(五) 营销时尚化、服务人性化

乡村休闲旅游的营销要有创新的理念，不仅是卖产品，更是卖体验、卖服务；体验做得好，服务质量高，营销的事也就水到渠成。如在水果采摘季开展体验活动，让游客自采自摘，将销售融入体验中去，使游客乐享收获的喜悦，还能节约人工采摘成本。开展"打造会说话苹果"特色劳动体验活动，让小朋友和家长进行亲子互动，从印有吉祥语、京剧脸谱图案、卡通人物等表达情境的图案字帖中，选择自己喜欢的图案贴在刚摘下的苹果上，在不知不觉间达到销售的目的。

(六) 用互联网的思维来经营

虽然目前农村和城市仍然存在信息差异及电商实现难度比较大的状况，但完全可以想象通过电商模式来经营农庄，如 69 农村创业网推出的"农村游＋农家乐"管理系统其实就是一个非常好的开始，打通了商户和游客之间的信息流，为实现乡村旅游电商化迈出了坚实的一步。以创新思维，融创意元素，用多元手法，打造满足人们追随乡野生态风情、深度体验休闲需求的农庄，是在这场没有硝烟的战场上制胜的法宝。创新没有模式、没有边界。符合潮流趋势，迎合顾客喜好，才是休闲农庄具有持久魅力的根本。这也是响应国家扶贫政策，推进乡村旅游发展的重要一步。

四、乡村休闲旅游的经营环境分析

在乡村休闲旅游经营过程中，通过分析、评价经营环境，使企业更好地认清面临的经营机遇或困难，提出改进措施。乡村休闲旅游经营环境分析是企业科学制定经营决策和经营计划的基础。常见的分析方法如下。

（一）SWOT 分析

1. SWOT 分析的含义 SWOT 分析是指在对企业内外部环境进行调查的基础上，分析企业的优势和劣势、面临的机会和威胁的一种方法。S（strengths）是优势、W（weaknesses）是劣势、O（opportunities）是机会、T（threats）是威胁。其中优势、劣势为内部因素，机会、威胁为外部因素。SWOT 分析的目的在于通过识别乡村休闲旅游产品的强项与弱项，掌握旅游产品的竞争态势，发挥优势，克服弱点，寻求有利于旅游产品发展的机会。优劣势分析主要着眼于乡村休闲旅游产品自身的实力及其与竞争对手的比较，而机会和威胁分析将注意力放在外部环境的变化及对旅游产品的可能影响上。但是，外部环境的同一变化给具有不同资源和能力的旅游产品带来的机会和威胁却可能完全不同，因此两者之间又有紧密联系。乡村休闲旅游产品 SWOT 分析需要考虑的因素，见表 3-1。

表 3-1 乡村休闲旅游产品 SWOT 分析需要考虑的因素

潜在内部优势（S）	潜在内部劣势（W）
产权技术	竞争劣势
成本优势	设备老化
竞争优势	战略方向不同
特殊能力	竞争地位恶化
产品创新	产品范围太窄
具有规模经济	技术开发滞后
良好的财务资源	营销水平低于同行业其他企业
高素质的管理人员	管理不善
公认的行业领先者	战略实施的历史记录不佳
游客的良好印象	不明原因导致的利润率下降
适应力强的经营战略	资金拮据
	相对于竞争对手的高成本
其他	其他

（续）

潜在外部机会（O）	潜在外部威胁（T）
纵向一体化	市场增长较慢
市场增长迅速	竞争压力增大
可以增加互补产品	不利的政府政策
能争取到新的用户群	新的竞争者进入行业
有进入新市场或市场面的可能	替代产品销售额正在逐步上升
在同行业中竞争业绩优良	游客讨价还价能力增强
扩展产品线	游客需求与爱好逐步转变
满足游客需要	通货膨胀递增
其他	其他

2. SWOT 分析的程序　SWOT 分析法运用于乡村休闲旅游产品，一般采取以下程序。

（1）分析乡村休闲旅游产品外部环境的变化，寻找可能存在的机会和威胁。

（2）根据乡村休闲旅游产品内部的资源和能力分析确定旅游产品的优势和劣势。

（3）对决定乡村休闲旅游产品的 S、W、O、T 各种关键因素进行加权平均并作出总体评价。

（4）在 SWOT 分析需要考虑的因素上定位，确定乡村休闲旅游产品的战略能力。

（5）进行战略分析。

3. SWOT 分析的四种战略　SWOT 分析可以作为选择和制订战略的一种方法，它提供了 4 种战略：SO 战略、WO 战略、ST 战略和WT 战略。

（1）SO（strengths，优势；opportunities，机会）战略。是依靠乡村休闲旅游产品内部优势去抓住外部机会的战略。例如，一个资源雄厚（内在优势）的乡村休闲旅游园发现某一国际市场未饱和（外在机会），那么它就应该采取 SO 战略去开拓这一国际市场。

（2）WO（weaknesses，劣势；opportunities，机会）战略。是利用乡村休闲旅游产品外部机会来改进内部弱点的战略。例如，一个面对游客服务需求增长的乡村休闲旅游产品（外在机会），和十分缺乏行业专家（内在劣势），那么就应该采取 WO 战略培养或外聘行业专家。

（3）ST（strengths，优势；threats，威胁）战略。是利用乡村休闲旅游产品的优势，去避免或减轻外部威胁的打击。例如，一个乡村休闲旅游产品的销售渠道（内在优势）很多，但是由于各种限制又不能经营其他商品（外在威胁），那么就应该采取 ST 战略走集中化、多元化的道路。

（4）WT（weaknesses，劣势；threats，威胁）战略。是乡村休闲旅游产品直接克服内部弱点和避免外部威胁的战略。例如，一个商品质量差（内在劣势），供应渠道不可靠（外在威胁）的乡村休闲旅游产品应该采取 WT 战略，强化旅游产品管理，提高产品质量，稳定供应渠道，或者通过联合、合并方式以谋求生存和发展。

SWOT 分析的基本特点就是乡村休闲旅游产品战略的制订必须使其内部能力（优势和劣势）与外部环境（机会和威胁）相适应，以获取经营的成功。

（二）PEST 分析

英国学者格里·约翰逊（Gerry Johnson）和凯万·斯科尔斯（Kevan Scholes）在其著作《公司战略教程》中，将企业经营环境概括为政治和法律因素（Political factors）、经济因素（Economical factors）、社会因素（Social factors）和技术因素（Technological factors）四个方面，故其环境分析法称为 PEST 分析法。应用这种方法，主要是对乡村休闲旅游产品的过去、现在和将来的经营环境进行时间序列分析。首先，分析上述四个因素，在过去对乡村休闲旅游产品产生了哪些影响及其影响程度，从中找出关键性因素；其次，分析这些关键性因素，在当前对乡村休闲旅游产品及其竞争对手的影响程度；最后，在确认关键影响因素的基础上，进一步分析对乡村休闲旅游产品未来发展的影响程度及其变化趋势，据此确立旅游产品的经营战略。

五、开展用户调查

(一)客源构成及特点

乡村休闲旅游市场的客源构成比较广泛,每种客源又有着不同的特点。

1. 按年龄分,可分为青少年、青年、中老年人

(1)青少年市场。青少年旅游市场的主要特点是,旅游者多为未成年的中小学生,以学校或家长安排的有目的的旅游、实习等为主要内容,通过不同于城市生活的乡村休闲旅游、农事活动,扩大视野、增长眼界、培养吃苦耐劳精神等。这一客源适合开发参与性的务农活动、高科技农业技术参观活动,增进青少年对农村和大自然的了解。

(2)青年市场。青年旅游市场的旅游者多为追求现代潮流的年轻人。年轻人渴望的是一种全新的体验。这一客源适合开发参与性和娱乐性都比较强的乡村休闲旅游产品。

(3)中老年市场。中老年乡村休闲旅游市场的本质特征是怀旧、回归自然。这些中老年人在年幼或年轻的时候生长和生活在农村,工作以后或者由于某种原因从农村迁移至城市。因此,他们对农村的生活怀有追溯,在久居城市之后渴望有机会能够重新回到农村,体验回味。这一客源适合开发原汁原味的反映农村生活原貌的乡村休闲旅游产品。

2. 按进行乡村休闲旅游活动的目的分,可分为体验乡情的城市人、城市知识分子阶层、城市高收入人群及家庭

(1)体验乡情的城市人。他们久居喧嚣的城市,向往农村宁静、健康的生活环境。没有参加过农业劳作,极想获得参与农业劳动的机会和空间,亲身体验农趣。更重要的是,农村的特产、农产品加工、手工艺品等也成为城市人购买的对象,可以带回都市分赠亲朋好友,从而提高了农家收入,促进了农村经济的发展。

(2)城市知识分子阶层。对于受教育程度较高的都市知识阶层,他们进行乡村休闲旅游的动机主要是体验城乡文化差异,更愿意选择具有历史地理内蕴的乡村进行考察、探索,体验风土人情。因此,应当保护和开发当地具有历史、地理和人文特色的休闲旅游产品满足这类旅游者的需求。

（3）城市高收入人群及家庭。乡村疗养度假旅游市场的主要客源是城市高收入人群及家庭，他们进行乡村休闲旅游的主要动机是疗养健身。因此，温泉疗养、水体运动等乡村俱乐部形式适合此类旅游者。

（二）开展市场调查

乡村休闲旅游目标市场确定及市场规模预测，原则上存在因时因地的差别。一般来说，在目标市场的确定方面，除了特色旅游可能有特定的目标市场外，各地乡村休闲旅游有比较多的共性；在市场规模的预测方面，它通常与当地及周围人口的文化素质及社会经济状况成正比，而与距离成反比。但是各地乡村休闲旅游规模与特色差异以及开发时间的先后，决定了不同地区的乡村休闲旅游市场各具特色。因此，开展市场调查与分析是有必要的。

1. 当地居民的调查　乡村休闲旅游多发生在乡村，其资源依托地在乡村，旅游吸引力也以其乡村性为主，往往民风淳朴、乡土气息浓厚、自然原生态就是一道旅游风景线。一方面，开发乡村休闲旅游会对当地人的生产生活产生巨大影响，从某种程度上来说，开发乡村休闲旅游的根本目的就是增加当地人的经济收入，促进乡村经济发展；另一方面，开发乡村休闲旅游离不开乡村当地人的支持，脱离了乡村居民的旅游发展道路是行不通的。所以，开发乡村休闲旅游，进行乡村休闲旅游市场调查，首先应该对当地乡村居民进行调查。

可以对当地乡村居民以面谈、电话等问询方式进行市场调查。问询方式简单方便、灵活自由，可随机提出一些相应问题，对不清楚的可补充阐述；调查者还可充分发表意见，相互启发把调查问题引向深入，有利于获取较深入的有用信息。例如，可以请熟悉当地风俗、文化的居民面谈，请他们对乡村休闲旅游人文景观的开发现状和市场情况提出一些意见或建议。用问询法调查，信息量大，回收率高，可信度大，是乡村休闲旅游市场调查的常用方式。

可以对当地乡村居民以互联网投票等方式进行调查。利用微信、微信公众号、微博等新网络工具，进行投票，评价，征求意见和建议。

2. 外围乡镇的调查　对乡村休闲旅游资源处于"养在深闺人未识"的乡村休闲旅游区来说，其乡村休闲旅游客源市场调查宜以当地乡村居民的调查为主，而对已开发游客市场且初具规模或相当规模的旅游区来说，乡村休闲旅游市场调查则可以针对旅游区外围游客进行。市场调查的基本对象是针对客源市场的游客，他们对旅游区景观、环境、基础设施、产品价格等印象的反馈对指导旅游区的进一步开发建设意义重大。针对旅游者进行的需求调查是旅游市场调查中最基本的部分。旅游市场需求是旅游者对某一旅游目的地所需产品的种类、数量，是决定旅游市场规模大小的主要因素。所以针对景区的游客市场调查是市场调查中必不可少的部分。

针对乡村休闲旅游区外围游客进行市场调查，一般采用问卷调查法，调查人员将事先设计好的调查问卷发放到调查者手中，问卷的设计一般以选择题和是非题为主，便于游客作答。在问卷最后可以设计一道主观题，如：您认为限制××旅游区发展的最主要因素有哪些？请留下您对景区开发的宝贵意见或建议等。

3. 相关部门及周围城市居民调查　到当地相关部门和周围城市进行调查也是乡村休闲旅游市场调查的有效途径之一。一方面，政府和相关部门能提供翔实的官方数据和资料；另一方面，政府和有关部门对乡村休闲旅游市场的判断较敏锐、准确，对乡村休闲旅游市场开发的意见或建议具有前瞻性、权威性和战略指导意义。开发乡村生态旅游，需要林业局、水利局、环保局等部门提供相关数据和资料；旅游区市场规模预测，旅游区旅游环境、容量确定等也需要到相关部门收集资料；地方部门往往熟知可以推出的旅游产品、能吸引游客的地域范围、游客群体，以及客源市场规模。调查人员对这些资料的收集对旅游区开发建设意义重大。

乡村休闲旅游业是乡村发展的一个部分，乡村休闲旅游市场调查自然也离不开大的乡村发展背景；如进行乡村休闲旅游区可进入性、游客进入方式的调查等，应前往交通部门了解乡村交通系统状况。

对地方相关部门的旅游市场调查一般以面谈为主，可以是个别谈话，也可以是开会集中征求意见。着重对旅游市场需求、旅游市场供给情况的调查，可信度高。对城市居民的调查可以从居民的旅游需求着手，如对城市居民按老年、中年、少年等不同年龄段和不同代际进行调查。老年一代大多曾在农村生活过，作为远离故乡的这类群体，是否迷恋乡村，对乡村向往什么；中年一代往往是从父辈口中听说了很多关于乡村的内容，又由于巨大的工作压力，对乡村很是向往；年轻一代去乡村休闲旅游的动机更多的是以好奇为主。

六、乡村休闲旅游的企业行为规范

乡村休闲旅游经营户开展的经营活动应符合有关法律法规的规定，并遵循自愿、平等、公平、诚信的原则，遵守职业道德，热情为游客提供质优价廉的产品和服务。

1. 乡村休闲旅游经营户不得采用下列手段从事经营活动 不明码标价，质价不符，有价格欺诈行为；制造和散布有损其他经营户形象和商业信誉的虚假信息及言论；为招徕游客，向游客提供虚假的服务信息以及其他被旅游行政管理部门认定为扰乱旅游市场秩序的行为。

2. 乡村休闲旅游经营户不得向游客介绍和提供含有下列内容的服务项目 含有损害国家利益和民族尊严内容的；销售或者制造假冒伪劣产品，损害消费者权益的；含有民族、种族、宗教、性别歧视内容的；含有淫秽、迷信、赌博内容的；含有其他被法律、法规禁止内容的。

七、乡村休闲旅游的技术创新

（一）物联网技术

物联网是指通过信息传感设备，按约定的协议，将任何物体与网络相连接，物体通过信息传播媒介进行信息交换和通信，以实现智能化识别、定位、跟踪、监管等功能。如果说互联网是人与人之间信息沟通的重要纽带，那么物联网就是让人与物、物与物之间实现信息及时沟通的纽带。

◆ **典型案例**

乌 镇

浙江省乌镇是首批中国历史文化名镇、中国十大魅力名镇、全国环境优美乡镇、国家 AAAAA 级旅游景区，素有"中国最后的枕水人家"之誉，拥有 7 000 多年文明史和 1 300 年建镇史，是典型的中国江南水乡古镇。乌镇在保留晚清和民国时期水乡古镇的风貌和格局的同时，也顺应科技的发展，对当地的乡村休闲旅游体验进行升级，实现了历史风貌与现代技术的完美结合。

2017 年 11 月 29 日，"智慧乌镇"物联网平台已启用。"智慧乌镇"物联网平台是中国电信浙江公司基于新一代物联网（NB-IoT）技术，综合云计算、大数据等手段，为智慧城市管理提供的综合一体化解决方案。平台依托中国电信 100％覆盖的 NB-IoT 网络，通过给乌镇各类基础设施加载物联网模块的方式，将其接入物联网和互联网，用互联网管理手段将物联网化的基础设施（设备）集成在一张地图上，统一监控、管理，为乌镇的环卫、消防、气象、防汛等公共管理赋能。

目前，乌镇的景观灯、垃圾桶、消防栓、窨井盖等公共基础设施，全部加装了物联网模块，上面贴有电子标签并内置智能监控设备。电子标签让每个物理设备都拥有独一无二的身份证，包含 ID、经纬度、时间及图片等信息。这些信息形成了一个大数据库，并被上传到"智慧乌镇"物联网平台。一旦发现异常、险情，比如井盖意外开了、井下水位超过预警值等，平台会自动将警情发送给值守人员，便于他们快速定位、及时处置。

接入了"智慧乌镇"物联网平台的新型智能垃圾桶会自动提醒垃圾分类、压缩箱内垃圾，无论是烟蒂、电池、可回收物还是其他垃圾，在这里就能做好垃圾分类。它能通过手势感应开启，具备烟感报警、自动灭火功能。当投放的垃圾大于90％时，它会自动对箱内垃圾进行3～5倍的压缩，这意味着一个垃圾箱可以最多顶5个用。而垃圾装满后，它还会自动发出清运信号，自动通知"智慧乌镇"平台以及就近的环卫工人来倾倒垃圾。

消防栓经过物联网化改造后，工作人员可通过"智慧乌镇"平台，实时查看消防用水的水压，当水压超出或低于标准时，示意图会给出告警颜色，通过对日常水压状态的监控，确保警情正常用水。

乌镇水乡

景观灯改造后，加装了物联网芯片，通过手机远程就能实现包括开关、调控明暗、变换颜色、故障报警、电流监控在内的便捷管理。值得一提的是，智能景观灯根据乌镇的经纬度，可以推算出全年的日出日落情况，配合光照定制自动开关灯策略，在点亮夜景的同时节约能耗，提高乌镇绿色照明节能减排的空间。据统计，智能景观灯投入使用后，节能率达到20％左右。

还有无须通电也可以工作5年的烟感报警器、能检测自身倾斜度的窨井盖、实时报告空气质量和水质情况的检测仪、会实时回传监控内容和运行轨迹的无人机，乌镇几乎一景一物都凝聚着万物互联的智慧。

在乌镇西栅历史街区北侧，有一个以田园风光为主题的乡村休闲旅游度假村——乌村。

乌村在发展乡村休闲旅游上所采用了一价全包式的服务模式，游客可根据乌村配发的智能手环就可以畅游整个乌村。乌村保留了当地乡村的特色传统，并根据现代城市居民的生活习惯，敏感的捕捉现代游客的需求，对当地的乡村休闲旅游体验进行文创化的升级，实现了农耕文化与物联网的完美结合。

乌镇手环

戴上一键式手环，游客就成了乌村的"新村民"，即可打包吃、住、行和20多项免费旅游项目。不论是坐游览车、到自助餐厅用餐，还是参加活动，都不需要带钱包，只需要刷手环就能一站式搞定，村道边上，还有百科知识的二维码可以供游客查阅。

（二）大数据技术

1. 定义　大数据，指用现有的软件工具提取、存储、搜索、共享、分析和处理的海量的、复杂的数据集合。

在信息化时代，需求越来越个性化的旅游者更多地依靠网络、智能移动终端、App软件来满足自己的旅游需求，每次航班预订、酒店入住、汽车租赁都能产生大量的结构性数据。乡村休闲旅游业应十分重视大数据技术的应用，从而预知客流趋向，进而采取相应的措施疏导客流；洞悉游客喜好，开发建设适销对路的产品；了解游客需要的公共服务类型，改进乡村休闲旅游公共服务。

2. 大数据技术在乡村休闲旅游的应用

（1）大数据帮助企业发现、拓展新的业务。大数据的特点不仅仅体现在数据量大上，更在于发现和理解信息内容及信息与信息之间的关系，以此帮助企业作出更为快速准确的决策，更好地指导企业下一步的行动。

社交媒体是产生大数据的一个重要源头。携程、支付宝、腾讯、大众点评网上有着庞大的消费群体，高频的消费及评论数据，是企业开展大数据应用研究的重要数据基础。在社交媒体上，通过关注每天有多少人谈论旅游，多少人谈论某个旅游区、某类旅游项目，通过技术分析，会发现对某类旅游内容的谈论在人员的性别、年龄、职业、地域上都有很大差异。作为企业，应通过分析判断哪些人对哪些旅游地感兴趣，对其中的什么项目感兴趣，尤其是一些连旅行社都不知道的旅游项目，很容易从这些论坛中发现。有些超级"驴友"往往是发现新的旅游项目和线路的"大侦探"。多关注他们的微博，微信朋友圈，直接与他们沟通，会得到很多企业不知道的信息。在激烈的市场竞争中，这些信息可谓无价之宝，谁早一步获得，谁就会占得市场商机，就能最早开辟出新的旅游线路，针对不同的人群打市场。

（2）大数据让旅游实现"私人定制"。大数据有能力更好地了解和预测游客行为，并因此改善游客体验。新的数字营销技术可以对互联网人群进行跟踪和定向，帮助企业以前所未有的速度收集用户的海量行为数据，在大数据的基础上分析、洞察和预测消费者的偏好，并据此为旅游者提供最能满足他们需求的产品、信息和服务，甚至可以实时对他们的反应进行回应，让旅游营销活动精确到每一个人。

未来旅游企业的市场营销费用的分配，除了部分品牌投放外，多数投放都是由大数据指引的，如企业的客户群集中在哪里，他们的职业、性别、年龄、地域分布如何，通过大数据找到他们的分布特点，然后用有创意的广告投放形式让他们成为自己的粉丝并最终形成销售。假如一家旅游企业在 QQ 或微博、微信上获得了 10 000 个

"赞"，企业就有必要从点赞的人群中辨认出哪些是他们现有的忠诚会员，哪些是偶尔留声的看客，对他们的资料和旅游消费趋向、偏好数据进行整理分析，看看哪些是活跃型旅游者，哪些是非活跃型旅游者。当一位潜在的客户一周内第三次造访你的网站时，企业就应利用数字渠道的消费行为数据、商业规律、实时预测性分析技术来决定为他提供什么样的个性化用户体验；当一位回头客预订下一次的旅游度假产品时，大数据的分析工具就可以判定如何向这位顾客推销相关性最高的升级旅游产品；而当一位客户面对一堆旅游目的地不知道如何去规划自己的行程时，只需要选择自己喜欢的旅行风格，系统便为其量身定制出一个最合理的旅游计划。

目前，在国内参团游客人数大幅下滑的大背景下，利用大数据技术发展中高端"私人订制"旅游产品，实现旅游管理精细化和旅游营销精准化，展现旅游服务的个性化独特魅力，已成为各大旅行社寻求转型的突破口，此时，如果你的企业还未行动，大数据会很快把你甩出这个行业。

（3）大数据让旅游服务更"智慧"。国家旅游局曾在2014年将"智慧旅游"作为当年的旅游宣传主题。"智慧旅游"作为一个开放性的主题，体现了旅游业各个领域与互联网的深度融合发展，表现在智慧旅游管理、智慧旅游服务、智慧旅游营销等多个方面，既有对推广渠道的创新，又有对推广内容的引导，更有对相关旅游服务的要求，而大数据则让智慧旅游在服务上有着更具体的体现。

智慧旅游需要智慧的旅游者，更需要智慧的企业和政府提供智慧的公共服务。在智慧旅游建设中，我们要牢牢把握一个理念，就是以游客为本，以游客实际需求为目标。基于大数据的智慧旅游管理系统，可将环境生态监控、旅游接待、视频监控等数据一并收录存储，并将数据图形化、可视化，消除大数据多样性的壁垒，实现大数据量化与多元化数据的全面管理融合，合理调配旅游服务资源，并可对旅游业相关主体搜集到的游客消费动向、旅游资源状况、自然环境变化等数据进行量化分析，及时调整、制定相应的策略，为游客提供更好的服务。这样的服务目前来说不是某个旅游企业能胜任的，政府的主导作用更强一些，而企业则是在政府公共服务的基础上，结合自己的具体业务为客户提供智慧服务。在开发国际旅游市场时，政府和旅游主管部门更需要根据"智慧的数据"取得国外公众和市场对中国旅游形象、认识和需求的第一手资料，从市场化、专业化角度为中国旅游海外推广提供咨询和服务，帮助旅游企业针对不同国家的游客制定"私人定制"式的营销策略，提升中国旅游的国际形象，拓宽旅游渠道。

散客时代来临，乡村休闲旅游以轻松、休闲、生态得到了更多游客的喜爱，也对企业有了更高的要求。游客出行模式已发生改变，旅游产业服务急需转型，传统的管理手段已很难应付市场的变化，而大数据技术可以化解目前面临的许多难题。例如，通过获取交通部门的车票机票销售信息、酒店民宿预订信息、景区电商和旅行社的预订情况，以及百度等网络内容服务商的游客搜索数据，对多元渠道数据进行整合，实现对景区客流的准确预测，及时对景区客流提出预警。大数据可以为我们提供包括景区舒适度、客流数据预测、推荐的进入时间、主要干道车流量、最合理的路线，甚至是预计的排队时间等信息，让游客自主选择错峰错时出游。大数据的应用可以让国庆长假期间九寨沟"爆沟"的窘态不再重演，真正以科技手段提升旅游企业管理水平、提升旅游业服务水平。

第四章

乡村休闲旅游的运营主体

第一节　运营主体类型及特点

乡村休闲旅游活动的复杂性决定了乡村休闲旅游经营主体关系的交织与交互，随着这些关系的不断萌芽、生长，形成了由不同利益主体构成的经营模式，主要类型有农户主导型、政府主导型、企业主导型、村集体主导型和混合型。发展乡村休闲旅游要因地制宜地选择合适的运营主体，保障乡村休闲旅游的可持续发展。

一、农户主导型

农户主导型是以农民为主体，对所拥有的资源进行自主管理和自主经营，承担经营风险、享有经济收益，这是持续贯穿乡村休闲旅游发展历程中的最典型的模式，该类型的主要产品形式是农家乐和个体农庄。

（一）农家乐的特征

农家乐又被认为是自主经营的家庭式农业，细化分为：家庭农场、种养殖大户，其一般广泛分布在城郊处，是指农民利用自家的农家院、周边的景物及当地的农业资源，农产品进行加工，以满足客人的需要和体验休闲度假、放松身心的休闲农业形态。

由于各个地区的不同，农家乐的特点也会有所变化，但是其整体不会有过多改变。因此，一个具有特色吸引力的农家乐应该具备以下特征。

1. 较为浓厚的乡土气息 农家乐的产业特点较为明显。首先，要求环境要好，交通发达便利，空气质量好，绿植覆盖面积广。其次，根据该地乡村的特色配置提供特色的饮食服务、特色的娱乐场所、特色的住宿条件，总的来讲就是提供一切符合当地特色的一系列产品及服务，让客人体会到不一样的乡野生活、不一样的风情，产生不一样的感官和感受。例如，在海边吃海产、洗海澡，在山区吃野味、采野果。在体验农村特色美味的同时，也可以亲自体验乡下生活，比如，住土屋、学狩猎、干农活、唱山歌等。这些都充分体现出了农家乐的原真性强的特点。

2. 投资少、消费普遍化 由于其商品主要来自乡村本土，所以极大地减少了运输成本，并且由于农家乐大多数开在城郊处，多数距离城市比较远，考虑到交通情况比城里多有欠佳，市场经济发育不够成熟，农民若想开展农家乐便只能降低成本，提供的产品收费普遍不高，同时，为了和城市同类产品形成对比，提高竞争力，就要对产品进行降价。一般来说，农家乐的消费水平都在大众的可承受范围内。由于农家乐的门槛低、易发展，因此在大多数地区乡村发展普及开来，在被消费者接受的同时也被农户所接受。

3. 反响优异，备受关注 因农村所处的地理环境，地理位置较为偏远，交通不便利，农民文化水平普遍欠佳，导致农村可以发展的经济较少。近年来乡村休闲旅游的发展，给农民打开了通往新世纪的大门，引起各个地方政府的重视，各个地区的乡村都争先恐后地开发和发展农家乐旅游模式。农家乐多以投资少、见效快、服务简单、亲近自然而备受广大游客及投资者的喜爱与推崇。近年来该产业发展迅速，其发展速度甚至超过星级酒店，可谓是行业奇迹。

总的来说，就是既保持了家庭经营的制度优势，又突破了非市场导向的小规模化及兼业农户经营粗放化，解决和避免了传统农业基本配置的不合理化、同质化等相关要素。

（二）休闲农庄的特征

休闲农庄（农园）不同于农家乐，多以农业经营大户、农民专业合作社或农业企业为主要企业，其规模更大、科技含量较高，并且休闲农庄是集中于科技示范、观光采摘、农事体验、休闲度假为一体的一种综合的以旅游产品或庄园形式呈现出来的一种高级休闲农业形态。

休闲农庄（农园）从整体上来说它的发展离不开优美的乡村环境、传统与现代结合的生态农业生产方式和丰富的体验性游憩活动三大要素。围绕这三方面所进行的景观规划、产业规划和游憩规划，构成了现代休闲农庄的核心。

休闲农庄（农园）归纳起来有以下几个显著特点。

1. 生态自然，突出主题 个体农庄将自然生态、田园风光、农家趣事、自然资源紧密结合，突出主题，明确个性，也偶尔采用人工造景来明确农庄（农园）主题，并与其相互呼应，其也更加注意发展吸纳融合外国的管理理念和管理方法，以便为客人提供更好更多的选择。农庄（农园）主要包括瓜果茶叶的采摘及种植、名花异草的观赏、昆虫收藏与鸟虫鸣叫等，使客人对自然充满亲切感。会设有具有当地特色的小物件作为纪念品，或以当地的特色产品进行精美包装，以便游客带回家与亲朋分享。

2. 深度体验，寓教于乐 个体休闲农庄（农园）中多设有供众人游乐的场所，如烤肉区、采摘区、游乐区和 DIY 体验区。游客可以通过喂养小羊、挤牛奶、制作奶制品美食，找到和学习其中的奥妙，不仅如此，游客可以与动物进行零距离的接触，亲身体验并观察、参与的过程，认识和了解生物生长现象，感受生命的意义。大部分农庄（农园）还会在节假日等特殊节日举办与农业相关的教育活动、趣味比赛等，让游客在游玩的过程中体会到学习的快乐。

3. 配置齐全，服务优等 休闲农庄（农园）多数在不改变自己本土特色的前提下，给予客人最齐全的配套设施，不仅景区外部的道路设有道路索引，交通道路也都从原本的土路改造成水泥道路，极为便利，水资源丰富，电路设备完好，住宿干净整洁，并且配套设施应有尽有，让客人体会到有如归家之感。与此同时，所到之处配置齐全，价格合理，并且设有接待区，个别地区还会针对特殊客人提供特殊服务，多数地区还会针对游客要求提供全程讲解服务，并且多数农村会设有观光区、采摘区、体验区、老年人活动区等，现场展示美食烹饪，给游客提供乡下野味，游客也可以自己动手进行烤肉等美食烹饪，自己动手采摘园中瓜果以用丰富体验乡村休闲旅游之旅。

巧用当地休闲农庄（农园）的优势，在农村合作社及当地政府的帮助和带领下建立和发展自身品牌，打造富有特色的农产品，并进行加工销售及扩展代销网点，巧用互联网传播，将特产与观光相结合，有条不紊地进行自产自销的经营，乡村休闲旅游企业可通过学习国际上先进的营销方法，捕捉国际的农业变化信息。结合乡村休闲旅游目的地的当地特性，从人民需求上出发，不断改进和完善旅游目的地的基础设施，提高农产品质量，扩大自身农产品的品牌影响力，使其成为具有特色的最受认可的旅游产品。

总之就是通过农户在家生产，以订单生产来保留家庭经营的制度优势，并发挥了统一服务的规模效益，降低了单个农户经营的成本和风险，以保障农户生产经营的稳定性。其主要通过引进高科技成果来发展设施农业，开展现代营销和农业产业、农产品的细化分工和精深加工等，通过农户对农产品的直接分享来引领现代农业发展，为现代农业的发展起到了很好的示范作用。

其缺点是农户和家庭经营、发展规模和水平都会受到一定的限制。

（三）休闲民俗村镇特征

休闲民俗村镇是以村镇为单位，集传统的地域性民俗、文化特色、自然景观、人文景观、农业资源与农事体验活动为一体，具有当地特色和文化观赏价值，并能提供旅游者吃住娱乐游的大型服务休闲农业载体。民俗村多位于偏远地区，那里依山傍水，绿树环绕，有着极其丰富且历史悠久的民俗文化，由当地大量的历史、风俗、宗教等方面组成的文化个体是其他文化所不能代替的。休闲民俗村多数民风淳朴，并且大多数民俗村都多为同姓家族，且部分民俗村设有宗庙祠堂，有着人类古老的文化风格及当地的特色建筑，说到特色建筑，它们具有明显的地域特征和独特的文化风格。它们精美且不易流失，因为其具有明显的地域特征、独特的艺术风格，反映了当时的生活方式、风土人情及风俗习惯，并且形成了相当大的优势，具有一定的审美价值，很多建筑至今都无法加以复制。

(四) 新农民

随着乡村振兴战略的打响及政府的大力支持和鼎力相助，乡村休闲旅游业正在蓬勃发展。这也吸引了很多返乡创业农民工、高等院校毕业生、城市下乡青年等中青年群体来乡村发展乡村休闲旅游，这些人也被社会称之为新农民。新农民自身拥有一定的资金，且具有一定的企业家冒险精神和创新意识，能够熟练运用现代互联网科技，并通过自我创业、联合创业、政府支持等多种形式从事农业生产、经营和销售。其中农村电商的大力发展给新农民带来了绝对的契机和经济效益。以新农民为企业的乡村旅游产品更加重视消费者的意见反馈和品牌建设及网络宣传等工作，让消费者更好的反馈和互动。新农民能够在第一时间根据消费者的需求，引导农户生产出质量优的乡村休闲旅游产品。

二、政府主导型

政府主导型指政府统筹规划开发与运营管理。该模式主要用于保护与开发存在矛盾、村民难以开发、企业很容易过度开发的旅游项目、景区型乡村、扶贫村、国家级历史文化村以及一些国家级农业公园或休闲公园等。

政府主导型主要是通过政府成立管委会，对乡村休闲旅游业进行整体统筹。下设旅游公司，以负责保证市场化的合理运作。

政府主导型主要发展特征是统筹与保障性强，由政府对乡村休闲旅游目的地按照标准进行统一规划，通过统一的市场运营确保乡村休闲旅游目的地的发展环境良好、保障资源本底。但是由于发展动力和盈利的不足以及对市场和政府的依赖，使得市场化运作程度不高，外部资金、人力难以进入，从而形成一种循环局面，导致乡村休闲旅游目的地在发展乡村休闲旅游的过程中受到较大阻力，迫使经济下滑。

对于政府主导型的乡村休闲旅游产业，地方政府可以通过实行鼓励三权分立的原则，使农民保有土地所有权、政府实施管理监督权、企业落实经营权的方式方法来维护农户的经济利益，以确保乡村休闲旅游的有序开发，保证市场化的合理运作，以便早日实现效益最大化。

政府通过出台相关的利民惠民政策，出台税收、评优、财政补贴等政策，企业给予一定指导和帮扶、培训，再由政府出面维护好企业与农户之间的关系，以确保乡村休闲旅游产业的稳定发展。通过对乡村休闲旅游目的地基础设施的建设与完善、服务标准的统一制定与商业业态的指导，尝试通过推进 PPP 模式，拓展融资渠道，引导社会资本进行旅游开发。

◆ 典型案例

周　庄

周庄景区的发展由政府统一规划，周庄于 1997 年成立江苏水乡周庄旅游股份有限公司（原苏州周庄古镇旅游集团公司），公司主要集中负责景区的经营与管理，而政府负责景区的监督。

1. 完善旅游设施建设　政府推动了水上游景观建设、古镇区灯光改造与景区绿化提升、公共厕所升级、游客中心和票务中心改造升级、24 小时停车场的施工完善等来实现和完善旅游设施建设。

2. 推动智慧景区建设　政府全面推进智慧景区建设，使周庄景区在保留原有的特色上更加现代化，在成功吸引各地游客前来旅游的同时也凭借着自身的实力荣获江苏省首批"智慧旅游示范基地"的称号。

3. 政策方向引导　政府在此基础上出台《周庄镇民居客栈管理暂行办法》政策，并且通过举办首届最美服务单位评选活动，为前来旅游的游客提供更加便捷的住宿方法和良好的住宿环境。

4. 调整业态转型　当地政府联合企业在周庄镇引进并建设了1 086 个慢生活街区，其中包括莼鲈之思度假酒店、纸箱王、花间堂、贞丰轩、周庄生活家等一大批的转型项目。通过政府的规划与引导，调整业态转型，促进周庄镇乡村休闲旅游业的发展，也使周庄因此而著名，成为全国热门乡村休闲旅游地。

周庄美景

三、企业主导型

企业主导型即乡村休闲旅游的公司制模式，是指在乡村休闲旅游开发建设过程中，引进组织结构城市的旅游公司进行投资运营，政府和村集体不参与具体的开发管理决策，当地农户以个人身份加入公司，以劳动获取收益的新型乡村休闲旅游形式。

该类型对乡村休闲旅游目的地的产品设定要求严格，是以市场为导向，并且要求交通便利，以方便产品的运输。同时，在一般情况下，对具有明确项目或景区景点的乡村休闲旅游目的地实行系统规划，以方便其发挥全部潜力。

企业主导型的乡村休闲旅游具备权属清晰、市场化程度高等特点，但是缺点也较为明显，该类型的乡村休闲旅游目的地更加受土地的限制和农民关系的制约，从而导致乡村休闲旅游业的发展不均衡。对此，政府及相关涉农企业联合对乡村休闲旅游目的地的旅游发展作出治理和调整，主要通过改革试点，对乡村休闲旅游目的地的土地发展情况进行积极探索；并通过聘请专业团队或对企业员工及涉农集体进行专业化的培训，使其能够更加透彻的了解乡村休闲旅游的发展；通过集成发展不同领域的板块，扩大乡村休闲旅游的发展范围，为更多人才及农户提供就业机会；在中间的调节方面，以引进政府或合作社组织来对发展乡村休闲旅游业的企业和个体农户或个人进行出面协商与调节；相关企业通过鼓励乡村休闲旅游目的地实行三权分立的发展方法和 PPP 的发展模式，通过人才引进及资金引流的方式来明确其自身的管理方式，以便实现规范管理。

四、村集体主导型

村集体对旅游资源进行统一开发、运营与管理。其主要特点是：带头人作用巨大，易统一思想形成合力；统一开发，规模效益明显，能够相对公平地保障村民利益。

其主要根据村集体在经营管理中的程度和作用，可分为四种类型，分别是村集体完全主导、集体合作主导、村集体企业化主导、村集体政府化主导。具体为：村集体、村集体＋公司、集体成立公司、村集体执行。

（一）村集体完全主导

村集体完全主导是指在乡村休闲旅游的发展过程中，确保村支书的领导力和影响力，能够推进自发组织化发展，促使村民团结奔富裕。村集体应当起到典型示范引领，通过带动形成整村发展的能力，实施灵活分配机制，要结合村里实际情况（如资历、业态培育等）做动态调整。强化与时俱进，引入外部经营理念和创新业态。

◆ 典型案例

袁 家 村

在袁家村，从郭裕禄时期袁家村集体经济的基础就已经形成，为后来的团结发展奠定了基础。由于积极发展村集体主导的理念，使其从原来的少许农家乐示范经营，到后来的成规模的发展经营。

袁家村的发展和壮大，都是源于其灵活的分配机制，袁家村并不是按照每个农户赚钱多少进行分配，而是按照家庭分配的方式综合考虑统筹分配。

持股分配方式主要分为：基本股、混合股、交叉股、调节股、限制股。基本股又称集体资产股份制。是指集体可保留38%，其余62%量化到户，每户20万元，每年分红4万元。混合股包括资本入股、技术入股、管理入股等，其中加入合作社的农民，既有本村人，也有他村人，是一种面向大众的新型经营方式。交叉股是一种多方交叉的持股方式，是指旅游公司、合作社、商铺、农家乐互相持有股份。其中袁家村共交叉持股480万家商铺，村民可通过自由选择入股商铺。调节股是一种利用股份调节贫富差的一种入股方式，是针对经营户收入高低不均的现实，村里将盈利高的商户变成合作社，通过分出一部分股份给低收入的商户，以便缩小他们之间的差距。限制股的主要特点是股过高，分红减少，在合作社入股过程中，农民可以全民参加，也可以自愿入股，合作社通过调节，钱少的先入，钱多的少入，既照顾了小户又限制了大户，从而带动全村富裕。

（二）村集体合作主导

村集体合作主导的发展要点是指：优化经营发展环境，包括改善景观绿化、植被覆盖率，奠定发展基础；明确发展思路，确定主要路径；做好村集体和企业比例分成，明确各自的经营管理职能；专业公司化经营，在营销、产品、运营等方面优化设计。

◆ 典型案例

鲁 家 村

（一）筹划资金，改善环境

2011年，鲁家村在负债高达150万元的前提下，总计凑齐建设资金1700万元。其中，盘活土地资源，筹得500多万元。整合美丽乡村建设补助金 357 万元，其他各项涉农项目资金 300 万元；村干部自行承担 50 多万元，乡贤集体捐助 300 万元。

这些资金用来完善鲁家村的基础建设，为后来的发展打下基础。

（二）规划设计，发展产业

2013 年，鲁家村村集体出资 300 万元，聘请专业团队，对全村按 AAAA 级景区标准设置 18 个家庭农场。根据区域功能划分，量身定制各自的面积位置、功能等，主题分别以野山茶、特种野山羊、蔬菜果园、绿化苗产业为主，没有一家重复；开辟 4.5 千米长的观光线，用小火车串联起农村。

（三）村企联姻，合作发展

鲁家村与安吉浙北灵峰旅游有限公司共同投资成立安吉乡土农业发展有限公司、安吉浙北灵峰旅游有限公司鲁家分公司，前者负责串联游客接待场所、交通系统、风情街、18 个家庭农场等主要场所，后者利用多年经验和客源做好营销宣传。后来又成立了安吉乡土职业技能培训有限公司，为鲁家村村民、村干部、创业者、就业者提供乡村旅游方面的培训。三家公司均由鲁家村集体占股 49%，旅游公司占股 51%。

鲁家村火车观光线

（三）村集体企业化主导

村集体企业化主导的发展要点：确保带头人有经营思维和市场思维，善于学习和引进外部先进理念和模式；做好企业化正规管理，完善体制机制，统一高效运营；做好参股村民等股份科学分配，明确分红标准与分红比例；在发展理念、产品内容、经营模式等方面要与时俱进、不断创新、不断升级。

◆ 典型案例

中郝峪村

中郝峪村作为全国"三变"模式（资源变资产、现金变股金、村民变股民）的起源地、村民年均收入实现从 1 800 元到 38 000 元的飞跃。村集体成立幽幽谷乡村旅游发展公司，村带头人是村党支部书记兼公司总经理赵胜建。

（一）公司化统一管理

在没有成立公司之前，发展美丽乡村最大的矛盾在于产品同质化严重，村民相互竞争、相互抢游客的现象经常发生，这就导致村民之间矛盾加剧，给游客也留下不好印象。为解决这一矛盾，村里决定以赵胜建书记为首，成立一家运营公司，由公司统一制定标准、统一管理运行，同质化现象减少，村民之间不是竞争关系而是相互促进，这才使得中郝峪村走上了稳定的发展道路。

1. 统一游客接待及安排分配 确保接待有序。

2. 统一接待价格和服务标准 制定《中郝峪幽幽谷民宿管理服务标准》，统一农家乐管理标准，制定行业规范，在所有吃、住的场所配备一次性卫生用品，达到省旅游局制定的农家乐卫生安全标准。

3. 统一收费项目、价格和利润结算 公司流水账目定期公开，及时结算到户，杜绝企业之间竞相压价。

4. 统一村民培训 对全村妇女进行家政服务培训，每户院落配有一名管家服务员，持证上岗。村民全员进行旅游接待业务培训，旅游接待从户户"游击队"转变为整村"正规军"。

5. 统一进行更新迭代 "轻资产、重运营，轻投入、重服务"，无后顾之忧发展，有多少钱干多少事，保证资金流的顺畅，每年营业额持续投入乡村改造和品牌建设中。

（二）实施股份制改革

中郝峪村实施股份制改革，是全国"资源变资产、现金变股金、村民变股民"的起源地。

1. 开展清产核资　聘请有资质的机构对村集体和村民所有的资产进行评估，承包的经营权按照原承包费 20 年的总价作价入股。

2. 确定农村集体经济组织成员身份　以公安系统核查的户籍为依据，登记为股民，享受收益、分红、医疗、养老保险等福利待遇。

3. 规范股份设置和股权管理　设置总股本、持股情况、转让继承、盈余分配、公积金、公益金、股权分红、村集体收入等规定。按照经济收益 80% 还给农户，20% 留作集体收入分配原则，全村集体经济收入达到 380 万元。村民还可单体承包经营。

4. 成立公司规范运营　成立董事会和监事会，定期通报、述职，并调整发展策略和方向。

（三）实现市场接轨

1. 产品内容与时俱进　有幽幽谷农场牧场、拓展培训中心、村美食课堂、农耕文化生态长廊、森林康养基地、中郝峪文化大院、乡村记忆馆、社会主义大食堂、明天邮局、脑子进水超市、花言花语酒吧、小微电商、山东鲁中农村青年创业创新园区等多种形式的经营产品。

2. 乡土文化更加活化　发展婆媳元宝坊、丈母娘大碗茶等八大美食体验坊，建立陶艺、木工坊、泥瓦匠、铁匠等 8 家传统民俗手工坊，传承文化体验。

3. 农产品精深加工　以村庄的板栗、桃花和芝麻开发板栗仁"大栗丸"和"桃花天天""西施伴侣"等产品，一步步完善延伸产品，提高农产品附加值。

4. 输出乡村旅游"中郝峪模式"　走进山东、河南、河北、内蒙古等地区的国家级贫困县，复制输出中郝峪乡村旅游管理模式。

五、混合型

混合型即由农民、政府、企业、投资商等多方共同参与乡村休闲旅游的开发运营管理模式，能充分发挥各类主体的独特经营优势，避免单一主体主导的局限性，提升乡村休闲旅游资源利用率。

（一）政府＋企业＋合作社＋农民

1. 主要特点

（1）各司其职，各得其利。企业集中土地、资金、人力，高效运作；合作社监督并主要规范开发，保障农民权益；政府进行科学有效引导。

（2）高效开发，监管保障。企业负责旅游项目开发；合作社负责双向沟通协调；农民个人进入企业打工；经营收入按比例分配。

2. 发展要点

（1）整体统筹引导。政府做好整体统筹、基础设施配套。

（2）市场化运营。按照企业化的运营方式，统一管理，提升效益和品质。

（3）分配机制明晰。引入透明的利益分配机制，关注农户诉求，并强力执行。

（二）政府＋企业

根据企业在运营当中起主导作用的程度，将该模式分为 3 种类型。

1. 企业全包　企业负责整个乡村的投资、开发、建设、运营和扶贫。在执行过程中，要确保参与企业的投资运营实力，通常需要实力强劲的企业整体投资、开发、建设，该类项目多为企业的扶贫项目。政府全力配合，做好必要支撑。政府要培养好自主经营能力，确保运营移交后的持续发展。

2. 政企共建　政府、企业、村集体合作推动，政府负责基础设施建设，企业负责投资运营，村集体入股分红。在政企共建、平台运营的过程中，要做好放权把控、强化监管和统筹、引入市场化决策机制，资本运营机制和科学管理机制，并做好基础设施配套建设，为企业进驻开发提供支撑；做好投资运营，升级理念，专业运营，增强发展内生动力，争取签订长期合作协议，明确后续扩建计划；做好协调分配，保证村民利益，通过补偿、工作、政府介入等各种方式做好协调。

3. 经营权合作 企业以智力入股，进行开发和运营。适用于景区型乡村休闲旅游地的发展，引入专业运营企业，以智力入股或直接托管，做好提升改造、体系构架、品牌营销、二次消费导入、专业培训，从而提升发展效率，放大品牌影响。

第二节 运营主体的选择

一、不同运营主体的优缺点

乡村休闲旅游产业是农村产业的融合发展结果，是今后产业的新业态，是农业农村发展改革的重要组成部分。乡村土地空白市场较大，开发前景广阔，不同企业有着不同的优缺点。乡村经营管理者对于这些优缺点进行合理地掌握，才能更好地结合本土条件发挥自己的乡村休闲旅游产业。

（一）农户主导型

农户主导型模式发展的优点主要表现为其发展起来会更加便捷，不会受到政府和其他外界的影响，且投资较少，门槛低，更容易发展，原真性强。换句话说就是农户主导型的乡村休闲旅游在任何乡村都能发展起来，只要该乡村有好山好水都可以用来发展农户主导型的乡村休闲旅游产业，但是该类型的乡村发展也会受到一定的限制，其主要表现为发展粗放化、易同质化、品牌性不强。说得通俗点就是农户主导型乡村休闲旅游由于是农户自己经营，所以在很大层面上缺乏管理经验，这主要是因为在我国大部分乡村多为留守人员，进城打工的年轻人占有绝大多数，而留在乡村的多为妇女、老人、儿童、特殊群体，长期留在乡村造成与社会脱节，因此发展有一定的局限性，导致管理上的粗放化和乡村休闲旅游发展的成片同质化，以及品牌发展意识薄弱。

（二）政府主导型

政府主导型发展模式其主要优势在于拥有较强的统筹与保障性、还可以带动大规模资金，统一形成引导，统一市场运营，撬动社会各界共同参与，能够实现新农村建设、产业扶贫等战略目标，起到环境保护作用的同时，还可以尽可能避免发展中出现的同质化现象。一些投资大、见效慢的产业和公益性的产业发展只在政府的主导下才有可能完成。

政府主导型的主要缺点，一是需要考虑环节较多，如果调研不充分，可能导致预想不到的负面影响。二是项目转型难度较大。由于政府主导型乡村休闲旅游投资较多、规模较大，如果出现决策漏洞或需要转型升级，需要大量资金。三是可能引发"等靠要"。资源配置的政府化容易导致某些基层执行部门在项目建设中产生依赖心理，花费过多精力去要资金、要计划。

（三）企业主导型

企业主导型发展模式的优势在于可以利用公司在市场、资金、技术、人才、设备、信息、营销等方面的优势，综合农户在经营场地、乡土文化方面的优势，实现优势互补。公司拥有农村单个经济组织和农民个体不具备的规模优势，既能克服农户势单力薄、不懂市场的弊端，又能解决公司不易打入乡村内部的短处，还可以增加当地村民就业，让村民接触到先进的理念，不仅有利于促进生产力的发展，而且有利于提高产品的品位和层次。

缺点主要是公司和农户之间的合作和契约。一是农户和公司间的合同有可能因信息的不对称而存在一定的不合理性，对弱势群体不利。二是目前约束机制还不太健全，容易导致公司和农户之间约定的脆弱性，若行业发展超出预期过多，则有可能引发违约风险。如当出现亏损时，企业有可能放弃经营，农户也有可能在合作中退出；当经营良好且土地升值时，农户可能会对初始合同提出异议，要求增加土地流转补偿。

（四）村集体主导型

村集体主导型乡村休闲旅游的优点在于统一的开发、运营与管理，具有一定的影响性，村集体带头人只有一个，发展思想统一，开发规模效益明显，能够相对公平地保障村民利益。也就是说该类型的企业具有一定的领导性，也易筹得资金，有效地避免了同质化现象（表 4-1）。

表 4-1　不同运营主体的特点比较

	农户自主型	政府主导型	企业主导型	村集体主导型	混合型
投资主体	农户	政府+企业	主要是企业	村集体+合资公司	农户+企业+政府+合作社、企业+政府
企业	农户	多主体，多种可能	企业+农户	农户、企业	多种经营
利益主体	农户	多种分配方式	企业+农户	多种分配方式	多种分配
合作关系	独立或互助	政府引领下的合作	契约	村集体引导下的合作	契约
发展动力	需求拉动	供给推动+需求拉动	供给推动+需求拉动（需求偏重）	供给推动+需求拉动（需求偏重）	供给推动+需求拉动（需求偏重）
投资成本	低	高	中	高	高
消费水平	偏低	不一定	不一定	不一定	不一定
区域禀赋	景区、城区周边	靠近景区、城区、资源特色区、需要产业带动地区	景区、城区周边、或有特色资源	靠近景区、城区、资源特色区、需要产业带动地区	靠近景区、城区、资源特色区、需要产业带动地区
发展优势	适合大众、位置好、文化保留完整、经营灵活	资金量大、参与范围广、可实现公益目标、避免同质性	实现大公司和小农户的优势互补	资金量大、参与范围广、可实现公益目标、避免同质性、实现大公司和小农户的优势互补	资金量大、参与范围广、可实现公益目标、避免同质性

（续）

	农户自主型	政府主导型	企业主导型	村集体主导型	混合型
发展问题	规模小、经营分散、竞争力弱	兼顾环节多、转型难度大、易引发懒政行为	合同公平性问题、经营风险扩大问题	兼顾环节多、转型难度大、	可能会出现腐败问题、易引发懒政行为、兼顾环节多

二、运营主体的选择

对以上几种运营主体的分析和总结，可以看出每一种运营主体，都有其各自的特点、优势和局限，他们的投资主体、企业、利益主体、合作关系、发展动力、发展优势和不足等方面均有差异。其中农户自主型规模最小，消费最低，竞争力也最弱；"公司＋农户"型主要依靠市场机制，并且可以在市场运作中占据相对主导的地位；政府主导型投资规模最大，参与主体最多，但是经济效益不一定最佳，经营往往具有一定公益性。

在选择乡村休闲旅游运营主体的时候，应具体情况具体分析，结合当地自身发展情况进行正确选择，并遵循以下规律：一是要因地制宜，综合考虑乡村的自然资源、区位、人文和生态环境等多方面因素，选择符合自身发展的模式，凸显乡村文化的独特个性。二是要体现动态性，看待问题不能一成不变，而是应该以演化经济学理论为依据，当现有模式与外界环境产生冲突时，应在互动中调整。三是要保持可持续性，不能寅吃卯粮，始终把和谐发展放在首位，其中包括人与人的和谐、人与社会的和谐以及人与自然的和谐。

第五章

休闲旅游的类型

第一节　观光型乡村休闲旅游

一、概况

观光型乡村休闲旅游也被称为传统型乡村休闲旅游，其主要是以优美的绿色景观和田园风光为主题来发展乡村休闲旅游业。例如，在城市近郊或风景区附近开辟特色果园、菜园、茶园、花圃等设计成为观光农园，让游客入内摘果、收菜、赏花、采茶，参与农事活动，另外还可以品尝地方美食、骑马、垂钓、绘画等，享受田园乐趣。

但该类型的乡村休闲旅游产品具有单一性，容易被复制与模仿，要想具有持续长久的生命力，必须突出当地的乡村特色，需要充分利用当地独特的旅游资源优势来塑造特色产品、丰富休闲旅游内容。

二、主要类型

观光型的主要类型分为：观光农园、观光牧场、观光渔村、观光鸟园、乡村公园、科技观光游、田园观光、建筑观光、遗址观光、农业生产观光、设施农业观光、乡村博物馆、手工企业和绿色生态游。

◆ **典型案例**

大甸子镇当铺屯村

（一）文化和旅游资源禀赋情况

多年来，在省、市、县各级旅游部门的大力支持下，当地党委和政府始终坚持把旅游业作为率先发展的优势产业，依托当铺屯村厚重的历史人文底蕴、丰富的自然山水资源和良好的农业产业体系，遵循"保护原生态和可持续发展"的原则，着力打造集健康养生、观光度假、休闲娱乐、民俗体验、冰雪活动等多功能为一体的当铺屯"田园小镇"乡村旅游休闲综合体。

1. 优越的交通区位 当铺屯村位于铁岭市区东部，隶属铁岭县大甸子镇，是省级旅游产业集聚区凡河生态文化旅游谷的中心节点，距铁岭市区 35 公里，距沈阳市 100 公里，距抚顺市区 50 公里，处于三市中心位置，202 省道、103 省道穿过村庄，交通便利，区位优势明显。全村总面积 18 平方公里，辖 5 个自然屯，人口 2 232 人。

2. 丰富的自然资源 庄背倚青龙山，前傍凡河水，境内沟谷密布水系发达，四季流水不息，地势平坦，视野开阔，植被茂盛，得天独厚的自然条件形成了鲜明的七山半水一分半田一分道路和庄园的山区特色。山间古树交错、品种多样，形成了较高的负离子生态环境，长寿之乡也因此得名。

3. 良好的农业产业体系 该村地处我国最北端寒富苹果产业带，漫山的寒富苹果口感甘甜、含硒量高，已获得农业农村部"绿色食品"和"无公害农产品"认证；果蔬采摘大棚等设施农业稳步发展，大樱桃、水蜜桃、纯天然山野菜、榛子、鲜食玉米、中草药等特色种植前景广阔，特色农业也日渐成为推动全村农业和农村经济可持续发展、促进农民增收的支柱产业之一。

4. 深厚的历史渊源 该村在历史上曾是铁岭县东部山区的经济

文化中心，迄今还保留着明代古城墙遗址，因民国年间曾有近十家当铺，而得名"当铺屯"。相传薛礼征东曾途经此地，其骁勇善战的故事在民间广为流传。这里也是"大甸子羊汤"的发祥地，当地有口皆碑的"羊汤王"就发祥于此。"大甸子羊汤"这一餐饮品牌已经叫响辽沈地区，以其历史悠久、绿色天然、工艺独特、味道鲜美，营养价值高，成为辽宁省知名的特色餐饮。

5. 独特的文化魅力 一方水土孕育一方人，上百年的锤炼和沉淀，凝聚成独具魅力的民俗和文化，二人转、秧歌、根雕等东北民间传统艺术在这片土地上得以发展与传承。羊汤文化、艾玉芹剪纸被列为市级非物质文化遗产，满族剪纸文化经过历史的沉淀在村落中形成了独特的艺术语言，寓意着吉祥如意、喜乐安康。

近年来，当铺屯村的旅游业在辽北异军突起，大甸子羊汤文化旅游节升级为省级旅游节会，当铺屯村荣获全国休闲农业和乡村旅游示范村，辽北水镇休闲度假区又入围全省首批"特色小镇"创建名单。

（二）旅游发展基本情况

为适应旅游发展形势的需要，2010 年，铁岭县旅游局邀请吉林师范大学旅游学院的专家对当铺屯村进行了规划，将其定位为"辽北山水田园休闲度假地"。多年来，当铺屯村以此为目标，以发展乡村生态休闲旅游业为主导产业，辅以纯朴浓郁的辽北风情、古老传统的满族风情，全力打造集健康养生、绿色蔬果采摘、凡河漂流、攀登青龙山、满族民俗剪纸、"当铺人家"农家乐、冰雪活动等丰富多样的休闲旅游项目。

目前，当铺屯村已经成为辽北颇有名气的影视拍摄基地，中央电视台、上海电影制片厂和本山传媒相继来该村拍摄热播全国的《喜临门》《乡村爱情》《E 网情》《不是钱的事儿》等影视剧。当铺屯村先后获得"中国休闲农业与乡村旅游发展示范村""中国美丽乡村""游客喜爱的辽宁十佳乡村旅游区""辽宁乡村旅游先进单位"及省级社会主义新农村示范村、省级文明村、省级卫生村、省级绿化示范村等荣誉。乡村旅游呈现出蓬勃发展的喜人局面，"当铺屯模式"也深受业界的关注和好评。

（三）旅游产品建设情况

1. 依托产业资源优势，打造五彩纷呈的旅游项目　当铺屯村以山水林田乡村田园景观为本体，以满族文化为灵魂，以旅游项目为引爆点，打造了绿色蔬菜采摘、水果采摘、凡河漂流、休闲垂钓、攀登青龙山、广场烧烤、篝火晚会、满族民俗剪纸体验、住"当铺人家"等丰富多样的休闲旅游项目。

（1）高、中、低档民宿合理布局。全村共有民宿113家，其中当铺农家院60户，居室和庭院均进行了统一改造，户户安装了热水器和室内水冲坐便器，统一配置了被褥床单和桌椅餐具灯箱，并由市工会培训学校的教师定期进行厨艺及接待礼仪的培训。沿河两岸建有仿古石屋、泥屋26座，别墅27栋，均为精装修，主打中高端民宿。可一次性接待住宿游客1000余人。

（2）特色餐饮。夏季主打大甸子羊汤，冬季主打东北杀猪菜，辅以石磨豆腐、野生河鱼、山野菜、黏火勺、"熊瞎子上炕"、"黏耗子"等20余种东北特色美食。具有集中接待能力的餐馆4家，可容纳近千名游客同时就餐。

（3）观光度假。赏美人蕉花海、登青龙山步道、漫步沿河景观带。如今的当铺屯村景色秀丽、风光无限，自然生态山水如一幅美丽的画卷，凡河水潺潺流淌、周边山峦起伏、苍松翠柏、鸟语花香，既是天然氧吧，又是陶渊明笔下的世外桃源。若亲临其境，踏上山间小路，会让来自都市的人们如醉如痴，恍若置身于绿色梦幻之中，体会的是深深浓浓的乡土情韵。

（4）农趣采摘。该村农业基础较好，种植业发达，盛产番茄、黄瓜等蔬菜，寒富苹果、李子等水果。当地党委和政府为发展壮大村集体经济，全面促进特色产业与乡村旅游有效融合，筹措资金200万元建设20亩果蔬大棚采摘区，以农业休闲采摘、城市家庭度假为主题，重点打造大樱桃、水蜜桃采摘产业，深受游客欢迎。

（5）娱乐休闲。凡河漂流、垂钓、亲子戏水、篝火晚会、烟花表演、东北大秧歌。游人在山村的广场上尽情与村民载歌载舞、玩游戏，围着篝火烤全羊、吃烧烤、喝美酒、放烟花，丰富的娱乐项目给每一位来到这里的游客，带来了无穷的乐趣。

（6）每周乡村大集。农村大集演绎着凡俗而又生动的人间烟火，也承载了太多童年的回忆。在物质极大丰富的今天，赶集不再仅仅只是逛街采购，更多的是对于传统的追忆和延续。每逢村里集会，赶集的人群熙熙攘攘，商贩的吆喝声此起彼伏，热闹非凡，散养鸡、鸭、鹅，山沟"笨鸡蛋""笨猪肉"、榛子、野生菌菇、家酿刺玫酒等绿色农产品琳琅满目，为游客提供了原汁原味的纯朴乡情体验。

（7）冰雪活动。当铺屯村面朝凡河，背倚青龙山，每到冬季，天然冰场、雪道成为游客游玩的天堂。滑冰车、抽冰嘎、雪爬犁等项目玩嗨冰雪游戏。

（8）民俗体验。到当铺屯村过大年、包饺子、新春祭祖、品杀猪菜、学满族剪纸、贴窗花等体验民俗文化乐趣。

（9）选购旅游纪念品。为更好地承载特色乡土文化内涵以及民俗风情，挖掘乡村旅游深层价值，当地党委和政府结合自身特点，打造出东北"八大怪"系列剪纸、手工刺绣、手工鞋垫、根雕、北纬 42 ℃精装杂粮、养生保健中药等旅游纪念品，以满足游客的购买需求。

2. 以节会树品牌，扩大旅游产品的知名度和美誉

当铺屯村围绕核心旅游产品，统筹设计特色各异的旅游节会：迄今为止，已经成功举办了十四届"中国·铁岭大甸子羊汤文化旅游节"，培育了"大甸子羊汤"这一金字招牌，使其成为辽北餐饮业最具竞争力的美食品牌。通过不断创新节会形式，带着羊汤三进省城沈阳，在中街、太原街、绿廊举办开幕式；与各协会团体联合举办骑行山水节、登山节、泡泡跑健身节等，羊汤文化这一市级非物质文化遗产得到了更好的传承和发扬。2009 年起，大

甸子羊汤节晋升为省级旅游节会，2012 年，被评为 2012 节庆中国榜"最具地方特色休闲旅游美食节"。年俗，是一种文化，令人铭记在心，也是一种乡愁，无论走多远都会怀念，每年腊月、正月，"到当铺屯过大年"成为远近游人记住乡愁、品味年味的梦想之旅。游客们住在农家乐热炕头，亲自参与新春祭祖、剪窗花、写春联、唱大戏等各项年俗活动，品尝杀猪菜、石磨豆腐、黏火勺等传统美食，感受地地道道的辽北大年味道。

(四) 生态环境和传统文化

当铺屯村生态环境优良，境内山清水秀、风光旖旎，"天蓝、山青、水绿、地净"的乡村美景以及阡陌交错的田园风光已成为城市居民逃离烦嚣的后花园和休闲地。青龙山古树交错、品种多样，森林覆盖率达 66%，形成了较高的负离子生态环境，这就是当铺屯村老人的长寿秘诀，长寿之乡也因此得名。近年来，当铺屯村以"打造生长在鲜花和果树中的村庄"为口号。把适合当地生长的美人蕉、格桑花、步步高等作为村屯美化的主要品种，把寒富苹果作为道路绿化的树种，把葡萄、野生猕猴桃（软枣子）作为庭院绿化的品种，在旅游村中进行大面积景观化栽植，实现了路美、巷美、院美。

满族文化赋予了当铺屯村地域特色文化的丰富内涵和独特魅力。近年来，当地党委和政府充分利用独特的满族文化与旅游相互融合、相互促进、共同发展的资源优势，倾力打造具有地域文化特色的精品节目。东北民间传统艺术在这片土地上得以发展与传承，具有特色的小剧场演出给村民们带来了休闲与欢乐，那些最具满族特色的剪纸文化、历史典故、民间绘画艺术、服饰饮食等民族瑰宝，成为当铺屯村一道独特的风景线。

辽北水镇项目的成功落户，又为当铺屯村增添了别样的园林景观。它的设计灵感源自江南古镇建筑，是集聚度假、体验、购物、宜居、景观五大板块为一体的原生态旅游度假村。河两岸以河水清澈、绝色美景为主，沿主轴景观铺陈，廊桥、亲水平台、林下空间、水车等多重立体空间相映成趣。村落周围修建花海、建设仿古景观石屋、泥屋数间，并且打造以经营特色农产品和民俗产品为主的民俗商业街，将度假、观光、购物、休憩融为一体。

(五) 基础设施建设情况

在当地党委和政府的大力支持下，近年来当铺屯村整合各级投入近 2 000 万元，按照"五化、两改、一统一"的标准，持续加强基础设施工程建设。一是街道净化。建立健全垃圾清运管理常态化机制，配备专职保洁员，对主要街路实行全天候保洁，居民生活垃圾实行简量化、定期分类；修建 300 平方米的垃圾处理场 1 座，规范垃圾投放管理。二是街道硬化。修建凡河大桥等 5 座桥、22 个涵洞，改造采摘小区路网 600 延长米，铺设黑色路面 18 公里，实现全村道路硬覆盖。三是植树绿化。植树 13 000 株，铺设草坪 4 000 多平方米，种植三叶草 6 000 多平方米，村庄内空地实现绿覆盖。四是栽花美化。栽植美人蕉等鲜花 8 万株，铺设植草砖、广场砖 13 000 平方米、修建石柱铁链 500 延长米。五是街道亮化。安装太阳能路灯 120 盏，广场安装景观灯 4 盏，广场灯 8 盏。六是加强"改水""改厕"工程。在村东、村南打山泉水井 2 眼，在高丽营子和茧场沟打深井 2 眼，不但解决了 400 多户居民吃水问题，还为游人提供富含锶、锌等多种有益元素的优质水源；铺设排水管网 1 200 延长米，改造居民老式厕所 500 户，其中 420 户用上了无味卫生的无公害旱厕，80 户直接改成了室内水冲厕所，为居民安装了太阳能热水器和保暖阳光间。七是"一统一"。统一修建围墙 2 000 延长米。

2016 年，在当地党委和政府积极沟通协调下，辽北水镇项目成功落户。辽北水镇度假区位于青龙山南侧，依凡河水两侧而建，由河北客商投资，北京建筑大学设计，铁岭天邦旅游文化产业有限公司承建。项目总投资 1 亿元，占地 108 亩，分为餐饮娱乐、观光购物、休闲农趣、接待住宿、附属设施五大板块，建设内容主要有 2 500 平方米餐饮广场、1 300 平方米的洗浴中心以及占地

20 亩的儿童、农趣主题乐园各 1 座，观光茶楼 3 座；仿古景观石屋、泥屋群落 1 座，建筑面积 4000 平方米的特色农产品和民俗产品商业街 1 条；垂钓鱼池 1 个，100 亩农业采摘园，总面积为 11 300 平方米的高、中、低档旅游接待民宿区；接待中心、大食堂、停车场、污水处理站等附属服务设施。

（六）旅游公共服务设施情况

1. 实施旅游厕所建设提升工程　为进一步改善旅游公共服务水平，提升当铺屯村旅游品牌形象，当地党委和政府启动实施了旅游厕所建设提升工程。近两年在旅游景区、旅游接待中心、旅游餐馆、旅游商铺、特色民宿区等游客服务场所新建和改造提升旅游厕所 16 处，力争在保障游客如厕需求的同时，提升厕所管理服务水平，促进旅游产业高质量发展。

2. 建立垃圾兑换银行　为了给游客提供一个优美的出游环境，引导和鼓励游客自觉养成不乱丢废弃物、文明出游的习惯，当铺屯村按照"政府组织领导、景区负责实施、落实专人管理、物质奖励保障、引导游客参与、共建洁净环境"的原则，在景区内设置了"垃圾兑换银行"，由专职兑换员为游客提供垃圾兑换服务。为此，景区还专门印制了包含可兑换垃圾明细、具体兑换数量及可兑换物品的宣传单，向游客发放宣传。

3. 完善公共基础设施建设　建设休闲文化广场 2 000 平方米、建设带有高标准舞台及各式健身器材的健身广场 4 500 平方米，建设了 450 平方米的旅游接待中心、村"两委"办公楼、老年幸福院以及 1 000 平方米停车场。

4. 提升旅游信息服务水平　制作特色旅游村宣传片，设计各景区 LOGO、标识牌、擎天柱，通过与广播、电视、报刊等传统媒介合作的同时，充分利用互联网时代，启动旅游大数据平台建设，搭建旅游服务平台，开通旅游门户网站和微信平台，及时更新旅游信息发布、网络营销、微信导览，利用微信公众号拓展宣传传播渠道，加大对节会活动、旅游景点的宣传力度，通过互联网加速旅游带动农产品、工艺品、旅游商品销售，满足旅游多样化、细分化、专业化、差异化、快捷化需求，当铺屯村旅游的知名度和影响力进一步提高。

（七）旅游发展带动效益

多年来，当铺屯村以打造"田园小镇"为目标，有效利用和整合现有资源，积极发展乡村旅游产业，投资 200 万元建成果蔬采摘大棚等设施农业，已初步形成多产业联动、多品牌支撑、多经济效益的复合产业基地以及以乡村游为特色的综合旅游休闲度假目的地，促进了农民就业增收，助力乡村精准脱贫，取得了较好的经济效益和社会效益。目前，全村年接待游客近 3 万人次，吸纳农村劳动力 400 人，年均旅游经济收入可达 600 万元，实现了经济效益、社会效益、生态效益的和谐统一。

2016 年，辽北水镇项目的进驻，为当铺屯村的乡村旅游业注入生机和活力，多产业实现融合，乡村餐饮、特色农产品、民俗文化产品都成为旅游商品，成为农民新的收入增长点。建成后，年接待游客能力可以达到 50 万人次以上，年营业收入可达 1 亿元。

（八）可推广复制经验做法

1. 完善旅游发展规划，推动乡村旅游产业可持续发展　作为"凡河生态旅游谷"最重要的节点之一，打造"当铺屯"这一生态休闲旅游品牌，对于发展当地乡村旅游业、带动沟域经济的快发展和大发展具有极其重要的示范作用。通过招商引资项目带动逐步完善旅游发展规划，旅游度假山庄、民俗博物馆及停车场、儿童乐园、沿河景观等设施更加科学配套。使当铺屯村的产业定位更加明晰、富有活力，为推动乡村旅游产业的可持续发展奠定了坚实的基础。

2. 积极拓宽增收渠道，逐步壮大村集体经济　积极引导村"两委"干部拓宽视野，盘活集体资产，发展集体经济。利用现有蔬菜合作社，与辽北水镇度假区项目合作，大力发展高标准农业、绿色蔬菜瓜果采摘项目，目前正在进行项目规划设计。同时，加强农村集体资产管理、村级集体财务管理、涉农技术、山林发包等方面的专业学习培训，切实提高村集体经济发展的科技支撑能力，找准本村未来发展的着力点和突破口，发展壮大村级集体经济。

如今，当铺屯乡村旅游发展模式已在铁岭市推广，当铺屯人将秉持绿水青山就是金山银山的发展理念，以乡村旅游、休闲农业为基础，以满族民俗风情为文化底蕴，以自然资源有序开发与保护为原则，全力打造乡村旅游示范区，建成名副其实的辽北山水田园休闲度假胜地。

第二节 体验型乡村休闲旅游

一、概况

体验型乡村休闲旅游主要是指在特定的乡村环境中，以体验乡村生活和农业生产过程为主要形式的旅游活动，同当地人共同参与农事活动、共同游戏娱乐、共同生产劳动等，包括民俗活动、种花栽树、修剪花草、除草施肥、挖地种菜、采摘瓜果蔬菜、捕鱼捞虾、放养动物、水磨磨米面、水车灌溉、石臼舂米、学做乡村风味小吃、木机织布、手工刺绣、简单农具制作、陶制品制作等，借以体验乡村生活的质朴淡雅、体验耕种收获的喜悦或农业生产的过程与乐趣，这是一种"房归你住，田归你种，牛归你放，鱼归你养，帮你山野安个家"的整体体验方式。并在体验的过程中获得知识、修养身心，通过让游客亲身体验农事活动，来改变对原始乡村休闲旅游的看法。

二、主要类型

体验型乡村休闲旅游主要类型为：酒庄旅游、人工林场、林果采摘园、特色交通、特色餐饮、文化体验、农事体验、手工业体验、竞技赛事、乡间文艺、娱乐活动、亲子活动等。

◆ 典型案例

江西象湖湾生态园

江西象湖湾农业开发有限公司（象湖湾生态园）主要特点是主题鲜明、彰显个性，创意缤纷、深度体验，寓教于乐、产研结合，配套齐全、服务周到、多元发展，是集"四季水果采摘、大型水上乐园、珍禽养殖观光、生态餐饮住宿、户外拓展体验、特色休闲垂钓、中草药种植"等一体的综合性生态休闲农业观光示范园。园区通过休闲观光旅游＋采摘相结合的模式，既丰富了园区休闲观光的业态，又提升水果的经济价值，提高了园区整体的经济效益；采用"公司＋合作社＋农户"的生产模式与农民建立密切的合作和利益联结机制，既使园区的种植业形成规模效益，又带动周边农户通过发展水果、家禽养殖等产业致富；通过与水口村的投资合作，带动村集体经济发展，助力精准扶贫，将园区的经济效益、社会效益、生态效益相统一的模式。

一、基本情况

象湖湾生态园位于靖安县水口乡水口村团结组，规划占地总面积2 200余亩。生态园依山傍水，风景如画，进入园区，可以看到绵延起伏的山峦，迎风摇曳的果林，清澈如镜的水库，犹如一幅墨绿渲染的山水画，让人流连忘返。生态园现已建设成为集"四季水果采摘、大型水上乐园、珍禽养殖观光、生态餐饮住宿、户外拓展体验、亲子游乐互动、特色休闲垂钓、珍贵草药种植"等一体的综合性生态休闲农业观光示范园。

生态园中的采摘观光区分别种植各种奇珍异果，如蓝莓、猕猴桃、酥枣，柿子、杨梅、橙子、山楂、草莓、无花果、葡萄、火龙果、橘子等，做到采摘园一年四季有果实，四季飘香。园中打造了一个2 500多平方米的生态特色餐厅，主要以大棚式结构建造，简单、环保，室内以佛像、假山、凉亭、大树、流水等为点缀，装饰成一个具有大自然气息的特色餐厅，让游客有身在大自然之中的感觉。园区入口的生态宾馆可供上百人同时入住，大型会议室可同时容纳150人开办活动。生态园拥有10 000多平方米的水上乐园，有海浪池、中型水寨、家庭滑道组合、高速滑梯和环流河漂流等项目，既是父母与孩子的绝佳亲子互动平台，也是游客炎炎夏日清凉避暑的好去处。园区的亲子游乐园，以轮胎为主题，将环保和亲子游乐巧妙地结合在一起。游乐园有轮胎吊桥、轮胎坡、轮胎秋千、空中接力、模拟地道战、碰碰车、飞船等众多游玩项目。园区还建设有可容纳300人同时自助烧烤和拓展互动专区，晚间的篝火晚会点燃游客们的激情，大家欢声笑语，其乐无穷。园区的休闲垂钓长廊，可以让游客远离尘嚣，放归自然，幸运的垂钓客，偶尔还能目睹鱼跃水面、鸳鸯戏水的动人一幕。

江西象湖湾农业开发有限公司（象湖湾生态园）就是采用良性的循环生态模式进行布局和生产，将农业活动、自然风光、科技示范、休闲娱乐、环境保护等融为一体，实现生态效益、经济效益与社会效益的统一。游客置身于生态园中，可以真正体验到"吃、住、行、游、购、玩"一条龙服务。

二、发展模式简介

象湖湾生态园主要特点是主题鲜明、彰显个性，创意缤纷、深度体验，寓教于乐、产研结合，配套齐全、服务周到，高瞻远瞩、多元发展，是集"四季水果采摘、大型水上乐园、珍禽养殖观光、生态餐饮住宿、户外拓展体验、特色休闲垂钓、中草药种植"等一体的综合性生态休闲农业观光示范园。通过休闲观光旅游＋采摘的模式，提升水果经济价值，带动水果产业的发展。

（一）休闲观光＋采摘游模式

1. 生态餐厅　生态餐厅占地2 500多平方米，为大棚式结构建造，配以古色古香的门头，室内以佛像、假山、凉亭、大树、流水等作为点缀，装饰成为一个具有大自然气息的特色餐厅。其中，会议室500平方米，包间10间、娱乐室3间、棋牌室3间，能够满足游客的不同需求。

2. 生态宾馆　生态宾馆以中式风格为特色，运用乡村民居装饰的表现手法，将餐饮住宿环境与乡土风情相结合，让游客远离尘嚣，彻底放松于大自然的怀抱之中。生态宾馆目前拥有住房35间，以及大型会议室、棋牌室和KTV娱乐室。

3. 四季花果观光采摘体验园　最让游客陶醉的莫过于四季飘香的百果观光采摘园，果园品种繁多，春暖花开季节，果园内郁郁葱葱，清香扑鼻。果园内果树种植面积达13万多平方米，种植着蓝莓、杨梅、猕猴桃、橙子、桃子、柿子、梨、枣等几十种果树，大棚采摘园面积2万多平方米，种植着火龙果、无花果、草莓、葡萄等珍贵果种。游客不论是置身于果树林间，还是驻足于生态大棚内，都不失为一种雅致，游客在一饱眼福的同时，还能收获亲自采摘、品尝珍果的喜悦。

（1）室外采摘区。

蓝莓园：蓝莓果实中含有丰富的营养成分，具有防止脑神经老化、保护视力、强心、抗癌、软化血管、增强人机体免疫等功能，营养成分高。其中，由于蓝莓富含花青素，具有活化视网膜功效，可以强化视力，防止眼球疲劳而备受注目。也是世界粮农组织推荐的五大健康水果之一。

蓝莓园

猕猴桃园：猕猴桃的质地柔软，口感酸甜。猕猴桃含有猕猴桃碱、蛋白水解酶、单宁果胶和糖类等有机物，以及钙、钾、硒、锌等微量元素和丰富的维生素C、葡萄酸、果糖、柠檬酸、苹果酸、脂肪，被誉为"水果之王"。猕猴桃亦是滋补强壮之品，其中的营养物质可明显提高肌体活性，促进新陈代谢，协调肌体机能，阻断致癌物质，增强体质，延缓衰老。

猕猴桃园

杨梅园：杨梅味甘酸、性温、无毒，具有很高的药用和食用价值，既可直接食用，又可加工成杨梅干、酱、蜜饯等，还可酿酒，有生津止渴、涩肠止泻、和胃止呕、消食利尿的功效。杨梅吃起来酸甜可口，是很好的消食水果，而且杨梅中含有的多

杨 梅

种营养元素还能起到消炎抑菌、防癌抗癌、美容减肥等功效。

枣园：枣的特点是维生素含量非常高，果实味甜，有"天然维生素丸"的美誉，具有滋阴补阳，补血之功效。枣里还含有大量的维生素C、维生素P和多种微量元素和糖分。研究表明，它对保肝护肝、镇静安神还有一定的功效。红枣会令人面色红润，具有养颜补血的作用；如果经常用红枣煮粥或者煲汤，能够促进人体造血，可有效预防贫血，使肌肤越来越红润；枣还有美白祛斑、延缓衰老的功效。

桃园：桃子素有"寿桃"和"仙桃"的美称，因其肉质鲜美，又被称为"天下第一果"。桃子性热而味甘酸，有补益、补心、生津、解渴、消积、润肠、解劳热之功效；桃肉含蛋白质、脂肪、粗纤维、钙、磷、铁、胡萝卜素、B族维生素。桃子适宜低血钾和缺铁性贫血患者食用。现代医学研究发现，桃子含有较高的糖分，有改善皮肤弹性、红润皮肤等作用。

枣

桃

梨园：梨果味鲜美，肉脆多汁，酸甜可口，风味芳香优美。富含糖、蛋白质、脂肪、碳水化合物及多种维生素，对人体健康有重要作用。味甘微酸、性凉，具有生津、润燥、清热、化痰，解酒的作用；梨除可供生食外，还可酿酒、制梨膏、梨脯及药用。如梨果治热咳，切片贴之治火伤；捣汁内服，润肺凉心，解疮毒。

山楂园：山楂核质硬，果肉薄，味微酸涩。果可生吃或做果脯、果糕，干制后可入药，是中国特有的药果兼用树种，具有降血脂、血压、强心、抗心律不齐等作用，同时也是健脾开胃、消食化滞、活血化痰的良药，对胸膈脾满、疝气、

山楂园

血瘀、闭经等症有很好的疗效。

柿子园：柿子味甘涩、性寒，营养价值很高，所含维生素和糖分比一般水果高1～2倍。柿子有清热去燥、润肺化痰、止渴生津、健脾、治痢、止血等功能，可以缓解痔疮疼痛、干咳、喉痛、高血压等症。生柿能清热解毒，是降压止血的良药，对治疗高血压、痔疮出血、便秘有良好的疗效，另外，柿蒂、柿霜、柿叶均可入药。

柿　子

橙子园：橙子味甘、酸，性微凉。能生津止渴，有宽肠、理气、化痰、消食、开胃、止呕、止痛、止咳等功效。据研究，每天吃一个橙子，可以使口腔、食道和胃的癌症发生率减少一半，橙子传统上被看作是西方膳食当中维生素C的主要供应来源，也能提供相当数量的胡萝卜素和钾、钙、铁等矿物质。

橙　子

荷花池：荷花又名莲花、水芙蓉等。荷花全身皆宝，藕和莲子能食用，莲子、根茎、藕节、荷叶、花瓣及种子的胚芽等都可入药。花瓣能活血止血、去湿消暑、清心凉血、解热解毒。莲子能养心、益肾、补脾、涩肠。莲须能清心、益肾、涩精、止血、解暑除烦、生津止渴。荷叶能清暑利湿、升阳止血，减肥瘦身，根和叶利尿、通便。藕节能止血、散瘀、解热毒。荷梗能清热解暑、通气行水、泻火清心。荷花出淤泥而不染之品格恒为世人称颂。

荷花池

（2）精品蔬果采摘园。精品采摘园采用现代化的温室培育技术，安装有自动喷淋系统及防护网等设施，保护和培育着各种有机草莓、精品橘子、红心火龙果、无花果、精品葡萄等各种珍贵果种。

无花果采摘园：无花果味道浓厚、甘甜，被誉为"21世纪人类健康的守护神"。无花果汁具有独特的清香味，生津止渴、健胃清肠、消肿解毒，老幼皆宜。无花果的果实、叶片、枝干乃至全株均可入药。果实除了开胃、助消化之外，还能止腹泻、治咽喉痛。在浴盆中放入干燥的无花果叶片，有暖身和防治神经痛与痔瘘、肿痛的效果，同时还具有美容护肤的作用。

草莓采摘园：草莓采摘园全部为精品立体种植草莓。草莓营养价值高，含丰富的维生素 C，中医认为，草莓性味甘、凉，入脾、胃、肺经，有润肺生津、健脾和胃、利尿消肿、解热祛暑之功，适用于肺热咳嗽、食欲不振、小便短少、暑热烦渴等。

采摘园

无花果

火龙果采摘园：火龙果营养丰富、功能独特，它含有一般植物少有的植物性白蛋白以及花青素，丰富的维生素和水溶性膳食纤维，有防止血管硬化、美白、减肥、预防贫血等功效。火龙果属于凉性水果，在自然状态下，果实于夏秋成熟，味甜，多汁。

草莓采摘园

火龙果采摘园

葡萄采摘园：葡萄不仅味美可口，而且营养价值很高。葡萄中的多种果酸有助于消化，适当多吃葡萄，能健脾和胃。葡萄中含有矿物质钙、钾、磷、铁以及多种维生素，还含有多种人体所需的氨基酸，常食葡萄对缓解神经衰弱、疲劳过度大有裨益。

橘子采摘园：橘子味甘酸、性温，入肺。主要治胸膈结气、呕逆少食、胃阴不足、口中干渴、肺热咳嗽及饮酒过度。具有开胃、止咳润肺的功效。橘子营养十分丰富，一个橘子几乎能满足人体一天中所需的维生素Ｃ含量。

葡萄采摘园

橘子采摘园

铁皮石斛种植园：铁皮石斛属于一种珍贵中草药，味甘，性微寒，可入茶、入膳、入酒和打汁。具有生津养胃、滋阴清热、润肺益肾、明目强腰等功效。

铁皮石斛园

4. 大型水上乐园　生态园中的水上游乐中心，以水为主题、以安全游乐为中心，集亲子娱乐、体育运动于一身，让游客在追逐间感受似水年华。

海浪池可千人同池，共同感受海浪的魅力，带来夏日清凉，池边松软的沙滩，让游客瞬间充分感受放松，并体验漫步黄金海岸的惬意。

高速滑梯给游客带来惊心动魄，彻底体验急速下降、俯冲而下的高速快感。

家庭滑道组合以亲子互动为特点，父母与孩子共同体验快速下滑带来的欢乐。

儿童水寨集水玩具、水翻斗、水滑梯、主题景观于一体，是孩子们的快乐天堂，互动水上城堡，集互动性与趣味性于一身。

水上乐园

水上滑道

环流河带来与众不同的漂流体验，时而急速如洪水暴发、时而旋转、时而缓行，游客乘坐在特制的漂流船上随波逐流，在急流中漂行，为游客创造了一个亲身体验自然界漂流的乐趣。

5. 拓展烧烤区　生态园建设有专门的烧烤拓展区，可容纳300人同时举办烧烤等拓展活动。烧烤区背靠采摘大棚，面向水库，非常适宜情侣约会、家庭聚会、朋友聚餐、休闲小憩。生态园提供帐篷和烧烤工具出租，喜爱露营的朋友们可以在这里搭建一个小型帐篷，还可以在水库边进行美味的烧烤野炊，家人和孩子们也可以做些小游戏，放松身心，为亲子同游、朋友联谊之最佳之地。

6. 亲子游乐园　象湖湾亲子游乐园以色彩斑斓的轮胎为主题、建设有轮胎山、吊桥、秋千等游乐设施，并且设有激情碰碰车、太空船等游乐项目，让小朋友在景区流连忘返。景区采用小小的轮胎，让孩子们感受到大千世界变换的乐趣，既娱乐了身心、又增进了父母和孩子之间的感情。

7. 游船水上观光　生态园景区依山傍水而建，景区山峦起伏，水库清波荡漾，像一副令人心旷神怡的水墨山水画。如此美景，必然要换个角度去欣赏，景区为此建设了小型游船码头，配备了多艘安全舒适的脚踏游船。游客们可找一个好天气，约上好友或带上家人，来一次水上观光之旅。

篝火烧烤　　　　　　　　　　　　水上观光

8. 休闲垂钓长廊　生态园区的水库占地50多亩，湖水全部来自山间清泉，天然无污染的山泉，滋养着青鱼、草鱼、鲤鱼、鲫鱼、鲢鱼等多种鱼类，游客可在工作之余，或单人垂钓，或约上三五钓友共同体验垂钓的乐趣。垂钓可以让游客放归自然、感受宁静，幸运的垂钓客，偶尔还能目睹鱼跃水面、鸳鸯戏水的动人一幕。在垂钓结束后，还可以将天然新鲜的美味带回家，和家人再来一次味蕾之旅。

（二）生态园发展的总体思路

1. 主题鲜明、着重体验　突破传统手法，打造休闲文化创意。种植特色水果，创意采摘观光项目，生态园在功能清晰、主题鲜明的基础上，不断创新游览项目，提升用户体验。将水果文化融入休闲廊道和游览项目中，并让游客参与种植采摘，让游客体验到传统农家乐旅游的不同；水上乐园以水为主题、打造亲子文化，并不定期举办亲子比赛项目；户外拓展着重游客的自我发挥，野营烧烤、休闲垂钓、棋牌娱乐，提升游客体验；生态餐厅打造特色餐饮，营造自然环境，除了特色有机食材，更让游客在就餐的同时感受如沐雅境，心旷神怡。

2. 产业联动、相互促进 生态园结合自身功能，通过精心设计和创新精品游览项目与路线，将观光游览、采摘体验、水上娱乐、户外拓展、餐饮住宿等相互联动，产业之间相互带动发展，促进生态园的可持续发展。如在套餐设计开发上应以参与项目数量定优惠的方式，吸引游客尽量全程参与；对农产品深加工，在不同区域销售自产产品；开展夜游活动，吸引游客留宿参与，提高住宿率等。

3. 就地取材、科学利用 建立区域生态循环体系，实现再生利用和自给自足，提高资源利用率。生态园通过科学种植养殖及合理回收排放，实现"人—果—禽"的良性循环系统。畜禽的粪便、垫草及生活废水等可经过沼气池和土堆发酵处理后综合利用，或用于果林基肥，或用于浇灌农田，不对环境造成污染；种植的水果可用于游客采摘和园区自用；餐厅食材取自园区蔬果种植区和养殖区等。

4. 做精做透、以质取胜 创新经营模式，倡导主办节庆活动，举办高品质的采摘节、烧烤节、美食节、垂钓比赛、亲子活动等；与旅行社合作，创新游览项目；与各中小学、大专院校科研院所结合，形成产学研基地；与电台、电视台、网络等媒体及策划机构合作，加大宣传，加强营销，增加人气，提高知名度。种精品水果，养精品水产，做精品服务，以口碑赢市场，以品牌争效益。

三、示范带动作用

1. 带动周边农户发展种植业 象湖湾生态园采用"公司+合

作社＋农户"的生产模式与农民建立密切的合作和利益联结机制。公司对农户的种植技术统一指导，对农户生产使用的农药、种子、化肥及生产流程进行监控，统一引导管理。园区对农户产品质量统一监控，农户种养产品定期统一收购，将收购产品统一销售，规范种养。循环种养示范基地的示范作用已辐射到周边的种养基地，同时带动周边村庄近2 000亩从事果蔬种植，直接带动农户1 000余户，解决2 000余人就业问题。

为进一步带动更多农民发展水果种植业，园区组织开展了各类水果种植技术培训班。一是园区与江西农业大学、江西省农业科学院等农业科研院所建立了合作关系，定期邀请有关专家和技术人员，为园区内企业开展技术培训；二是组织外出考察学习，园区多次组织相关的技术人员和果农到江西赣州、浙江衢州等地考察学习；三是市场推广宣传，为提升园区的品牌影响力，园区积极组织企业、果农参加各类农产品展览会、交易会。

2. 带动全县休闲采摘游发展　根据靖安县旅游的现状，以"大力发展生态旅游"作为新时期全县旅游开发的突破口，象湖湾生态园是靖安县首家以生态农庄、水上娱乐、采摘、餐饮、观光旅游为一体的大型农庄，弥补了靖安县单一的农庄模式，提高了市场需求。象湖湾生态园采用先进的理念来运营管理园区，除了倡导"体验经济"，还主推"分享经济"，推广"拥有不如享有"的消费理念，与游客成为志同道合的朋友；在品牌宣传方面，除了宣传手册、广告路牌、电视报纸等传统宣传手段以外，生态园还顺应国家号召，采用网络营销，打造了"象湖湾生态园"微信公众号平台，运用科技整合资讯，通过网页、搜索引擎以及运用4G手机服务对生态园的地图、路线等进行快捷引导。并且与各大在线旅游平台、预定平台、旅行社合作，开通网络预订服务，方便游客在线购票、订餐以及获取园区信息，真正实现"生态园＋互联网"的运营模式。

3. 带动全县现代农业发展 江西象湖湾农业开发有限公司（象湖湾生态园）采用生态农业综合种植养殖模式，向无公害、绿色种植养殖等方向发展，采用了良种和先进的种植技术，突出科技特色，建成融生产、现代农业高新技术推广、科普教育于一体的朴素、清新、自然的生态农业示范园。生态园积极开展生态农业示范、农业科普教育示范、农业科技示范等项目，通过浓缩的典型科技农业和农业传统知识的推广。一方面向游客展示农业独具魅力的一面，增强游人的农业意识，加深对农业的了解；另一方面加快了农业新技术、新品种、新设备的试验示范与宣传推广，使休闲农业承担了农业科技推广普及的作用，促进了大农业的发展，也相应带动了广大农民致富。

四、园区成效突出

1. 经济效益 园区累计投资 8 800 万元，累计吸纳农民就业 340 人次，培训农民 440 多人次。2019 年上半年，园区累计接待游客达 5 万多人次。其中，采摘游约 1.5 万人次，休闲观光约 2.3 万人次，营业收入约 2 100 万元，预计全年水果产量可达 120 吨。

2. 社会效益 生态园对周边村民乃至全县农民的技术推广和辐射，使全县农业科技水平和农民的文化素质迅速得到提高。通过接受技术培训，较快地提高自身的科学文化和科技应用水平。走农业产业化道路，向高产、优质、高效的现代农业方向发展，增加农民收入。生态园的建设过程和建成后，吸纳当地农民务工就业，缓和了周边农村剩余劳动力的就业压力。生态园中生产的各种蔬果，丰富了城镇居民的餐桌，提升了农产品品质，补充淡季供应的缺品，提高人们的生活质量，促进了周边乃至全县经济的可持续发展。园区的运营模式和各种体验活动可以让城市居民，特别是青少年接触农业生产、体验农事劳动，了解农耕文化，在回归大自然的过程中受到启发，体会到了农家生活的乐趣与艰辛，使其更加珍惜和热爱现在的生活。除此之外，生态园还与学校和社区进行合作，打造青少年教育基地，培养热爱劳动的思想观念。

3. 生态效益　江西象湖湾农业开发有限公司（象湖湾生态园）采用生态农业模式建设，不但不会产生环境污染源，而且还可以减少水土流失，培肥土壤，提高土地的利用价值，合理利用了当地的荒山荒地，保护自然生态环境并且得到进一步改善提高。园区搭建了一个良性生态循环系统，建立了综合种植、养殖示范基地，进行科学种植、养殖，形成良性食物链。果蔬下脚料、生活垃圾、部分鸡粪用于沼气池，产生能源供应生活燃料。部分鸡粪经过发酵处理后，以及沼渣可作果园、无公害蔬菜生产基地的肥料。园区以自我维持的良性生态循环系统，形成养殖、种植、休闲、观光于一体的生态模式，营造出一个优雅、清新的休闲农业旅游环境。

4. 助力精准扶贫　象湖湾生态园所在的水口村，全村人口2 020人、16个村民小组，耕地面积3 600亩，住房561栋，辖区产业草莓种植基地、养鱼以及水稻种植业，外出务工人员606人，全村耕地人均收入7 000元/年。有建档立卡贫困户14户46人，其中，低保户13户44人，五保户1户2人，目前已脱贫11户41人。自象湖湾示范园规划建设以来，响应党中央号召，积极与水口乡政府、水口村村委会对接，投身脱贫攻坚的战斗中，为打赢脱贫攻坚战贡献力量。

（1）投资合作，带动村集体经济发展。为了发展壮大水口村村级经济，提高建档立卡贫困户的收入，助力精准扶贫，2018年靖安县象湖湾省级现代农业示范园与靖安县丰茂农产品专业合作社签订了合作协议。协议中，明确规定每年收益的25%用于提高建档立卡贫困户的收入，75%收益用于发展村集体经济。2018年实现贫困户人均分红217.39元。

目前正在与水口村村委会协商加大扶贫投入和调整收益使用问题，投入所产生分红收益的50%用于分配给水口村14户建档立卡贫困户作为产业扶贫项目的提升覆盖，另外50％的分红收益用于壮大村集体经济收入。为贫困户脱贫创造重要条件。

（2）吸纳贫困户就业，保障贫困户收入稳定。2017年以来，园区累计吸纳建档立卡贫困户及周边农户务工1500多人次，另外，长期聘用建档立卡贫困户9人，累计发放工资和务工费总额270多万元，有效地带动了周边建档立卡贫困户脱贫。

（3）带动贫困户发展生态养殖、种植产业。为了进一步带动周边的建档立卡贫困脱贫，园区内的生态餐厅与周边的贫困户签订了蔬菜、肉类等采购协议。在符合绿色生态的要求下，生态餐厅优先采购贫困户种植的蔬菜和养殖的家禽，保障贫困户的种养销售。截至2019年6月底，园区内的生态餐厅采购贫困户的蔬菜和禽肉金额累计达150多万元。

五、案例启示

党的十九大报告提出实施乡村振兴战略，并明确了"产业兴旺、生态宜居、乡风文明、治理有效、生活富裕"的总要求。"产业兴旺"是乡村振兴的重点，是实现农民增收、农业发展和农村繁荣的基础。习近平总书记多次强调"乡村振兴，关键是产业要振兴"。发展乡村休闲旅游产业，是实现乡村产业兴旺的一个重要途径。江西象湖湾生态园的成功案例，对发展乡村休闲旅游有很好参考价值。一是充分结合了靖安县发展全域旅游的战略，高标准规划设计，将园区打造成一个综合性生态休闲农业观光示范园；二是充分利用地理区位优势和生态优势，与当地旅行社合作，吸引了南昌、长沙、武汉等周边城市的游客到园区内休闲观光采摘；三是园区内功能完善，设施齐全，游客们能在生态园中享受到吃、住、体验、娱乐的一站式服务，也可以组织大型的集体采摘、户外拓展等活动；四是园区通过休闲观光旅游＋采摘相结合的模式，采用"公司＋合作社＋农户"的生产模式与农民建立密切的合作和利益联结机制，通过村集体投资入股合作的方式，实现了经济效益、社会效益和生态效益的协调统一。

第三节　购物型乡村休闲旅游

一、概况

购物型乡村休闲旅游是将农村的农产品、工艺品、生产用具包装成旅游商品，或者通过创意开发，将其融入旅游产品中（比如竹编的相框等），吸引游客购物，发展乡村"后备厢经济"。乡村休闲旅游购物虽然不是乡村休闲旅游的主角，但却是不可缺少的一环。

二、主要类型

购物型乡村休闲旅游的主要类型为：美食购物、农产品购物、小饰品购物、民间艺术工坊等。

◆ **典型案例**

贵州省凤冈县

在全面建成小康社会的决胜期，贵州凤冈顺利摘除贫困帽。凤冈县作为多样化项目投资的典型案例，在当地政府的大力支持和企业精准扶贫的帮助之下，将消除小农意识作为推进脱贫攻坚工作的首要条件，将资金投入在水利、电网建设、通信建设等方面，实现危房改造，发展茶叶良田万顷，涉及精品水果种植、肉牛养殖等多种产业，构建了以扶贫产业园加强利益链接机制为主要内容的新兴产业扶贫体系，实施了以山地特色高效农业为主要内容的做法，不仅增加了就业岗位，同时也延伸了农业产业链条，发展食品加工、生态旅游等二三产业，齐抓共管，通过风险的分散来实现资源的有效配置和资金的灵活运用，通过这种发展模式，实现了生态文明和第三产业的可持续协调发展，对于实现生态产业化具有重要的借鉴意义。

凤冈县风光

（一）主体简介

贵州省凤冈县永安镇以茶叶闻名，被誉为"中国茶旅第一镇"。旅游名牌的建成是在基层党建工作的基础之上发展而来，通过加强当地村民的职业技能培训，从而引导村民自主创业。旅游名牌的打响，为当地吸引了大量的旅游资源，永安镇位于凤冈县西北部，其茶叶产业的发展情况受到当地政府的重点关注，在永安镇内的茶海之心景区，凭借着先天的自然环境优势和地理优势，将茶林融合，集生态、养生、文化旅游与茶叶种植合为一体，将传统的小农分户"自产自销"的经营模式改变为集约化的统筹经营。国际度假村和国际温泉养生度假区的设置更是将当地的旅游名牌和旅游产品出口，通过与世界接轨，基于当地的文化旅游资源，"经济唱戏"产业更是出口到了西欧等发达国家。通过合理的城镇规划和茶叶种植的布局，引用现代机械化的生产工具，使当地农民增加了收入。永安镇成为凤冈县农民收入的大镇，并且千万元资产收入和百万元以上资产收入的农户也呈上升趋势。茶叶品牌的打造、茶艺表演、土家油茶、茶艺非物质文化遗产的申报以及地方文艺节目表演都丰富和扩充了当地的旅游资源。"凤冈锌硒茶"作为当地的特色茶叶品牌，毫无疑问已经成为当地产业发展的支柱行业，同时这也得益于当地的海拔、充足的降水和日照。加上当地政府的扶助和补贴政策，不仅带动当地的经济建设，更是实现了致富脱贫。

（二）主要模式

1. 模式一：旅游资源与第一产业相结合　贵州省凤冈县第一产业的发展，得益于当地得天独厚的地理环境。但是，由于当地基础设施的落后和薄弱，以及小农意识和分散化的经营模式，严重制约了当地的经济发展能力，使农民生活处在贫困状态。随着脱贫攻坚战的打响，凤冈县摘除贫困帽势在必行。在传统的小农经济的经营模式下，农业生产发展也遇到了很大的瓶颈，随着现代机械化和半自动化生产器械和工具的引进，极大地提高了当地的名优作物产量，与此同时，旅游资源与第一产业的相结合更是注入了新鲜的活力，为凤冈县被誉为"中国最美茶乡"奠定了基础。当地通过茶林的结合及景区的开发、度假村和温泉度假区的设置，使得来自世界各地的人们可以充分享受并领略当地独特的旅游资源，并购买当地文化产品。通过农村合作社的发展，企业的多项目投资和政府政策的大力支持，将当地的资金和土地资源等进行集约管理，实现产业之间的利益联结。目前凤冈县不仅打造农业产业化龙头企业，还建成了农旅一体化园区。随着资产的进一步投入，当地的交通、水电、通信等基础设施也在不断完善，省道高速和固定班车使得货物的运输流转更加的快捷，茶叶种植和畜牧业养殖增加了产业收入，"凤冈锌硒茶""春江花月夜"等知名茶叶品牌也得到了广大消费者的认同，万寿菊等高经济效益农作物的种植也同样摆脱了传统的低产量、低收入的经营模式。随着央视栏目的播出，借助新闻媒体的文化传播作用，着力发展乡村旅游，贵州省凤冈县通过企业的多项目投资促进了旅游与第一产业的融合发展，促进了"园区景区化及农旅一体化"。通过利用农村集体资源、资产和资金，让第一产业充分发挥了最大的经济效益，并且产业链的延伸和食品的加工改变了单一的食品生产模式，通过与旅游资源的联合，着力打造具有现代特色的高效农业生产园区。当地的特色古代建筑白粉墙转角楼、四合院等充分展示了当地厚重的文化底蕴，但对其在加以利用和开发的同时要注意保护，在专业人员的培训方面要对当地历史故事的介绍有所侧重，将旅游资源与特色乡村的建设相融合。

2. 模式二：茶叶与旅游结合 贵州省凤冈县茶叶资源丰富，生产出质优量高的茶叶与当地的自然环境是密切相关的。凤冈县土地资源富含丰富的锌和硒等矿物质元素，适宜的海拔、气温以及降水量都为"凤冈锌硒茶"提供了良好的生长环境，在凤冈县田坝村拥有2 000多亩生态工艺茶园，无论是茶叶产品的输出，还是在此基础之上所结合的文化旅游都展现出了新兴产业的活力。随着城市化进程的加快，现代人们的生活面临着多种工作和生活压力，这种原生态的乡村休闲旅游项目正发挥着越来越大的吸引力。当地政府正是看到了这一经济效益，着重提升"黔北居民"建设品位，有近40家升级为当地休闲茶庄，注重茶艺文化氛围的营造和产品的构想，在当地原有的文化底蕴基础上，增加人文表演，利用历史文物、古籍和地方名人打响知名度，通过"文化搭台，经济唱戏"使游客在观赏茶叶庄园的同时既能体验到返璞归真的田园乐趣，又能在当地的茶乡文艺表演节目中体验到人文情怀。茶艺文化表演包括油茶的制作环节和工艺程序，游客们可以全程体验到油茶的制作过程，在简单的操作和体验中，这种喜闻乐见的方式深得游客们的欢迎。除此之外，在结合当地传统的基础之上，进行了大胆的融合和创新，包括歌舞表演、民间手工艺人的推推灯设计、长短唢呐的吹奏等，如今田坝村九堡十三湾茶园和仙人岭茶园在国际国内享有极高的声誉，其中茶海之心更是国家级的旅游景区。不同的茶庄都有其特色的经营模式，也成为其独特的竞争优势。在茶庄里，游客可以亲临茶园进行观光、采茶、茶树的修剪和制茶品尝，并且还有专门职业的茶艺师进行表演。通过交通网络系统的不断完善，使得凤冈县旅游资源的输出更加便捷。凤冈县着重营造绿色文明生态发展环境，高质量的空气环境和原生态的山岭溪流，已经成为城市人休闲度假的好去处。

随着现代科学技术的快速发展，"互联网＋"已经成为现行知识经济的大背景下提高经济效益的重要模式，通过茶叶网络销售和旅游名片的网络化宣传，已经成为提高茶叶知名度及拓展茶叶销售的主要途径。利用市场的资源配置，促进当地旅游资源的开发和利用。村民是创造经济效益的主体，茶庄和农业园在当地聘请有经验的农民参与到种植和管理当中，通过园区的固定资产投资和产业扶贫项目的跟进和落实，让当地农民都参与到旅游文化和名片的建设中，既增加了当地的就业岗位，又直接增加了农民的工资收入，让土地经营权和承包权得到充分的利用。俗话说"要想富先修路"，当地交通基础设施的完善也为茶旅事业的发展提供了便利的条件，不仅有利于农产品和文化产品的销售，也为游客提供了非常便利的条件。

3. 模式三：加强景区的景点建设，经济与生态文明相结合

"金山银山"和"绿水青山"是"两座山"，这两者的关系并不是单纯对立的，而是有机的辩证统一。凤冈县的自然资源在当地的旅游资源中占有相当大的比重，在当地历史文化底蕴的基础上，努力构建具有凤冈特色的乡村发展体系。通过加强对龙潭河生态湿地公园和九龙生态文化园的建设，发挥龙潭河湿地公园国家AAAA级景区的龙头带动作用，通过多向联动以点带面，促进其他旅游景点的发展，让极富特色的农庄、果蔬菜园、生态垂钓和农家小院的住宿条件，打破了城市的酒店旅馆经营模式，为旅客带来不一样的生活体验。通过全国康养旅游示范基地的建设、国际温泉养生度假区和度假村的打造和中医药药材康养项目的种植，积极打造凤冈特色文化疗养品牌。中国茶文化博大精深，在凤冈县村民的摸索和实践中，形成了独具特色的茶文化品牌。通过与中国瑜伽产业的合作，将瑜伽产业、茶文化、太极生态养生有机的融合，挖掘其共性，促进国际和国内知名的瑜伽培训机构在当

地落地生根。在凤冈县境内无论是蚂蟥沟、凤冈万佛峡谷，或是千年古银杏林，这些巧夺天工的自然旅游资源都吸引了大量的游客。通过康养、健身、踏青等旅游主题与山地乡村旅游模式相结合，从而形成了多元化、多内涵的旅游业态。乡村旅游基础设施的完善和高档次景点的开发都极大地增强了游客的体验性，通过互联网的信息传播，凤冈县口碑已然形成，所以需要更多的维护和管理。

　　贵州茶叶种植和肉牛养殖作为当地的主要产业收入，加上当地农民参与的管理和种植，可以有效整合当地的劳动力资源，吸引项目投资和政府支持，引导并鼓励农民自主创建茶庄和文化产品开发，打造具有观光旅游和休闲体验特色餐饮为一体的现代化茶庄。凤冈县具有丰富的自然资源，以及植被生物多样化的特点，先后荣获了多项荣誉称号，被评为重庆的后花园。景区旅游资源的开发具有多样化的特点，着重开发体验性、参与性产品，将质朴和谐的人文精神融入旅游的服务当中，提升服务质量和水平，秉持集约化、人性化的开发模式，从而提升服务档次。

茶　海

4. 模式四：现代信息技术与传统产业的融合　在大众创业、万众创新的大背景下，企业的投资更加注重项目所能带来的经济效益，凤冈县充分发挥先富带后富的领头羊作用，通过人员培训和支持大学生就业创业，为当地提供了更广泛的创业平台和创业环境。当地的旅游是特色产业，在此基础之上进行创新和改革，可以更好地释放市场活力。通过凤冈县电信信息配套设施的持续完善，为现代信息技术与传统产业的融合提供了便利的环境，文化产品与当地大品牌产业的网络销售，能够借助现代购物平台和发达的交通网络体系实现对外市场的开发，"互联网＋"的应用可以方便实时快捷地记录生产数据应用和库存。凤冈县的特色产业众多，万寿菊、蜂蜜和中药材等特色产业持续发展，企业的多项目投资不仅丰富了农业的生产结构，也助长了企业的经济效益，万寿菊含有丰富的叶黄素，其大规模的种植也带来了极大的经济效益，高经济效益产物的种植改变了传统低效益的农作物种植模式，目前该产品通过现代交通网络体系出口欧盟，并且受到了广泛好评。

（三）利益联结机制

农民既是促进产业发展的主体，也是发展成果共享的主体。随着当地旅游资源项目的开发和旅游产品销售，在当地政府和企业多项目投资的多效联合带动作用之下，凤冈县一改往日的脏乱差形象，退出了贫困县行列。据统计，2017 年旅游综合收入高达48.6 亿元，城乡居民人均可支配收入分别为 26 323 元、10 105元，分别增长 8.2％、9％，全面小康实现程度达到 93％。农民通过就业岗位和自主创业等多种途径实现了小康富裕生活，通过多种利益联结机制促进了企业经济目标的实现，凤冈县也被视为脱贫攻坚样板示范区。

（四）主要成效

企业的多项目投资可以更加合理和科学的规避风险，在市场进行资源配置的过程当中，规避风险是摆在每一个项目投资人面前的重要课题。目前，从贵州省凤冈县现行的经济发展状况来看，企业的多项目投资被实践证实是一条切实可行的脱贫攻坚道路，实现了经济效益、社会效益和生态效益的高度统一。凤冈县目前城、乡居民人均可支配收入分别达到了 26 323 元、10 105 元，居民收入显著提高，同时旅游文化第三产业的发展也进一步调整了当地的经济结构，产业链的不断延伸不仅仅提供了就业岗位，改变了传统的高污染和高消耗的生产模式，向着可持续生态文明协调发展，同时企业的多项目投资也兼顾了社会效益和生态效益。农民收入的提高使得凤冈县摘除了贫困帽，有利于全面建成小康社会，改善了人们的生活质量、提高了人们的生产积极性，对当地自然资源进行合理利用和有效开发，有利于保护自然资源和促进当地生态平衡，从而促进企业高质量发展，为企业带来更加长远和持续收益。这也符合当前社会的发展现状和发展需求，促进资源的合理利用，增强企业信誉。

(五) 启示

产业帮扶政策的实施提供了多样化的就业岗位，也满足了当地多样化的工作需求，极大地扩张了致富对象的范围，降低了生产和投资风险，极大地调动了当地人们的生产积极性，通过丰富的资产结构使风险均摊。贫困户没有自主创业和资金累计的能力，可以通过多样项目的投资来充分挖掘经济发展潜力。在贵州省凤冈县脱贫攻坚战实践当中可以得出，企业实体的经济带动具有非常大的经济效益和社会效益，同时扶助补贴政策实施的同时惠及的是贫困户和企业双方以及对有潜力发展前景的企业，可以进行政策性的扶持，从而提高市场竞争力，带动当地农民就业创业。社会保障制度是社会福利的重要方面，能够与市场机制相联合，形成良好有效的发展格局，不仅只停留在扬汤止沸的层面，通过企业的多项目投资可以进一步完善农村的产业结构。联动企业、合作社和贫困户这三个主体，也需要农民积极地参与和建设。旅游作为第三产业，更要大力发展，但在发展过程当中也要兼顾生态效益和社会效益，充分利用当地的自然资源和人文条件合理的开发和利用，促进生态文明发展。多项目投资可以更广泛的提供就业机会和就业平台，加以借鉴和重视应用，旅游不仅仅是游客对于当地自然环境和风土人情的体验，更是与当地相关部门管理人员的服务能力密切相关。旅游过程中的文化性和趣味性也非常重要，可以通过加强对当地的旅游培训，提升服务质量和水平，更好地促进凤冈县旅游业长远的发展，从而提升当地居民收入和民众的幸福感。

第四节 休闲度假型乡村休闲旅游

一、概况

休闲度假型乡村休闲旅游主要是依托优美的自然乡野风景、舒适怡人的清新气候、独特的地热温泉、环保生态的绿色空间，结合周围的田园景观和民俗文化，兴建一些休闲娱乐设施，为游客提供休憩、度假、娱乐、餐饮、健身等服务。也有人将乡村居民的生产生活场景、器皿工具、房屋建筑、屋内陈设、饮食、服饰、礼仪、节庆活动、婚恋习俗以及民族歌舞和语言等方面的传统特色纳入休闲度假型乡村休闲旅游中。

二、主要类型

休闲度假型乡村休闲旅游的主要类型为：休闲度假村、休闲农庄、乡村酒店、特色住宿、休闲活动、田园休闲、水上娱乐等。

◆ 典型案例

苏州创新发展共享农庄（乡村民宿）

苏州共享农庄（乡村民宿）是以"特色农业＋乡村民宿"为主要特征，依托一定规模的农业特色产业（农业种养规模不少于100亩），融入乡村民宿、农业景观、文化体验等多种功能，能吸引工商资本投向乡村，改善农村人居环境，吸引市民到乡村消费，促进小农户与现代农业发展有机衔接，有效盘活闲置农房及宅基地，延长农业产业链、提升价值链，带动农民持续增收的城乡融合发展新业态新模式。

2018年，苏州正式启动共享农庄（乡村民宿），初步形成了五种发展模式：综合体运行型，以涉及特色田园乡村创建基础较好的自然村为主，构建"集体经济＋运营企业＋招商平台＋农民"模式；合作经济带动型，以专业合作社为主体，采用"合作社＋基地＋农庄＋社员＋农户"的模式；龙头企业主导型，以一二三产业融合发展程度较好的农业龙头企业为主，构建"企业＋农民合作社＋农户"模式；政企联动型，以政府与企业合作为主导形式，构建"政府＋企业＋农民合作社＋农户"模式；集体经济主导型。

一、主体简介

吴中区甪直镇政府牢牢把握国家建设田园综合体，实现乡村振兴的战略导向，以让农民充分参与和受益，在考虑满足城市休闲旅游需求的同时，有效提升当地农村现有资源的价值为目标，规划出"国际慢城"总体计划，并将该计划有效、有序、实质性地逐步推进落地实施。在"国家慢城"中，瑶盛耕趣农乐园农旅项目与节子浜飞甪农旅项目是最为重要的节点，他们在田园综合体的模式上进一步提档升级，创造出了集循环农业、创意农业、农事体验、特色民宿于一体的共享农庄新模式。

瑶盛耕趣农乐园以"耕食生活，遵循爱与陪伴"为总体定位，是集亲子拓展、游乐休闲为一体的乡村旅游休闲地、宜居宜游美丽乡村示范点。其西靠沪常高速公路，距离高速下匝道仅3公里，中环北线以及其延伸段"苏同黎"公路，也仅仅2.8公里，苏州距离地铁2号线终点站桑田岛约4.1公里，所覆盖区域居民外出便利，具有多种出行方式，又有利于周边城市的市民前来参观、体验生活，地域交通便捷。

飞甪农旅节子浜共享农庄是集现代农业、休闲农业、田园生活、商务会务、共享农庄于一体的具有跨产业、可视化、跨功能的现代农业综合项目。该项目依托苏州市吴中区甪直镇政府支持，由苏州甪商旅发展有限公司（以下简称"甪泉公司"）进行开发。甪泉公司充分利用文化旅游资源，打造了甫里泉水巷民宿项目、梅花墅酒店项目、金鲋记中餐厅、共享农场等具有地方特色的项目。

二、模式简介

1. 瑶盛耕趣农乐园农旅项目　瑶盛村把握住甪直镇重点打造"国际慢城"与"美丽乡村"的历史机遇，以"打造农业乡村旅游目的地、宜居宜游的美丽乡村"为目标，全力推进美丽乡村建设，发展特色乡村休闲旅游，真正实现乡村美、农民富、游客满意。

瑶盛村

瑶盛耕趣农乐园农旅项目的合作模式，区别于以往传统项目的私人承包项目，也区别于国有单位管理项目，是民营企业与国有企业共同参股成立的平台公司。目前瑶盛耕趣农乐园项目的运营管理公司是苏州甪直美璟文化旅游有限公司，两个不同性质的股东公司在项目中各自发挥着其优势：国有企业提供基础建设以及全程监督管理服务，而民营企业具有丰富的市场运营经验，为项目提供前期策划、改造期间的指导以及后期日常运营服务。双方的目的都是为了项目在日后运营的过程中符合消费市场的需要，能够长久的可持续经营下去。

项目定位为"亲子拓展＋休闲游乐＋民宿餐饮采摘"的发展模式，以乡村振兴为最终目标，通过平台搭建、旅游发展、乡村改造、农人教育、产业融合五个维度，为乡村发展和景区的开发保驾护航。秉承三大核心理念：一是因地制宜。对于环境进行梳理，突出特色又要发挥优势，找准路径对原有的民房建筑进行适度改造，不破坏原有乡村肌理，挖掘当地生态优势，与市场热门业态相结合，成为吸引游客的核心。二是运营为本。旅游市场热点瞬息万变，受众喜好难以琢磨，良好的运营机制和灵活可迭代的产品是适应市场变化的基石。三是乡村旅游游客的参与感。随着乡村旅游的发展，造成了产品的同质化现象，忽略了乡村旅游游客的目的；除了要利用当地特色资源来吸引游客之外，还注重培养游客的"投入感"，例如，让游客参与到农耕中的各种农作中来，让他们切身体会农耕的乐趣。

瑶盛村党总支与运营公司首先通过结合本地农产品产业特色，邀请江苏省农业科学院果树研究所果树研究员盛宝龙指导培训，不断以新技术的与时俱进带动农村产业发展，真正培养出一批有文化、懂技术、会经营的新型职业农民。通过培育技术的不断突破、种植技术的不断成熟，瑶盛村种植户仅猕猴桃产量就从2016年的亩均50余千克提高到了2018年的亩均150余千克，大幅提高了经济收益，真正让种植户们既富了脑袋又富了口袋。

瑶盛耕趣农乐园

运营公司前瞻性的市场洞察结合乡村创新型理念，吸引了来自不同地方的城镇游客。瑶盛耕趣农乐园内部由餐饮民宿区域、采摘园区域和湖滨休闲区域三部分组成。文化旅游配套设施，吸纳文化、休闲、餐饮等多种业态入驻，营造成一个具有自身风格和区域特色的旅游文化设施。园区整体透过三生（生态、生产、生活）一体、三育（培育、保育、教育）并重发展策略，永续经营、寓教于乐，提供身、心、灵全方位的休闲体验，缔造都市人绿色生活的新方式。例如，园区内的主题民宿——"泊宿"由瑶盛村的5户江南传统民居改造而成，沿河而建，装修精致，环境典雅，让人在田园乡村中就可悠享小资体验，收获乡村体验、返璞归真的心情。

亲子足球场面向亲子家庭市场，球场区域占地面积18亩，产品从儿童角度出发的考虑，与孩子的成长紧密结合，订制属于孩子们的"个性化成长方案"。通过"旅游＋运动"的园区，培养孩子们对运动的兴趣，从而摆脱静态的生活方式，养成积极运动的生活方式。

村容风貌

婚庆草坪区域占地13亩，与自然的景观相结合，流畅的线条以及茂盛生长的植被，勾勒出宏伟的大地肌理。婚礼场地的多元化是近年婚礼的大趋势，从传统的酒店走出来，呈现出返璞归真的趋势，远离都市的喧嚣，投入自然的怀抱。从空气中留有淡淡的青草汁液散发出的芳香，湖泊环绕左右。在草坪上举办婚礼，让来到瑶盛举办婚礼的新人们有一种仪式感，结合湖滨木屋运营，而带动木屋的住宿率。

有了各类业态的互相配合，在全民手机、互联网的时代，探索与实践B2C的模式是主题创意园区发展的内在需求，以线上的营销、宣传（微博、微淘、微信公众号等社会化营销平台）将客流引导至园区消费体验，让消费者获得更多的支付入口和消费体验，同时，通过这样的一种互通，可以将消费者沉淀的数据变成大数据的基础，体现一种新的商业价值。

生生农场

同时与企事业单位合作，成为学校和单位的研学体验基地、环保教育基地、科普教育基地，借助这些群体，形成一部分稳定的市场，填补淡季和周一至周四的空缺，同时也提升主题园的品牌形象。

2. 飞甬农旅节子浜共享农庄　飞甬农旅节子浜共享农庄以当地农村集体资源为基础，充分分析了当地村民住房、用地以及生活的特点，与当地农村集体组织充分协商，在合作模式上主要采用企业＋农户的合作模式，具体项目建设上主要采用田园民宿、共享农庄、观光采摘、现代农场餐厅、开心农场相互结合、互促发展的现代经营模式。

（1）田园民宿。共享农庄在原有农村住宅具备安全结构的基础上，进行房屋优化整理，以达到旅游住宿管理条件要求，干净卫生、清爽整洁、功能齐全便捷，让旅客进入农庄，即能感受乡野纯朴的人文素养及自然田园风光。

酒店建设因地制宜，利用江南水乡田园的自然禀赋加上当地村民傍水而居的布局特点，既保留乡村建筑原生态又不失都市时尚风情。节子浜田园民宿内共打造9栋特色民宿，共计50间房，每栋有5~6间套房，1~2间共享空间，房型分别有家庭房、大床房、双标房。

（2）农场餐厅。共享农庄借自身纯天然、无公害的农作物种植，于农场内部开设了别具一格的"农场餐厅"。餐厅布置以自然生态为主题，原木色桌椅错落在绿植之间，令人心生喜爱；开放式的就餐空间，加强了乡野感受。随着阳光透过叶子斑驳洒落，每一刻都流露出自由的气息。

农场餐厅菜系以本帮农家土菜为主，原材料全部来自农场自产的有机蔬菜和当地的河鲜活禽。客户若在"开心农场"进行栽种，农作物成熟后还可在餐厅进行烹饪，邀请亲朋好友进行尝鲜。餐厅还位于水八仙生态文化园旁，客户更是可以抢先品尝角直特色的水八仙（鸡头米、茭白、莲藕、水芹、慈姑、荸荠、芋艿、菱角）；更有可口的早春红玉西瓜、鲜嫩的土鸡、丰富的野生菌，让人食欲大开。

（3）飞甪农场。共享农庄重点打造节子浜飞甪农场主题互动式情景体验：利用物联网、移动应用、远程监控、实时互动等高新信息技术，实现客户线上"租地、种植、培育"，线下"采摘、食用、交易"双联动，从而打造沉浸式、复合化、健康化、科技化的田园互动项目，实现了乡村旅游从观光体验向浸染互动新的跨越。

飞甪农场拥有澄湖边肥沃的50亩耕地，可以租购一块土地，如游戏"开心农场"一般，自行选择需要栽种的果蔬：如小番茄、紫甘蓝、各种食蔬等，农场将安排当地农民，按照传统种植方法，采取纯天然无农药种植管理，培育出最健康的绿色蔬果。农场专为用户研发了线上App，利用物联网技术，客户可通过App进行施肥、浇水、增氧、通风，并实现光照、温度、湿度等生产环境因子的自动控制，并且可以实时掌握农作物的生长情况。食蔬的生长过程，从种苗培育、防虫除草、成熟采摘全程都在客户监控之下，做到真正无公害、纯天然。

成熟之后可按照客户指令，后台安排人员进行采收，代客打包冷鲜配送到客户指定地址，也可邀请亲朋好友一同去农场采摘，甚至烹饪，一同品尝收获的果实。根据租购土地的时蔬培育情况，当客户的农作物出现富余时，可将食材上架节子浜飞用农场平台商城进行出售，也可以用于交换、赠送，可通过 App 进行快速交易。客户还可以在平台聊天室与更多的朋友分享自己的成果，交流种植栽培的心得体会与欢愉。

三、利益联结机制

无论是瑶盛耕趣农乐园还是共享农庄项目，"国际慢城"中依托的经营资源均来自当地的生产资料和自然资源，包括田园民宿的闲置民宅，民居房周边河道、道路，配套用房等配套区域，周边农用土地等。上述经营资源均是通过与村集体协商签约以租赁的方式获得。其一，通过租赁，相关村将闲置的民宅、土地利用起来获得了租金；其二，基于项目的建设经营，项目可以将当地村民作为主要用人目标，为当地村民解决了部分就业问题；其三，基于项目的发展，大量的城市以及外地客户前往观光游玩，增加营业收入的同时，也带动了当地的经济发展；其四，各种创新经营模式，提升了当地居民的发展意识，为当地农业发展前景开阔了视野。

四、主要成效

在"国际慢城"中，这些项目通过现有资源的利用，打造出的民宿、采摘、农事体验等休闲活动，将传统农业单一的种植模式发展为农旅融合新型模式，以此带动本村及邻村的乡村旅游发展，真正形成乡村休闲农业的特色。

通过房屋租赁的合作模式为村民增加了收入，农旅园区建设为村民提供了家门口的就业机会，提升了村民的服务意识，同时盘活了乡村的闲置资源。

环境的打造为村民提供了舒适的居住条件，为游客提供了放松身心的场所，通过口碑的传播和自媒体的宣传，让更多的人重新认识乡村，参与到乡村的建设中去，从而实现生态效益、经济效益、社会效益有机统一。

五、启示

党的十八届五中全会提出"创新、协调、绿色、开放、共享"的新发展理念。共享是中国特色社会主义的本质要求，习近平总书记多次指出"要让人民群众共享改革发展成果"。党的十九大提出了实施乡村振兴战略，并将其写入党章。乡村振兴是个长远工程、系统工程，不能也不可能一蹴而就。苏州农业农村发展进入新时代，拓展农业多元功能、优化农村形态面貌、促进农民增收致富、满足市民对乡村的向往是新形势下推动苏州都市现代农业和农村经济高质量发展的必由之路。

共享农庄（乡村民宿）是农村一二三产业融合发展的重要载体，关键是能改善环境、吸引投资、吸引消费、盘活农村闲置资源。比如，吴中区甪直镇通过与工商资本联合打造共享农庄载体，形成了"政府＋企业＋农民合作社＋农户"的新模式。政府主要负责公共基础设施建设，企业负责市场化运作，农民合作社通过提供公共服务、承包地管理、农副产品供应等，农户通过出租闲置民房、股金分红和返聘打工增加收入。

农庄落日

苏州市大力发展共享农庄（乡村民宿），有利于深化农业供给侧结构性改革，有利于创新农业经营体制机制，有利于改善农村人居环境，有利于培育农业农村发展新动能，有利于满足人民日益增长的美好生活需要，对实现农业强、农村美、农民富都具有十分重要的意义。

第五节　时尚运动型乡村休闲旅游

一、概况

时尚运动型乡村休闲旅游是一种全新的乡村休闲旅游产品。它以乡村性为基础，与前沿性、时尚性和探索性相结合而产生的新兴乡村休闲旅游产品形式。这种旅游产品的主要销售对象是白领、自由职业者等年轻的创新型人群。

二、主要类型

时尚运动型旅游的主要类型为：垂钓、溯溪、漂流、自驾车乡村休闲旅游、定向越野、野外拓展等。

◆ 典型案例

千龙湖集团

千龙湖集团将渔业、旅游及农业相结合，以水资源为载体，以渔文化为核心，统筹观光旅游、休闲垂钓、科普教育、文化展示于一体，深入挖掘休闲渔业文化特色及内涵，开拓了渔文化旅游新业态，形成了"生态·生产·生活"的三生理念和产品。以6 000余亩产业面积为基础，以三产融合为发展主线，通过三种形式推进休闲渔业及产业发展。一是以渔业生产活动为依托，让人们直接参与渔业生产，亲身体验猎渔活动，开发具有休闲价值的渔业资源、渔业产品、渔业设备以及与此相关的各种活动。二是利用大水面渔业，走进湖区，结合千龙湖湿地公园旅游景点，综合开发渔业资源，既有垂钓、餐饮，又有游览观景、休闲、度假。三是以水产品品种及生活习性等知识开展科普教育，如引导游客参观养殖孵化基地、循环流水槽等。千龙湖休闲渔业，不仅提高了渔业品质和渔业效益，而且还能促进相关产业的发展，推进渔业产业结构调整，实现产业升级。

一、主体简介

千龙湖休闲渔业开发由千龙湖集团旗下三家全资子公司合力打造，包括湖南白泥湖高科水产养殖有限公司、长沙千龙湖生态旅游度假有限公司、长沙千龙湖生态农业开发有限公司，其中以白泥湖高科水产养殖有限公司为运营核心主体。

湖南白泥湖高科水产养殖有限公司是一家集科研、生产、加工、销售和休闲体验于一体的综合性水产企业，于2014年12月11日注册成立，注册资金3 000万元，坐落于长沙市现代农业改革示范区内的望城东城镇，是环洞庭湖经济生态区中百里优质水产走廊经济带的一部分。湖南白泥湖高科水产养殖有限公司为更好地适应集团公司战略发展，优化业务组合，2014年12月集团公司将长沙千龙湖生态农业开发有限公司（于2008年成立）水产孵化养殖业务划归湖南白泥湖高科水产养殖有限公司经营管理，主营业务由养殖四大家鱼转向养殖名优特水产品，以翘嘴红鲌为主要养殖品种，致力于打造一个全产业链的水产公司，涉及孵化、育苗、防疫、养殖、加工、物流、销售、休闲、体验等环节，以打造省级龙头企业为目标，公司实行统一标准，统一管理，运用"互联网＋"统一营销，以期做大做强鲌鱼的产业。

长沙千龙湖生态旅游度假有限公司以农村资源为依托，以农业产业为基础，以农业功能拓展为重点，融合一二三产业发展休闲农业与乡村旅游，现已完成投资5.2亿元，占地达6 000余亩，初步建成了酒店、蔬果基地、苗木培植基地和生态山庄等项目的配套建设，形成了休闲度假、商务会议、农业观光旅游、农副产品加工等系列旅游产品体系。目前餐饮同时接待能力达到 3 000人以上，客房 600 个床位，年接待游客 50 万人次以上。其规模之大、功能之全、项目之多、影响之广，已居湖南省休闲农业和乡村旅游板块中的龙头地位和全国第五位，是湖南省村企共建的开创者和新农村建设的典范。

千龙湖先后获得了国家 AAAA 级旅游景区、国家湿地公园、国家水利风景区、全国精品渔业示范基地（休闲渔业主题公园）、全国五星级休闲农庄、全国农业旅游示范点、全国休闲农业与乡村旅游示范点、全国十佳休闲农庄、全国十大精品休闲农庄等称号，是世界休闲农业与乡村旅游城市（城区）联盟峰会永久举办地，先后协办了世界休闲农业与乡村旅游城市（城区）联盟第一次峰会、世界休闲农业与乡村旅游城市联盟第二次峰会（湘江论坛）、国研智库论坛 2016·湘江论坛暨世界休闲农业与乡村旅游峰会三届峰会及 2017—2018 年两届望城鲌鱼文化节。

二、模式简介

（一）模式概括

千龙湖休闲渔业以渔文化为核心，一二三产业融合发展为原则，兼具专业养殖、观光旅游、休闲垂钓、科普教育、文化展示于一体，深入挖掘休闲渔业文化特色，定期举办一系列大型垂钓活动、赛事和鲌鱼文化节，推进了休闲渔业及相关产业发展。

（二）发展策略

1. 紧抓一二三产业融合发展 促进渔业一二三产业融合发展，是深入贯彻落实党中央、国务院决策部署，实施乡村振兴战略的重要举措；是深入推进渔业转方式、调结构，实现转型升级的有效途径；是贯彻生态优先、绿色发展的理念，促进渔业可持续发展的正确方向。

公司秉承"创新、协调、绿色、开放、共享"的发展理念，按照"减量增收、提质增效、富裕渔民、绿色发展"的要求，以养殖业和传统捕捞业为基础，以休闲旅游和休闲渔业为引领，以现代制度、技术和模式创新为驱动，形成集苗种孵化、培育、养殖、加工、销售、休闲、科普于一体的全产业链。现拥有养殖水面6 000余亩，连片集约化、智能化健康养殖水面2 000亩，年产鲜鱼225万千克；同时拥有湖南省最大市级翘嘴红鲌良种场，年产苗种200万尾；已建成智能化、机械化加工生产线一条，满负荷开工状态全年产量达175万千克；同时开通线上、线下销售渠道，南往广东、广西，北至北京等地，并铺设经销点、冷藏运输供应链；建成休闲渔业主题公园与千龙湖湿地公园共同推进第三产业发展。

2. 与时俱进，创新养殖模式　发展以人工孵化和池塘循环流水槽生态养殖项目为主要生产体验和服务项目，供游客观光学习。人工孵化是采用人工催产、人工授精，在控温条件下进行鱼苗微流水孵化。通过人工控温、机械增氧等方式方法，可提前孵化，提高孵化率。池塘循环流水槽生态养殖则是将传统池塘养鱼与流水养鱼技术相结合，坚持环保优先、质量优先的原则，将传统池塘"开放式散养"模式革新为池塘循环流水"生态式圈养"模式，即是在流水养鱼槽中高密度"圈养"吃食性鱼类，并集中吸污再排放，在池塘中通过采取投放以鲢鱼为主、浅水区栽种湿地水生植物的方式达到水质的生态净化，是对传统池塘养殖的革命性改变。

3. 休闲渔业与休闲旅游相结合　千龙湖休闲渔业与休闲旅游联系紧密，延伸了休闲旅游的产品链，充实了乡村旅游的文化含量；"公司＋基地＋农户"的生产经营设计，发挥"龙头"带动作用，以"渔"惠农；立足水乡优势，充分利用水资源，既服务于休闲群体，又服务于经济建设，渔业休闲的社会功能和经济功能得到了充分彰显。千龙湖休闲渔业主题公园制定的休闲旅游与渔业产业融合的措施与机制，取得了很大的成效，劳动者的综合素质有了明显的提高，专业技术人员的技术水平也有所突破。特别是环境监测机制实施后，使得生态环境得到保护，实现了生态平衡，保障了环境保护与休闲渔业开发协调的一致性。

（三）主要做法

千龙湖发展休闲渔业，要以市场需求为导向，坚持以保护渔业生态环境，发展渔业生产力，繁荣渔区经济为指导，要从实际出发，充分发挥本地区自然资源优势。通过发展休闲渔业，增强渔业实力，提高经济活力，增加企业及渔民收入。

1. 加强宣传推广，举办节庆赛事活动　多年来，望城一直有"过年捕年鱼""鲤鱼祭祀"的传统习俗，寓意未来"年年有余"，千龙湖休闲渔业主题公园每年开展冬捕活动，将这一传统习俗延续至今。

千龙湖休闲渔业主题活动丰富，拥有 450 亩国家标准化竞技基地作为基础，每年承办"CAA 垂钓比赛""CCF 垂钓比赛"及"全国老年人体育健身大会""千龙湖捕鱼周"等垂钓赛事。还拥有中国千龙湖国际垂钓主题公园和外湖游乐园两个观光活动景点，每年吸引众多垂钓爱好者到来。并在省、市、区政府及相关部门领导下，自 2017 年起开展一年一度的特色渔业节庆活动"望城鲌鱼节"，2019 年 9 月作为中国农民丰收节湖南主题活动长沙望城分会场（即第三届望城鲌鱼节）。渔业活动举办频率较高，参加人数较多，游客参与度高，年接待人次 65 万以上。

通过多种方式，加强宣传推广，为休闲渔业发展搭建平台，推广渔业休闲文化，增强行业的吸引力，促进休闲渔业做大做强。

2. 开展生态旅游，促进持续发展　千龙湖休闲渔业是以渔业为主，因渔业活动均在各种水域发展，所引入的游客对于水域生态有一定程度的影响，一旦过度发展，将造成水域环境破坏使其失去发展休闲渔业之价值。所以，公司严格控制游客数量，以达持续发展之目的。

3. 注重多元化开发，满足多层次要求　开发休闲渔业项目，要高起点、高标准、高品位，培育规模型龙头企业，以产业化经营带动休闲渔业发展，提高竞争力。同时，注重中低档休闲渔业项目的改造、完善与提高，以满足不同层次消费者的需求，实现休闲渔业产业多层次、多样化良性发展。

4. 做大做强，实施品牌战略　千龙湖休闲渔业通过宣传、包装、促销等手段，积极创建休闲渔业品牌，确立休闲渔业示范基地。通过举办以鱼为主题的节庆活动，扩大影响力，打造了"千龙湖鲌鱼"的农产品品牌，"望城鲌鱼"公共区域品牌。用品牌效应树立休闲渔业品牌形象，培育和吸引更多更广的消费群，不断提升休闲渔业品位和档次。

5. 建立环境监测机制　旅游地的环境容量，是指接待旅游者或容纳旅游活动的数量极限，超过极限则旅游活动将对生态环境产生不利的影响。在开发千龙湖休闲渔业过程中必须依托生态环境进行，坚持生态平衡、环境的保护与休闲渔业开发协调一致的原则，把生态文化、生态养鱼、生态捕捞等融入休闲渔业开发的全过程，实现经济效益、生态效益和社会效益的统一。从不为了局部利益，掠夺性地开发渔业资源，破坏生态环境。在开发休闲渔业旅游过程中进行严格测算，并提供预算，使千龙湖的休闲渔业能在环境容许下持续经营。

6. 加强技术培训，提高渔业劳动者素质　休闲渔业是一项新兴的产业，也是一种新的旅游资源。同其他任何产业一样，休闲渔业需要具有一定知识技能、较高水平的工作人员，对休闲渔业从业人员要进行渔业知识、法律常识、卫生知识、旅游知识、安全防范意识的宣传教育和培训，使从业人员具有良好的素质。公司加强了宣传教育，加大了人力资本投资，定期组织技能培训，推进了千龙湖休闲渔业的发展，保证休闲渔业的质量。

三、三产融合发展助推乡村振兴

千龙湖集团各产业发展紧紧与新农村建设结合起来，通过不同项目的开发与整合，开创新农村的建设模式、景观模式和经营模式，积极响应国家政策、通过整村推进、劳务输出、产业扶贫等方式打好脱贫攻坚战，积极带动当地各村经济发展。推进农业功能的融合发展，实现了"基在农业、利在农民、惠在农村"的企业宗旨，带动了农村一二三产业融合发展，为进一步促进农业提质增效、农民就业增收和农村繁荣稳定作出了贡献。

(一) 基在农业

租用农户土地：千龙湖集团租地总面积6 651.86亩（其中，山地1 187.76亩、良田1 034.38亩、次良田22亩，水面4 407.72亩）。2018年支付租金共280.6万元，其中田地租金按每亩375千克常规稻谷计算，按照上年度国家常规早、晚稻稻谷指导价折算为人民币后，按实际租赁面积计算租金，水面按每亩225千克常规稻谷计算。农户年均收入可通过收取土地租金增加1 000~2 000元。

(二) 利在农民

为农户提供工作岗位：千龙湖集团员工中90%都来自千龙湖周边村镇，并且存在很多夫妻双方乃至儿女都在千龙湖集团工作的情况，大大提高了一个家庭的收入来源。根据农户的个人能力，千龙湖集团为每位员工提供一个适合他的岗位，试用期内不符合岗位需求的人，也不会辞退，只会更换他的工作岗位，直到成功通过转正考核。2018年员工总人数426人，其中周边农户人数381人。从基层员工到部门经理，月工资2 400~20 000元，还有各种各样的薪资福利。

(三) 惠在农村

出租景区商铺门面：千龙湖为提高农民收入，特向周边农户提供低价商铺出租，每间商铺有15~20平方米，每间商铺每月租金1 500元，缴费方式为年租金18 000元；通过景区带动人流量，每年营业收入可达120 000元以上，除去租金和水电费，每个商铺每年可增加收入90 000元以上。

企业＋农户共同经营景区内项目：对于具有一定经济实力的周边农户，千龙湖采取通过合作制与农户建立紧密利益联结，娱乐餐饮项目合作16家年利润可达20万元以上。

四、主要成效

(一) 经济效益

(1) 2016年精心打造的"千龙湖国际垂钓主题公园"，生态、规范、设施一流，为华中地区最大的国际性垂钓主题公园，已举办多次全国性赛事，吸引了全国众多钓鱼爱好者，也为园区及周边居民带来了一定的经济收益。

（2）"千龙湖休闲渔业主题公园"已纳入望城地区全域旅游圈主要线路（长沙雷锋纪念馆-靖港古镇-长沙铜官窑遗址-长沙千龙湖-光明蝶谷-柏乐园旅游度假区-黑麋峰-老戴公庙），为当地经济增收带来了效益，带动了当地社会经济的全面发展，产业和经济结构得到了调整和优化。

（3）集垂钓、观赏、休闲、餐饮于一体的千龙湖休闲渔业品牌，处在湖南前列，在全国具有一定的知名度。2016年被评为"农业部水产健康养殖示范场"，是第一批"全国休闲渔业示范基地"，是"世界休闲农业与乡村旅游峰会"永久承办地。2018年资产总计9 183.07万元，负债总计3 066.38万元，资产负债率33%，营业收入7 343.27万元，利润总额757.29万元，经营效益较好。

（二）社会效益

（1）千龙湖休闲渔业的开发和运营，吸纳了大量人员就业，为当地提供了一定数量的就业机会，缓解了政府的就业压力。公园运营后新增就业岗位60个，带动近300人劳动转移，辐射带动周边100多户农户开展休闲渔业相关经营。

（2）休闲渔业的发展使所在地的道路交通、水电、通信等基础设施条件得到进一步改善，使旅游者和当地人民受益。

（3）有利于提高望城区乃至长沙市的知名度，有利于招商引资及本区域其他休闲渔业资源的开发，对加快湖南省渔业经济的发展将起到积极的作用，对深入推进农业供给侧结构性改革，带动农民增收、农业增效、农村经济发展具有重要意义。

（三）生态效益

千龙湖休闲渔业运营后，养殖生态环境条件完全达到健康养殖标准和要求；通过加强渔业制度建设，规范养殖行为，使水产品质量安全提升到一个更高的层次，符合人们对水产品质量安全要求；特别是通过对池塘进排水渠道改造升级，养殖用水经过有效处理、生态净化后达标排放，不产生环境污染，不影响周边环境；引进循环流水槽养殖技术，实现真正意义上的养殖用水循环使用，基本实现尾水零排放，减少环境中的氮磷负荷，具有生态环保、健康安全、管理简便、高产高效的优势。

通过大力发展休闲渔业，使村民们改善了人居环境和经济状况，通过寓教于乐的形式，让参与者更加珍惜农村的自然文化资源，激起人们热爱劳动、热爱生活、热爱自然的兴趣，进一步增强人们保护自然、保护文化遗产、保护环境的意识，有效维护生态平衡，保证生态系统、生态效益的正常发挥。

五、启示

发展休闲渔业在规划布局上应与旅游景点相结合，与现代渔

千龙湖休闲渔业主题公园及千龙湖湿地公园全景

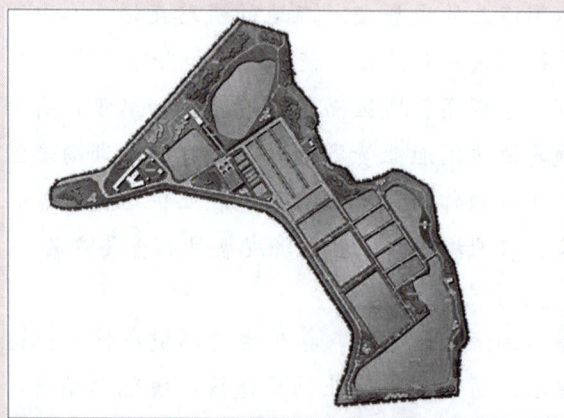

千龙湖垂钓基地规划图

业、农业示范园区相结合。在各大中城市周边旅游风景区，利用现有的水面资源建成集游览观光、垂钓、休闲于一体的休闲景区；发展大水面休闲观光渔业等项目；在近郊水产养殖基地，可发展垂钓、捕捉体验等休闲渔业。在经营上应打破单一产业发展模式、拒绝单一垂钓项目的简单经营，应挖掘"渔"之内涵，发展科普教育、产学研相结合为主题的渔文化项目吸引客源，以三产服务创造效益；实施长短结合，创新以"鱼"为主题的文旅休闲产品，丰富渔文化，满足人们市场需求，提升物质与精神需求，不断拓展服务功能，增加效益。有计划的选择部分重要水面和旅游区，出台相关优惠鼓励政策，调动社会力量，由政府出面大力招商筹集社会资金倾向休闲渔业打造开发。

第六节　健康疗养型乡村休闲旅游

一、概况

健康疗养型乡村休闲旅游是以健康产业为核心，将健康、养生、养老、休闲、旅游等多元化功能融为一体的旅游产品形式。随着旅游者越来越关注旅游产品的医疗保健功能，国内外许多乡村休闲旅游目的地有针对性地强化了其产品的医疗保健功能，开发了诸如温泉、体检、按摩、理疗等与健康相关的乡村度假项目。

二、主要类型

健康疗养型旅游的主要类型为：温泉旅游、散步远足、养老旅居等。

◆　知识链接

如何开发养老型休闲农业产品

我国现有的养老模式主要有：家庭养老、机构养老、居家养老、社区养老4种。这些模式只能解决部分问题，它们有的已经变成了一种形式，根本不能真正发挥效用。例如长期以来形成了"家庭养老"的传统模式，在社会经济高速发展的今天，社会竞争越来越激烈，事业的压力不断增大，这使很多已进入中年的子女疲于应对。另外由于就业的压力和对发展前途的选择，很多子女都与父母不在同一城市，甚至不在同一国家，家庭养老必然成为形式，其实子女很难照顾到父母，很多空巢老人只能相依为命。机构养老方面，在北京、上海等大城市，城区养老院"一床难求"现象十分普遍。

1. 城市环境不适宜养老　人的生存环境对人的健康有直接影响，特别是老年人，对环境的要求更高，他们需要充足的阳光、清新的空气、洁净的水源、适宜的湿度、宁静的环境，以及多彩的自然景观、缓慢的生活节奏、长时间的心灵交流，避免外界强烈的刺激。而这一切需求，在现在的城市里是根本不能同时得到满足的。经过长时间工业化城市的各种环境都发生了巨大的变化。工厂的增多，汽车的尾气造成了空气污染。年轻人工作竞争压力的加大促生了发泄情绪的喧嚣夜生活。城市生活已经不适合老人。

2. 开发养老型休闲旅游产品的重要性　一边是要健康的身体、缓慢的生活节奏和精神抚慰，一边是健康的杀手、快而竞争的步调，这两者很难和谐。因此，既适合老人休养，同时又不会额外加重国家、子女的负担，这样的养老场所和养老方式就显得十分重要了。农村恰好就是这个支点。现在我国农村面貌正发生翻天覆地的变化，国家正在进行新农村建设，村庄规划更加科学，基础设施改善，交通、通信、医疗等硬件层次提高，环境变得更加优美。青山绿水、鸟语花香的皖南山区更是人间仙境，这里的山林就是天然"氧吧"，条条小河里流动的都是"矿泉水"，更有日出而作、日落而息的原始生活节奏，理应成为能够满足老年人物质和精神需求的休闲养老场所。

（1）合理选择修建养老的场所。选择离城区较近，高速路出口附近的乡镇修建养老场所。这些乡镇不但有美丽的自然环境，还方便子女看望老人，同时也方便老人们能经常到市区或县城购物和参加文化娱乐活动，还可在必要时方便老人到城区接受医疗救治。

（2）养老场所必须要有相关的配套设施。老人经常有身体不适的时候，所以养老场所所在地必须有乡镇卫生医院，以便及时处理一些常规体检，这样老人才能安心休养；老人的住处要有现代生活必备的设施。城市人比较注重生活的质量和身心娱乐条件，因而在养老场所里必须要有洗浴、就餐、小型文体活动场所，并且每个住处都要有网络等即时通信和信息传递设备，以解决老人生活及与子女们联系的需要。

（3）培养一定数量的高素质服务人员。仅有好的硬件设施和美丽的自然环境是不够的，老人们在很多方面都需要有人照料，因而当地要建立一支高素质的、可做好老人服务工作的队伍。这就需要对当地的农民进行必要的培训，改掉一些农村的不良习惯，这样才能做好服务工作。

（4）养老场所所在地和老人户籍所在地的政府要积极做好相关服务工作。养老是一个大的综合课题，涉及面广，有生活饮食、医疗救助、通信、娱乐、精神抚慰等，单靠一个养老场所本身是完不成的。只有通过两地政府的积极参与、组织和扶持，建立强大的养老服务平台，组建专门的养老服务专业队伍，才能实现养老服务标准化、专业化、科学化。所以两地政府要加强联系、相互沟通，为养老事业作出自己的贡献。

第七节　科普教育型乡村休闲旅游

一、概况

科普教育型乡村休闲旅游是以农业观光园、农业科技生态园、农业产品展览馆、农业博览园或博物馆为载体，帮助游客了解农业历史、学习农业技术、增长农业知识的旅游产品形式。主要针对两种客户群体，一是长期生活在城市的人群，特别是少年儿童，为他们普及农业、农科知识，使他们了解乡村的民风与民俗；二是对农业有兴趣的人群或农业相关工作人员。

二、主要类型

科普教育型乡村休闲旅游的主要类型为：农业科技教育基地、观光休闲教育农业园、少儿教育农业基地、农业博览园、生物认知、农业科技馆、自然教室、绿色学校等。

◆ 典型案例

湖南省怀化市鹤城区黄岩旅游度假区

近年来，鹤城区抢抓"全国全域旅游示范创建区""湖南省一二三产业融合发展示范区"有利机遇，认真贯彻落实中央关于旅游扶贫工作的部署要求，围绕建设"全国知名旅游目的地城市"目标，科学规划，统筹推进，以乡村旅游为突破口做精做强全域旅游，有力带动农村发展和农民增收。2018 年，全区乡村旅游发展来势良好，黄岩景区和九丰农博园通过国家 AAAA 级景区景观评价，山下花海、九丰农博园、佳麓山庄景区成功创建国家 AAA 级景区，全区接待游客、旅游收入分别增长 17.2%、32.6%，位居湖南省县域旅游增长效率第 4 位，网络票选为"中国十佳避暑康养小城"。尤其是黄岩景区获评湖南省最佳自驾游目的地，入列湖南省旅游古城商道线路，被确定为全国旅游扶贫会议现场，成功探索出一条"绿水青山就是金山银山"贫困山区脱贫奔小康的发展理念，黄岩乡村旅游模式成为湖南省五个重点推广扶贫模式之一。

一、黄岩乡村旅游发展简介

黄岩系鹤城区省级旅游度假区，距怀化城区 23 公里，平均海拔 850 米，辖白马、大坪 2 个行政村，境内森林、溶洞、石林、瀑布、气候、生态等乡村资源丰富，但一直以来产业经济发展滞后，贫困率达 23%。

2015 年，通过政府引导、村民自发等形式，按照"公司＋村集体＋贫困户＋农户＋基地"模式，以乡村旅游为抓手，将丰富的乡村资源转化为旅游优势元素，叠加形成产业集群，逐步构建休闲旅游、观光度假、农耕体验等相融合的产业链条，初步打造成怀化大峡谷、白马千亩花海两大景区。

怀化大峡谷景区累计投入资金 5 000 万元，目前建成景区面积达 3 000 亩，建成游客服务中心、玻璃观景平台、临崖栈道、高空滑索、滑草场、钟鼓洞、悬崖别墅、露营基地等 10 余个旅游项目。自 2016 年试营业以来，累计接待游客 120 万人次，实现门票收入 1 200 多万元。

白马千亩花海景区累计投入 6 000 万元，建成游客集散中心、格桑花海等花卉 1 200 亩、溶洞漂流、滑草场、滑索、跑马场、松子屋、玻璃栈道、攀岩、白马洞等旅游项目近 20 个。自 2015 年营运以来，该景区累计接待游客 130 万人次，实现门票收入 1 300 多万元。

仙石神花谷

二、黄岩乡村旅游模式

（一）模式概括

1. "生态景区＋体验农业＋农副业"融合并举的农旅融合型产业定位 一是发展景区观光。以推进农业供给侧结构性改革为主线，紧盯怀化中心城区周边无较大自然生态旅游景点的市场短板，引导白马村试种200亩格桑花，打造石林花海景点成功后，扩大建成怀化大峡谷、白马千亩花海两大乡村休闲旅游景区。二是发展体验科普农业。依托景区优势和高山农产品生产延季特性，积极开发旅游农特产品，大力发展特优水果、反季节蔬菜种植基地，打造休闲观光教育采摘园，建有高山刺葡萄、蓝莓、黄桃、红心猕猴桃、蔬菜田3 000余亩。每年举办玉米、黄桃、蔬菜等果蔬采摘品尝节活动，进行相关科普教育活动，参加采摘体验游客占总游客的30%以上，就地市场价销售果蔬产品年销售收入约3 000万元，实现"农旅互赢"。三是发展农副产业。重点是发展本地农副产品加工和市场销售，兴建农产品加工企业2家，景区土特农产品交易市场、土特产经营店4个，摊位店面100余个，经营面积达1 000平方米，带动就业从业人员约300人，年均销

高山果蔬产业园

售腊肉、土鸡、干货等土特产收入1 200万元左右。

2. "党政引导＋能人带动＋村民自主"合力联动的"输造并举"（输血＋造血并举）型开发实践　乡村旅游扶贫投入量大、涉及面广。鹤城区坚持"输血"并举，逐步实现"输造并举"向"自我造血"转变，增强乡村旅游持续发展后劲。一是党政引导。区委、区政府出台旅游扶贫和产业发展奖补方案，投入近1亿元，实施规范景区内外道路硬化油化、危旧房统一改造、集镇临街立面改造、统一景区标识、停车场等基础设施，协调集聚部门力量全力支持。二是能人带动。坚持基层组织建设与扶贫攻坚工作相结合，配备能人进村"两委"班子，村集体牵头统筹景区用地流转，示范引领群众筹资入股。白马花海景区、大坪怀化大峡谷景区均由2个村主要负责人，带领村支"两委"、返乡创业能手参与发起创新创业，牵头筹资入股组建旅游经营公司，其中白马村景区发起人占股60%，村支书余绍友入股200万元；大坪村景区发起人占股59.3%，村主任杨英兰入股300万元，有力带动全村村民踊跃集资入股，实现"资金、穷人、能人、项目、市场"的连锁集聚。三是村民自主。突出村民群众的主体地位，激发农民群众内生动力，摈弃等靠要思想，变"要我脱贫"为"我要脱贫"。村集体牵头，村民主动支持流转土地、山地5 000亩，村民和贫困户主动筹资或以小额贷款资金、扶贫专项资金、土地、务工收入等入股共同参与旅游开发建设，2个村的村民共430余户出资入股旅游公司近600余万元，其中大坪村每户均是股东。

3. "吃＋住＋行"相统一的乡村旅游综合配套　紧紧围绕核心景区建设，同步持续改善区域内吃、住、行等基础配套，黄岩整体面貌有质的改观。吃的方面，引导、鼓励村民自发利用自有院舍居所进行改造，引山泉自来水，整理农家小院环境，加工原生态蔬菜、家禽和乡土野菜，建办农庄、农家乐20余家，成为怀化城区周边规模农家乐最集中区域。住的方面，结合美丽乡村建设、农村人居环境改造等政策机遇，实施沿街立面改造美化、危旧房改造、农村改厕、饮用水源保护等改造工程，打造清爽整洁、环境优美的村庄环境，实现村庄、山水、景区等融合一体。截至目前，黄岩区危旧房改造率、农村改厕率均达95％。尤其是危旧房改造，统一规划、统一风格、统一改造，规范有序。行的方面，集聚国土、交通、扶贫等政策优势，提质改造城区至黄岩景区公路，全面完成从城区到黄岩景区内公路油化硬化，100％村组硬化公路实现户户通。

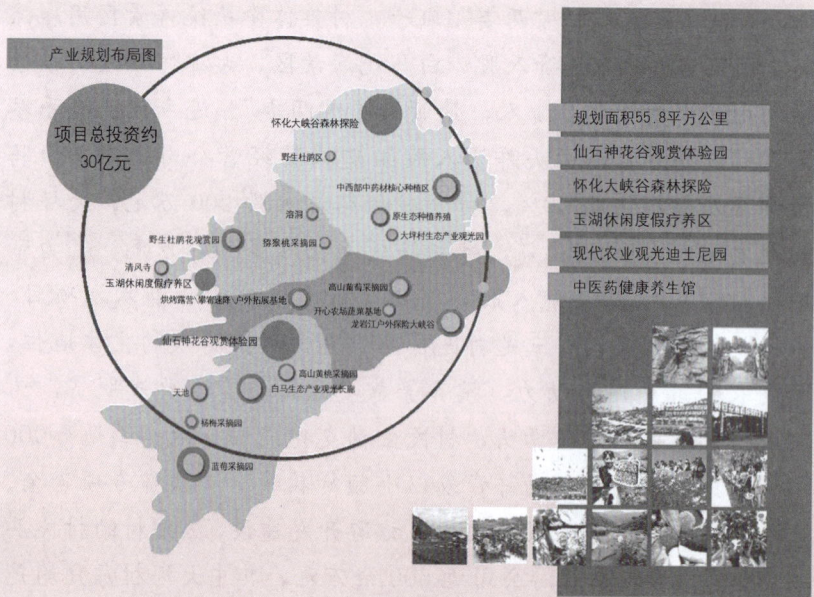

产业规划布局图

（二）发展策略

坚持以"政府引导，群众主导；规划先行，多元投入；政策激励，完善基础；部门协作，形成合力；规范管理，提升服务；树立特色，打造品牌；形成规模，群众受益"为核心内容的发展策略。

（三）主要做法

1. 突出一个主体地位　坚持村民群众的主体地位和首创精神，因势利导、因村施策，依靠和激发黄岩村民群众尤其是贫困户"我要发展""我要脱贫"的原生动力，着力下好黄岩乡村旅游的三步"先手棋"。一是思想先领。组织人员赴花垣十八洞、凤凰花海景区考察学习，厘清自身优势差距，定准发展方向，首创确定黄岩"花、果、山"整体联动旅游开发思路。二是规划先导。聘请湖南大学规划专家及北京专业旅游规划公司，按照国家AAAAA级景区标准，编制黄岩乡村旅游发展总体规划和景区旅游项目控制性详细规划。三是基础先行。通过黄岩旅游度假区管理在白马村引导试种 200 亩格桑花海成功后，群众享受到旅游收入和带动市场消费的甜头后，发动白马、大坪村集体、村干部、创业能人、村民群众自筹资金，新建景点游客服务中心、接待中心、停车场、游步道、宾馆等基础配套和休闲娱乐设施，构筑黄岩乡村旅游雏形，通过村民群众的决心以及乡村旅游的市场前景，引起各级政府高度关注支持。

2. 实施两个统筹结合　一方面，统筹结合旅游资源和农业资本。坚持优势优先发展、特色特殊发展，将黄岩优势农业资本与独特旅游资源紧密结合，成功探索"农旅共赢"发展模式，实现"农区变景区、家园变花园、农产变特产"，各类资源市场价值成倍增长。另一方面，统筹结合全民创业和全民就业。坚持大创业带小创业促全民就业，通过农旅产业开拓乡村创业、本土就业。组建旅游开发公司 2 家，蓝莓、猕猴桃及高山水果和蔬菜等专业合作社 7 家，吸纳 90％以上村民群众入股创业开发。同时，统一规划、统一设计、统一标准，20 余户村民主动修缮改造民房变客房，大力发展民宿产业。

3. 坚持三个基本原则　一是"五大发展理念"原则。创新发展方面，黄岩纳入大凉山生态旅游景区范畴，定位省级以上农旅融合旅游示范点，传统农业融入农旅结合的全域旅游发展中；协调发展方面，坚持经济与生态、农业与旅游、贫困户与非贫困户统筹协调发展；绿色发展方面，坚持生态优势转为经济优势，探索"绿水青山就是金山银山"的贫困山区脱贫奔小康的发展理念；开放发展方面，坚持传统农业转型为外向型的农旅融合型产业，结合张吉怀精品旅游带建设，力争打造国家AAAA级旅游景区；共享发展方面，坚持基础设施共享共建，旅游资源共享共赢，发展成果共享共惠。二是"四跟四走"原则。资金跟着贫困户走，近年黄岩区域投入各类资金1.1亿元，其中扶贫奖补资金、贷款资金近1000万元；贫困户跟着能人走，2个村乡村旅游发起人均为村"两委"干部、返乡创业能手，示范带动、连锁集聚村民群众和贫困户踊跃集资入股；能人跟着产业项目走，实施各类农特产种植项目20余个，建成乡村旅游景点娱乐配套项目16个、续建项目20余个；产业项目跟着市场走，日均接待游客200人以上，实现旅游收入1.2万元，带动农产品销售、旅游消费等3万元以上。三是"六个以"原则。以党组织为领导，区委、区政府集全区力量支持黄岩乡村旅游景点提质改造，白马、大坪2个村发起人均为村"两委"主要负责人；以脱贫为目的，通过发展乡村旅游这个载体，确保贫困户通过多元增收，2017年实现所有贫困户脱贫目标；以产业为依托，通过"生态景点＋体验农业＋休闲农业＋观光农业"模式，带动第三产业等各类产业、基础建设、新农村建设同步发展；以市场为导向，打造怀化中心城区周边短线旅游目的地，张家界-桂林精品旅游圈集散地和中转地；以财政为杠杆，累计投入财政资金5 000万元以上，撬动社会、金融资本1.8亿元投入黄岩扶贫开发及景点建设；以专业合作社为载体，搭建利益联结载体、贷款融资载体，大坪村贫困户成立乡村旅游农民专业合作社统一入股，参与董事会重大决策和监管，强化贫困户权益保障。

三、利益联结机制

黄岩乡村旅游坚持将"农村变成景区、农民变成旅游从业人

高山果蔬产业园

员、农产品变成旅游特产""三变"战略,以此建立健全"务工就业＋入股分红＋特产销售＋土地流转"的多元收益型增收机制。一是入股分红增收。采取"公司＋村集体＋贫困户＋基地"内部运行模式,70％以上贫困户以扶贫奖补资金入股公司(其中大坪村为保证贫困户权益,由贫困户成立农民专业合作社统一占股进董事会),按每年每人保底分红300～500元,每两年按股份比例进行利润分红,利润分红按全年总利润的70％进行,年人均分红可达700～1 000元。二是流转土地增收。按照荒山、菜地、田地100～1 000元/(亩·年)标准流转,每户每年平均增收500～1 000元。三是务工就业增收。旅游公司全部聘请村民从事景区保洁、种植、保安等工作,景区新增岗位200余个,年工作时间平均为6个月,人均月工资2 000元,带动29名贫困户年均增收1万元左右,如贫困户田君铁1家5人年劳务收入达5.3万元。四是特产销售增收。黄岩及周边村民通过在土特产市场、零散摆摊经营年增收5 000元以上,如村民彭春家庭摆摊卖小吃年增收 3 万元。

四、主要成效

总体来看，黄岩通过发展乡村旅游产业，较好地实现了经济、社会、生态发展"三赢"目标。

1. 经济效益方面 一是直接带动旅游收入增长。近年来，黄岩景区接待游客量、门票收入等分别按年均 10% 增长，旅游从业人员每年增长 5%。二是拉动农业产业增长。2017 年黄岩农业基地面积较 2016 年增加 2 000 亩以上，农产品价格普遍较 2015 年上浮 10% 左右。三是带动土地价值增长。山地、农田土地流转价值年均增长约 5% 以上，建筑用地、房屋门面等租赁价格总体上浮达 15%。

2. 社会效益方面 一是村容村貌明显改观。太阳能路灯、卫生厕所、垃圾池等公共设施普及率大幅提升，保洁员配置集中院落实现全覆盖，白马创建国家级文明村，白马、大坪等创建省级美丽乡村示范村。二是社会大局稳定。近 3 年来，黄岩区域未发生一起刑事案件，未发生一起上访事件，未新增一名吸毒人员，邻里矛盾纠纷调解量较 3 年前下降 80%。三是社会认可度大幅增加。黄岩区域所有贫困户实现脱贫，且 80% 以上贫困户达到小康标准，综合治理、脱贫攻坚、社会建设等民意调查群众满意率达 98% 以上。

3. 生态效益方面 一是绿化植被大幅提升。新增绿化面积 3 000 亩，森林绿化率由 68% 提升到 72%。二是农业生产标准化程度提升。为保证旅游农产品质量和价格，普遍自觉严格饲料、兽药、农药等投入品质量安全监管，新增无公害产地认定面积 1 000 亩，新增黄桃、蓝莓、刺葡萄等地方品牌 5 个。三是畜禽粪污得到控制。随着农业产业的扩张，大力发展有机肥产业，畜禽粪污到种植地粪肥使用得到有机对接，畜禽粪污率下降 90% 以上。

...

高山果蔬产业园

五、几点启示

1. **必须要突出供给侧结构性改革和供需两端发力**　黄岩立足挖掘宏观政策优势、资源优势、区位优势和潜在市场优势机遇，供需两端共同发力，推进供给侧结构改革。政策优势方面，充分认识"五大发展"理念尤其是绿色发展理念，把握产业扶贫是脱贫攻坚主渠道，推进供给侧旅游产业发展；资源优势方面，充分整合黄岩独特的高原气候优势，在张吉怀精品旅游带供给侧方面错位发展、特色发展；区位优势方面，充分利用鹤城区高铁、铁路、高速、国道省道等综合交通优势，吸引相当部分外地游客需求侧市场需求。

2. **必须要用足用活各项政策和多元筹资投资**　生态旅游开发涉及方方面面，投资巨大，靠单一的筹资方法无法完成全面铺开的基础设施建设。黄岩充分利用整合扶贫开发、美丽乡村、一事一议、农村道路通畅工程、农村饮水工程等各方面惠民政策资金，同时吸引利用社会投资、银行贷款、群众集资等，形成多元投资，先后整合投入各类资金达 1 亿元，有力保障了道路、饮水、景区等各类基础建设资金需求。

3. 必须要发挥各级干部引导作用和激发群众的主体作用 干部始终是产业发展和社会建设的第一要素。全区各级负责人思想统一、思路清晰，无论是总体谋划、景区建设、产业发展、开拓市场，还是村民发动、设施改善、组织构架等方方面面，各级干部尤其是领导班子带头人敢想敢试，善待机遇，率先垂范，实干担当，激发村民群众干事创业的主体作用，促成全民干事创业的良好氛围。

4. 必须要以群众受益为出发点和落脚点 乡村旅游，最终目的是使群众享受改革发展的成果和实惠。黄岩始终围绕群众受益这个根本，充分引导群众结合自身实际优势，通过参股、用工、种养、农产品销售等多层次、多渠道增收脱贫致富，同时大幅改善生产生活各类基础条件，村民群众的满意度、美誉度大幅提升。

民俗/文化　　　　　　　　　　　　　　　　　　　历史/传承

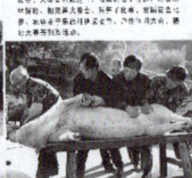

民俗文化

第八节 民俗文化型乡村休闲旅游

一、概况

民俗文化型旅游主要是以乡村民俗、乡村民族风情及传统文化为主题,通过展示乡村特定的民俗文化、民族文化及乡土文化的乡村休闲旅游。

民俗文化型乡村休闲旅游通过深入挖掘乡村休闲旅游产品的文化内涵,使游客从整体上学习、了解我国的传统文化,满足游客"求新、求异、求知"的心理需求。更重要的是,将民俗文化作为乡村休闲旅游产品的特色,传承和弘扬了我国传统的文化,有利于促进我国不同民族的包容与理解,让各民族在中华民族大家庭中手足相亲、守望相助、团结和睦、共同发展。

二、主要类型

民俗文化型乡村休闲旅游的主要类型为:民俗文化村、农业文化区、村落民居、遗产廊道、乡村博物馆、传统村落、物质民俗、制度民俗、精神民俗等。

三、利用乡村文化策划乡村休闲旅游活动

充满了乡土气息的文化对旅游者是一种吸引,利用乡村文化来开发休闲农业与乡村旅游项目,可以从以下几个方面考虑。

1. 打造"天人合一"的环境 田畴、农舍、篱笆、豆角秧,窗含新绿,户对鹅塘,努力增加"大自然"在游客心目中的份额,多在"绿色户外"上做文章,使游客在吃、住、行、游、购、娱上更加贴近自然,融入自然,使乡村真正成为游客"回归自然"的绿色家园,使游客从楼房和汽车里暂得解脱。

2. 营造"乡村暗静"的境界 乡居夜景正宜突出明月的清辉、星光的闪烁,让游客于竹椅草榻之上静数夜幕流星,漫观荧光树影。不要把农居夜景搞得灯火辉煌,如"昼"般亮,"夜"的魅力就消失

了。有安全保障的夜幕掩映，正是时时处于"光污染"包围中的都市游客所追求的新奇体验。

3. 展示农事活动　插秧、播种、割麦子、晒谷子、剥玉米，自制腊肉、酱肉，自酿米酒、高粱酒等，以不为都市人所熟悉的农业生产过程作为卖点，特别是特色农产品生产过程。有条件的可设置风车、石磨、手推水车、石臼、驴拉磨、木织布机、犁、耙、锄、镐等多种农业生产用具的展示，配合对古老的农业文化和农业历史的解说，组织开展石磨磨米面、石臼舂米、木机织布、手工刺绣、人工编织、简单农具制作、陶制品制作等生产体验。

4. 再现农耕场景　把农耕生活形态的一些典型景象提纯集萃，源于生活而又高于生活地再现于乡野大地，如麦场、荷塘、水车、石碾等。牛背横笛、鸡啼犬吠、村头老槐树、门前小溪、集庙、戏台等都是农耕生活形态的绝妙点缀。

5. 做好节庆活动　婚丧嫁娶、红白喜事，中秋端午、春节元宵，乡村传统的挂灯笼、贴对联、放鞭炮、舞龙斗狮等，都是城市人日常生活中所欠缺的看点。平日里保持乡村特有的邻里和睦的氛围，不必刻意展示节日内容，什么日子做什么事，重在感染游客。

"越是独特的，就越是普遍的"。旅游产品就是销售"异"字。休闲农业与乡村旅游必须突出农耕文化，农耕文明与工业文明对比度越大，其田园意味越足，农耕文化特点越突出、越典型、越贴近都市居民亲近大自然的"乡梦"，其旅游吸引力就越大。

◆ **典型案例**

辽宁省葫芦山庄

葫芦山庄位于辽宁省葫芦岛市龙港区北港街道笊篱头子村。经过10余年的开发建设，已经发展成集文化旅游、休闲度假、农业采摘、娱乐拓展、餐饮住宿、会议接待、文化会展、民俗演艺的综合性园区。2016年5月，景区正式成立辽宁葫芦山庄文化旅游集团。景区累计投资已达 5.5 亿元，年接待旅游 80 万人次，经营总收入 1.6 亿元。先后被评为市级、省级农业产业化龙头企业，全国首批休闲农业与乡村旅游示范点，全国五星级休闲农业与乡村旅游示范园区，全国十佳休闲农庄，国家级文化产业示范基地，国家 AAAA 级旅游景区，全国休闲渔业示范基地，辽宁省著名商标，辽宁省诚信旅游景区，辽宁省十佳旅游景区等荣誉称号。

一、塑造地域文化符号，全力打造休闲旅游园区

葫芦山庄始建于 2001 年 10 月，注册资金 3 000 万元，规划面积 6 693 亩，是全国唯一一处以博大精深的葫芦文化和原生态关东民俗文化为主题的旅游景区。葫芦山庄距市区仅 6 公里，与著名景区锦州笔架山隔海相望，葫芦山庄以葫芦文化为主线，以民俗文化为特点，以海文化为依托，以建成"世界葫芦文化代表地"和"中国关东民俗文化代表地"为最终目标，经过多年的改造和完善，已建成民俗文化博览区、餐饮住宿会议接待区、现代农业种植观光采摘区、畜禽养殖加工区、水上休闲渔业区、户外拓展训练区、筏笠码头渔业区、福禄广场休闲文化区、中小学生综合实践体验区九大景观分区。

景区内拥有两座国家级专题展馆：中国关东民俗博物馆、中国葫芦文化博物馆，上万件的民俗展品展现出民国时期的日常生活、服饰、农耕文化以及葫芦文化。原生态的传统老式手工作坊一条街，民间艺人现场制作生产，向游客展示传统工艺流程；喜庆热闹的绣楼招亲再现了民俗婚礼的场景，具有东北地方特色的二人转表演，观赏性、互动性极强；特色农产品统一使用葫芦山庄品牌销售，包括葫芦手工艺品、创意旅游工艺品产品、水产品、特色食品粉条、野鸭蛋、酱菜、豆油、香油、麻将等，同时，每年定期举办"葫芦文化节""采摘节""捕蟹节""民俗文化节"等活动。景区 2011 年开始探索夜间旅游发展模式，曾创下夜间旅游人数入园过万的记录。2015 年开始尝试冬季冰雪游乐项目，

2017年正式推出关东民俗雪乡项目，取得了良好效果，冬季旅游接待人数突破30万人次。中新网大篇幅报道"辽宁葫芦山庄冬季旅游突破20万人，创历史新高"。至此，葫芦山庄全面进入全季、全时旅游时代，成功突破了北方冬季旅游半年闲的瓶颈。

2018年，葫芦山庄年接待游客达100万人次，实现销售收入1亿元。园区作为环境友好型开发企业，坚持低碳休闲的开发理念，促进人与自然的和谐共融，例如园区内的芦苇塘现已成为本地区万只燕子的栖息之地，被称为"福燕塘"。葫芦山庄过大年主题餐厅和特色小米羊庄、酒店可同时容纳800人就餐，具有特色的别墅小院和标准客房，可同时容纳400人住宿。葫芦山庄景区现已形成休闲农业与乡村旅游和谐共存、葫芦文化与民俗文化伴生同长、影视文化与乡土风情紧密结合、远古文明与现代文化相互映衬的文化旅游格局。

二、多措并举，推动乡村休闲旅游融合发展

（一）农业与休闲旅游相结合，特色明显

葫芦山庄是全国农业旅游示范点，主要是农业种植、花卉育苗等技术，种植品种主要是以时令果蔬为主。2014年成功引进种植南方水果技术，如香蕉、菠萝等，同时为了配套葫芦山庄滑雪场；从2013年冬季开始葫芦山庄种植草莓，供游客采摘，效果非常理想，供不应求；2015年葫芦山庄扩大规模种植草莓和香莓，增加旅游娱乐项目。葫芦山庄把种植技术与生态旅游、农业观光结合在一起，给游客提供绿色田园、空气新鲜、环境优雅的采摘环境，让游客真正体验采摘的乐趣，最主要的是葫芦山庄将给游客提供纯绿色、纯天然、无公害的放心食品。

（二）做好宣传推介，全力打造品牌

葫芦山庄多年来始终重视营销宣传工作，秉承"有节过节、没节造节"的理念来吸引更多的游客，大力开展节庆宣传活动。每年的民俗节、儿童节、葫芦文化节、金秋采摘节、冰雪节都将

作为葫芦山庄的重大节日，在节庆时都会迎来旅游人数的高峰。在节庆期间通过一系列的策划和实践活动，丰富景区旅游内涵，提高游客的满意度，同时也提升了景区的品牌和形象。

葫芦山庄重点目标市场范围在周边300～400公里的城市，针对每个城市的客户群都会有不同的营销方式和手段，便于吸引更多的游客来了解葫芦山庄，了解葫芦岛，提高来葫芦山庄旅游人数。葫芦山庄把农业作为载体，有效地把农业与休闲旅游相结合，通过营销手段来促使山庄发展和进步。

（三）完善基础服务体系，提升服务能力

景区从始建至今，基础设施建设已日趋完善，目前已建成大型车、小型车生态停车场2处，面积23 000平方米。旅游观光线路总长6 216米，景区内的无障碍道路将每个景点联系在一起，并设有旅游观光车和特色马车。每条游览路线都设有统一规范的引导标识，指示牌材质精良，制作精美，充分体现景区的主题文化元素。中英文对照的景点简介基本满足了不同国籍游客的需要，制作独特的葫芦形路灯也时常引起游客的驻足观赏。景区内还设置了一系列安全保护设施、救护医疗室和救护队员，购置消防、救护器材百余种，并定期进行维护维修，保证了正常状态良好使用，建立健全了消防、安防、救护等应急预案。并建立符合环保标准的污水和生活垃圾处理设施，生产和生活垃圾实行无害化处理和综合利用。

葫芦山庄注重因地制宜的开发休闲农业功能，充分利用现有资源开发各具特色的休闲产品。第一，葫芦山庄有农业观光、休闲采摘，露天、温室大棚采摘园10余个，一年四季供游客采摘不同的果蔬；第二，葫芦山庄住宿环境优美，干净整洁，既有庆魁别墅，也有农家火炕，同时配有典型的东北庄稼院；第三，开展捕捞虾蟹、游船海上垂钓等体验式渔村休闲活动，让游客尽情享受渔家生产生活的乐趣；第四，"圣水湖"淡水景观区增设了激光碰碰船、水上自行车等水上娱乐设施；别墅院落、公共广场安装了

形式各异的户外体育器材，配备双人、四人等多种形式的电瓶车、自行车等休闲娱乐交通设施等项目。葫芦山庄因其具有食宿、会议、教育、拓展等功能，成为青少年素质教育基地，每年都有青少年在这里接受农业科普教育、爱国边防教育、辽西民俗教育等。

（四）加强人才保障，提高从业人员的能力水平

葫芦山庄的培训体系和考核机制，在葫芦山庄企业管理中起到了举足轻重的作用。为提高员工素质，树立企业完美形象，山庄在开园之初就组织员工进行服务礼仪培训、岗前教育培训、团队精神培训、拓展训练、安全消防培训等；为了使下发的管理制度真正落地，葫芦山庄人事行政部门有针对性的组织员工进行人事行政制度、经营管理制度、监审制度等培训学习，强化了企业内部管理；对专业性较强的业务部门组织外部培训，如针对农业发展公司开展种植、养殖培训，安排专门人员参加葫芦岛市科技局组织的专业培训课程。

葫芦山庄坚持"一手抓产业建设、一手抓服务管理"的方针，各项休闲农业与文化产业设施健全，文化内容丰富多彩，各项管理制度健全，景区内游客服务与监督投诉体系建设齐全，基本实现了消费者满意度超过98%的良好水平。山庄积极承担社会责任，依法经营，按时纳税，为员工交纳保险，参加社会各项公益事业，为汶川地震捐款，为困难职工送慰问金，树立了良好的社会形象，并获得"辽宁省诚信旅游景区"的光荣称号。葫芦山庄所有员工上岗前都要经过岗位技能培训、服务规范培训及实践操作，按技术特长分配在农业种植、畜禽养殖、水产养殖等领域，明确岗位责任，奖罚措施分明，保护员工合法利益。

三、拓宽就业创收渠道，促进农民增收致富

葫芦山庄依海而建，规划区内笊笠岛原有渔民200多户，近700人，职业渔民近300人。葫芦山庄积极开发休闲渔业项目，开

展鱼蟹养殖、垂钓、海上游船、渔家乐等活动，就近安置附近农民、渔民近 200 人。

葫芦山庄先后成立了葫芦岛葫芦协会、葫芦岛葫芦仙岛葫芦专业合作社和农业专业合作社，带领广大社员从事葫芦种植及加工产业，带领农民从事山地鸡养殖产业。截至目前，园区以各种方式带动的农户数量已达 1 200 余户，还建立了山地鸡养殖、葫芦种植示范基地，从不同方面提升农民收入，人均年收入约 5 000 元。园区在本地农民和渔民中累计培养种植、养殖及酒店服务等技术和管理人员达 50 余人。以安置就业和引导自主创业等方式，增加农民的收入，改善了农村的面貌，提升了农民的素质，促进了"三农"事业的健康发展。

葫芦山庄的发展，对本地经济发展、农民就业增收和新农村建设起到了积极带头作用。

今后，葫芦山庄将发挥优势，打造具有创新力的葫芦岛市文旅特色小镇示范项目，延伸文化旅游产业价值链，促进园区产业做大做强。

第九节　绿色生态型乡村休闲旅游

一、概况

绿色生态型乡村休闲旅游主要是在生态优美、环境污染少的乡村地区发展乡村休闲旅游产业，主要特点是自然条件优越，生态环境优势明显，水资源和森林资源丰富，具有传统的田园风光和乡村特色。

绿色生态型乡村休闲旅游的关键就在于"绿色生态"，完成从"卖木材、卖资源"向"卖景观、卖生态"的转变，将环境资源转化成为经济资源，让游客品味到自然的滋味，感受到自然的美好，爱上自然，爱上乡村。

二、主要类型

绿色生态型旅游的主要类型为：生态农庄、绿色生态农场等。

◆ **典型案例**

澧溪镇北湾村

"阳光、沙滩、海浪、仙人掌……"《外婆的澎湖湾》中描绘的景致十分令人着迷和向往。巧合的是，昔日耳熟能详的澎湖湾风情在国家级生态乡镇——武宁县澧溪镇，就能充分领略，那就是"北湾半岛·四季花海"农业田园综合体开发项目。这是该镇把绿水青山变为金山银山的一个成功范例，是"生态＋乡村旅游"模式的有益探索。

澧溪镇地处赣北幕阜山区，修江中游，位于武宁县城西部，大广高速由北向南，永武高速、304省道由东向西贯穿全镇，220国道穿境而过，交通十分便利。镇内林海苍莽、群山叠翠、生态环境优良，自然资源丰富，拥有大理石、花岗石、石英石、矾矿等丰富的矿产资源，先后被评为全国生态示范区、国家级生态乡镇、省级现代农业示范园。

"北湾半岛·四季花海"农业田园综合体占地面积6 900余亩，位于澧溪镇南部。半岛三面环修河，水质达到国家二级标准以上，岛内森林覆盖率高达79.89%。项目启动于2017年，计划投资15亿元，这是该镇贯彻绿色发展理念，坚持生态效益、经济效益和社会效益相统一的生动实践，既保护了绿水青山，又收获了金山银山，还留住了浓浓乡愁。

一、以保护生态为前提，抓牢发展的"命根子"

澧溪镇始终信奉"自然的就是最好的"，严格管护责任，用制度激发每一个人都成为保护良好山水生态的主人翁，铁腕整治，失责严惩。

1. 突出水源保护　生态保护始终放在首位，全面实施"河长制"，将修河澧溪段河道按行政村划分成4个片区，每个片区设有一名河道巡查员，属所在村的村主任领导，不定期巡查河道，拾捡垃圾，发现污染，及时处置，从而保证了修河的水质。积极组织开展修河水面整治行动，对涉砂船舶、沿线砂场进行全面清理整顿，严厉打击非法采砂行为，取缔域内所有采砂场，建立河道采砂管理责任制和责任追究制，河道采砂乱象得到了全面有效遏制，修河水面的生态面貌得到明显的改善。

2. 强化林长责任　大力推进"林长制"，着力提高镇内的森林覆盖率，狠抓天然林保护，公益林实行全面禁伐。为强化森林资源的保护力度，由村级正副"林长"、护林员和森林公安民警组成巡查组，集中力量，定期开展联合执法行动，对盗伐滥伐、无证运输及收购、破坏林地资源等不法行为，从严予以惩处。澧溪镇安乐林场内有千年紫薇古树、红豆杉、楠木等名贵树种，由于地处省界，时有盗采的现象发生，对此，澧溪镇对所有名贵古树进行了编号、电子建档，党委书记亲自带队到太平山、安乐林场深处对古树进行了挂牌保护；同时安装了林业天网监测系统，加强境内生态公益林的源头管护，明确各级职责，严格守住生态"红线"。

3. 严控矿产开发　依法取缔、关停所有无证非法小矿产品加工厂，明确不再新增开采矿产资源；加强对有证开采企业的环保管控，开展不定期督查，并实行第一责任人负责制；对盗采黑瓷土的行为进行了严厉打击，各种矿藏资源实行严格管理。以保护资源、提升生态环境质量为目的，坚持做生态环境的保护者、建设者，针对非法开采点实行补绿、复绿原则，联合群众进行农业产业开发，引进了九江北湾樱花产业发展有限公司落户北湾半岛，打造半岛樱花园，一方面增加了群众收益，另一方面实现了全民管护，有效控制了非法开采现象，使镇内生态环境不断优化，镇、村面貌气象一新。

二、以绿色产业为支撑，拓展致富的"新路子"

澧溪镇力求"把项目轻轻地放进绿水青山中"，紧紧围绕武宁县委着力构建"五大生态"，全力打造"三个示范"的战略目标，按旅游要素进行规划，以农业产业化为载体，通过美丽乡村建设和镇村环境整治来提升，全面推进美丽乡村建设和全域旅游示范创建工作。规划了6 900亩的北湾半岛·四季花海板块、沿省道18.9公里的四季水果采摘板块、临修江6 000亩的特色水产养殖板块、环太平山中药材种植＋森林康养板块和"西海源特色风情小镇"五大产业板块，明确了全镇绿色生态发展的思路，努力走好"生态＋产业发展＋乡村旅游"的富民新路径。

1. 实现"荒地"变"工地" 由于青壮年外出务工，加之又是水淹区，北湾半岛·四季花海板块的农田多是种半年、荒半年。通过标准农田建设，引进了农业开发公司，种植了1 100亩全国面积最大的美国红叶紫薇花海，每年7月至10月，花开吸引游客络绎不断，年产值1 200万元，解决就业岗位150个，年产生务工收入150万元。半岛莲池千亩莲花基地，由以前的荒地华丽转身为生态湿地公园，良好的富氧环境吸引了大批白鹭来此栖息，生态环境大幅提升。同时，在乡村旅游的带动下，村民实现了在乡土上就业，在家门口创收，莲花盛花期游客络绎不绝，村民在景区务工、剥莲，一天就能有120元的收益，妇女和小孩在景区售卖自制冰粉、饮料等消暑小吃，生意也十分红火。位于北湾半岛的北湾乡村大食堂、夏家旅游农庄等农家乐，精心策划推出了全虾宴、全莲宴等特色饮食，在食材选择上统一选材规格、统一卫生标准，让人吃得放心；在食用氛围上，通过干冰进行烘托，讲好每一道菜背后的故事，将普通用餐变得更有"仪式感"，日均接待游客200余人，游客们也纷纷拍照发朋友圈，迅速爆红网络，成为"网红"菜品，吸引了不少的外省游客慕名而来。

2. 改造"贫民"变"股民" "以前村民都找不到致富的途径，如今在家门口就能实现就业创收。"已担任北湾村村支书22年的李扬平，参与见证了北湾村的巨变。他告诉记者以前的北湾村荒草丛生，到处是泥地，因种地收益不高，导致大批良田荒废。近两年，全村抓住以产业带动旅游的契机，充分发挥基层党组织的引领及纽带作用，树党风、促政风、带民风，不断引导群众正确对待脱贫攻坚、美丽乡村建设等中心工作中出现的难点问题，最大限度地凝聚起致富奔小康的正能量。在短短半年内，就顺利流转土地3 000多亩，用于景区的开发，采用"公司＋农户＋村支部"的联动发展模式，提供就业岗位100余个，带动贫困户户均增收1 500元以上。前胡种植基地是村有经济项目，采取"合作社＋基地＋贫困户"的方式发展集绿色、经济效益为一体的生态循环观光农业，鼓励群众到基地务工，一年用工300余人次，带动了周边20余户贫困户增收。为提升脱贫效果，村党支部进一步扩大了种植面积，吸纳贫困户参与入股分红，让贫困户从被动应付到主动参与，进一步突显项目的综合优势。

3. 推动"花海"变"银海"　为延续项目后劲，2017年澧溪镇签约了北湾半岛情缘谷项目，在现有北湾茶花源的基础上，投资10亿万元打造以精品山茶观赏、移民文化体验为主打，规划配套森林科普、四季果蔬采摘、精品民宿、水上游览、农耕体验、水上垂钓等九大区域，努力打造集旅游观光、休闲娱乐、农家餐饮、园艺观赏等于一体的生态农业旅游观光示范园。将生态农业与全域旅游有机结合，提升项目整体效益，带动周边农业发展。2018年又招商引资了由九江北湾樱花产业发展有限公司投资1亿元打造的半岛樱花园，建设以樱花及半岛双文化为主题的综合休闲体验园。以樱花观赏等季节性为主题的休闲业态经营为主，其次以农业生产、农耕体验为辅，另外承接中小学的自然环境教育任务。同时，利用现代农业示范园的有利条件，积极发展特色水产养殖项目，将生态农业与全域旅游有机结合，提升整体效益，带动周边农业发展，使澧溪成为乡村现代农业综合开发的样板、产业富民的新天地、乡村旅游的新名片。

三、以秀美乡村为抓手，创造幸福的"好日子"

该镇把"乡村旅游"的思路贯穿到美丽乡村建设之中，依据地形地貌、挖掘历史人文、结合传统文化和地方特色，依托五大板块项目的带动，进行美丽乡村建设，让澧溪真正成为望得见山、看得见水、记得住乡愁的美丽家园。

1. 突出环境美化 为使乡村特色充分彰显，澧溪镇以"三多三少"引领美丽乡村建设，即：多一点绿化，少一点硬化；多一点自然，少一点做作；多一点乡愁，少一点现代。注重文化依存，精心打造上北湾移民文化村、南边生态田园村、花盆里紫薇风情村等一批特色新村。注重果木结合，引导农民在房前屋后和自家庭院发展"小花园""小菜园""小果园"，绿化上以种植杨梅、橘子、枇杷等经济果木林为主，做到生态文明建设与绿色经济发展相结合，形成集生态、景观、经济等功能于一体的护村林。做好村庄保洁，通过"户分类—村收集—乡转运—县处理"的城乡一体化垃圾处理模式，提升乡村"颜值"。

2. 突出设施改善 家家户户门口都连着宽敞的水泥路，路灯、排水沟、自来水一应俱全，完善了村民议事室、文化活动室、便民服务点、警务室、休闲广场等设施，使之成为设施配套化、生活社区化、环境整洁化的农村社区。同时，结合乡村旅游打造了移民文化墙、农耕文化展示广场、百果园、莲花池等一系列小景观，吸引游客驻足拍照。在上北湾自然村，北湾半岛现代农业开发有限公司采用租赁的方式，获得了村内14栋空心农房的使用权，并参照浙江移民风俗，对其统一进行除险加固、装修改造，打造亲近自然、唤醒乡愁、体味诗情画意的民宿经济，过去破落的农房摇身一变成为精品的民宿，2019年夏天正式对外开放就生意火爆，成为北湾半岛吸引游客的爆点。

3. 突出乡风文明 生态文明带动精神文明，树家规家训，育文明乡风，移风易俗，蔚然成风。以社会主义核心价值观为引领，开展广场舞大赛、中老年运动会等精神文明创建活动，提升群众获得感和幸福感；率先建立"公德银行"＋"公德超市"积分兑换超市，评选每月公德之星，公示公德红黑榜，采取"正向激励"和"反向约束"的双重作用，形成"孝父母、勤本业、重教育、睦宗族、崇节俭"的文明风尚；发挥乡贤文化和家规家训的作用，打造家训文化墙，兴家风、淳民风、正村风，文明新风成为村民的共同追求和自觉行动。

山水之间织锦绣，绿色崛起正当时。澧溪用行动唤醒"绿色资源"，挥毫书写"生态富民，绿色兴镇"大文章。既让老百姓感受蓝天绿水带来的惬意，又能享受真金白银的效益，使农业产业、绿色经济、乡村旅游发展实现了齐头并进。

四、启示

北湾半岛乡村旅游在发展的过程中，从自身实际出发，结合镇内五大板块的发展理念，实现了"五位一体"总体布局和新发展理念在乡村旅游发展中的具体落实。一是政府严控，生态保护。始终秉承"绿水青山就是金山银山"的总体发展理念，实现了保护和开发并举的绿色生态可持续的发展路径。二是乡村旅游＋N，产业集聚。按照"生态＋产业发展＋乡村旅游"的发展思路，先后引进半岛紫薇园、半岛情缘谷、半岛樱花园等项目，以"公司＋农户＋村支部"的模式发展乡村旅游＋就业，带动群众致富。通过土地流转，盘活资源，变荒废闲置为高效优质。采取"合作社＋基地＋贫困户"的模式，由村党支部牵头成立合作社，引导贫困户入股，发展乡村旅游＋扶贫。三是打造爆点，串珠成链。北湾半岛在打造的过程中，以紫薇花、莲花、樱花等的农业观光为基础，加入了农耕体验、竹筏漂流等项目，结合当地特色和优势，又创新推出了全虾宴、全莲宴，让游客亲身体验农产品从田间到餐桌的全过程，再通过浙江特色民居改造成的精品民宿，将各个项目精致融合，让游客能玩得好、留得住。下一步，要充分发挥已有的项目优势，继续有选择性地招强引大，引入更多元化的旅游项目，发展旅游＋公共服务、旅游＋户外运动、旅游＋文创休闲等方面的更多旅游产品，打造具有澧溪特色的农业田园综合体。

第六章
构建乡村休闲旅游业的发展体系

第一节　政策支持体系

一、乡村休闲旅游政策的发展历程

（一）乡村休闲旅游政策的阶段及特征

1. 政策真空期（1998 年之前）　　我国乡村休闲旅游虽然在古代就有了雏形，但是现在乡村休闲旅游起步较晚，始于 20 世纪 80 年代末期。一直到 1998 年我国关于乡村休闲旅游的政策文件都处于空白。

作为旅游业的重要组成部分，乡村休闲旅游的发展政策主要依据旅游业和各行业的专项法规。1995 年 5 天工作制的实行，客观上推动了我国乡村休闲旅游业发展。

2. 政策萌芽期（1998—2005 年）　　以 1998 年"华夏城乡游"旅游主题确定为标志，国家旅游局开始提倡"吃农家饭、住农家院、看农家景、享农家乐"等，接着又将 1999 年的旅游主题定为"中国生态游"。

同时，"黄金周"制度的实施进一步激发了我国休闲旅游的热潮。

2001 年、2002 年，农业部（现农业农村部）相继制定了《农业旅游发展指导规范》和《全国农业旅游示范点检查标准》。这一阶段乡村休闲旅游仍处于农家乐的初级阶段，乡村休闲旅游政策处于行业引导摸索期，政策主要由国家旅游局和农业部制定，以引导和规范为主。

3. 大力发展期（2006—2013 年）　2006 年，国家旅游局将我国旅游主题定为"中国乡村游"，并发布《关于促进农村旅游发展的指导意见》，指出"农村旅游是新农村建设的积极实践，是推动旅游业成为国民经济重要产业的主要力量"，同年乡村旅游被国务院写入"十一五"规划。

2007 年，国家旅游局和农业部联合成立了"全国乡村旅游工作领导小组"，联合发布了《关于大力推进我国乡村旅游发展的通知》，这次联合改变了以往多头管理、责任不清的情况，为乡村旅游的发展提供了条件。

2007 年、2008 年的中央 1 号文件连续两次提出乡村旅游是增加农民非农收入的重要途径，乡村旅游开始得到国家政策重视，并出现在更多的政策和文件中。

2013 年《国民休闲纲要》的颁布，更是将旅游业和乡村旅游上升到了一个新的高度。这段时期的政策更加注重具体的支持和推动措施，基础设施、公共服务和资金扶助等成为政策文件持续关注的重点。

4. 体系成熟期（2014—2018 年）　2014 年，农业部公布了全国第一批美丽乡村名单，同年国务院发布了《关于创新机制扎实推进农村扶贫开发工作的意见》，提出到 2015 年和 2020 年分别达到扶持约 2 000 个和 6 000 个贫困村开展乡村旅游的目标，乡村旅游政策进入密集发布期。5 年间，国务院和相关部委以乡村旅游或休闲农业名义发布文件 9 个、相关重要文件约 30 个，这一时期乡村旅游地位空前提高。

2014 年起，为了更好推进农村扶贫工作，国务院确定了由国务院统筹、部门合作的联合协调机制，各部委联合制定了多个推进行业发展的重要文件，极大地提高了政策的执行效力，推动了乡村旅游的快速发展。这一时期的政策文件更加注重转型提质，注重创新思维和创新方式，以更加丰富的形式提供支持和帮助，同时鼓励通过经营类型和经营主体的多元化实现行业的健康发展。

2016 年中央 1 号文件提出，将乡村旅游建成繁荣农村、富裕农民的新兴支柱产业；2018 年，国务院在乡村振兴战略意见中提出，乡村旅游是农村产业结构调整、重塑乡村文化生态、实现乡村振兴的重要途径，乡村旅游政策由行业发展上升到国家战略。这一时期的政策主体更加注重联合协调（表 6-1）。

表 6-1　1998—2018 年我国国家层面发布的乡村旅游政策文件

年份	政策或文件	部门
1998	"华夏城乡游"主题年	国家旅游局
1999	"生态旅游年"主题年	国家旅游局
2001	农业旅游发展指导规范	农业部
2002	全国农业旅游示范点检查标准	农业部
2006	"中国乡村游"	国家旅游局
	关于促进农村旅游发展的指导意见	
2007	2017"中国和谐城乡游"	国家旅游局
	大力推进全国乡村旅游发展的通知	国家旅游局、农业部
2010	全国休闲农业与乡村旅游示范县示范点创建	农业部
2011	中国农村扶贫开发纲要	国务院
2014	创新机制扎实推进农村扶贫开发工作的意见	国务院
	关于实施乡村旅游富民工程的通知	国家发展改革委等 7 部门
2015	关于加快转变农业发展方式的意见	国务院办公厅
	进一步促进旅游投资和消费的若干意见	
	关于积极开发农业多种功能 大力促进休闲农业发展的通知	农业部等 11 部门
2016	中央 1 号文件"十三五"脱贫攻坚规则	国务院
	关于金融助推脱贫攻坚的实施意见	国家发展改革委等 7 部门
	乡村旅游扶贫工程行动方案	国家发展改革委等 11 部门
	"十三五"旅游规划	国家旅游局
	关于实施旅游休闲重大工程的通知	国家发展改革委、国家旅游局

（续）

年份	政策或文件	部门
2017	中央 1 号文件	国务院
	促进乡村旅游发展提质升级行动方案	国家发展改革委等 14 部门
	关于推动落实休闲农业和乡村旅游发展政策的通知	农业部
	深入推进农业领域和社会资本合作的实施意见	财政部、农业部
	政策性金融支持农村一二三产业融合发展通知	农业部、中国农业银行
2018	支持深度贫困地区旅游扶贫行动方案	国家旅游局、扶贫办
	农民专业合作社法	全国人大
	乡村振兴战略规划	中共中央、国务院
	促进乡村旅游发展提质升级行动方案	国家发展改革委等 13 部门
	关于促进乡村旅游可持续发展的指导意见	国家发展改革委等 17 部门

◆　知识链接

　　2017 年 6 月 1 日农业部办公厅发布《关于推动落实休闲农业和乡村旅游发展政策的通知》（以下简称《通知》），指出：休闲农业和乡村旅游是农业供给侧结构性改革的重要内容，是农业农村经济发展的新动能。党中央、国务院高度重视休闲农业和乡村旅游发展，2015 年以来连续 3 个中央 1 号文件都提出要大力发展休闲农业和乡村旅游。2015 年农业部联合财政部等 11 个部门印发《关于积极开发农业多种功能　大力促进休闲农业发展的通知》（农加发〔2015〕5 号），2016 年农业部联合国家发展改革委等 14 部门印发了《关于大力发展休闲农业的指导意见》（农加发〔2016〕3 号），指导全国休闲农业和乡村旅游发展。党中央、国务院和相关部门的文件和意见的相继出台，标志着全国休闲农业和乡村旅游政策体系框架的形成。

　　《通知》强调，党中央、国务院和多个部门出台的休闲农业和乡村旅游政策措施，是今后一段时期指导各地产业发展的重要政策性文件，对于推进农业供给侧结构性改革，实现农业增效、农民增收、农村增绿具有十分重要的意义。要求各级休闲农业管理部门要进一步统一思想，提高认识，结合本地实际尽快制订具体实施意见，切实推动政策贯彻落实。

《通知》特别要求，在用地政策上，要落实城乡建设用地增减挂钩试点，农村集经济建设用地自办、入股等方式经营休闲农业的政策；要争取将休闲农业和乡村旅游项目建设用地纳入土地利用总体规划和年度计划合理安排；要支持有条件的地方通过盘活农村闲置资产资源发展休闲农业和乡村旅游。在财政政策上，要鼓励各地整合财政资金，将中央有关乡村建设资金向休闲农业集聚区倾斜。要探索采取以奖代补、先建后补、财政贴息、设立产业投资基金等方式加大财政扶持力度。要创新融资模式，引导社会各类资本投资休闲农业和乡村旅游。在金融政策上，要创新担保方式，搭建银企对接平台，推动担保机构、银行等金融单位拓宽抵押担保物范围，扩大信贷额度，加大对休闲农业的信贷支持。

（二）政策着力点的变化情况

1. 经营模式政策变化　　"农家乐"模式是乡村休闲旅游的最初发展模式，也是我国乡村休闲旅游的主要模式。"农家乐"模式产品结构单一、消费体验不深，属于低层次旅游消费形式。从世界各国经验来看，经营模式的不断升级创新是乡村旅游得以蓬勃发展的根本原因，我国的政策重点也由最初的鼓励"农家乐"模式逐渐过渡到鼓励多种形式的经营模式创新升级。

2005年之前，我国的相关政策文件都是以鼓励"农家乐"为主，2006年的旅游口号开始改为"新农村、新旅游、新体验、新风尚"；2009年《关于加快发展旅游业的意见》要求开展各具特色的农业观光和体验性旅游活动；2014年以后，为了促进乡村旅游经营的转型升级，《乡村旅游富民工程方案》提出鼓励建设有历史记忆、地域特色、民族特点的特色村镇，大力发展休闲度假、养生养老和研学旅行；2015 年、2016 年相关文件提出建立特色民宿、自驾露营、户外运动、森林休闲、创客基地的要求；2017 年中央 1 号文件又提出集循环农业、创意农业、农事体验于一体的田园综合体概念。

近 30 年来，我国的乡村休闲旅游政策一直紧跟市场变化，为乡村休闲旅游的转型升级提供了方向和支持。

2. 经营主体政策变化　乡村旅游的经营形式最初以个体经营为主，个体经营能够调动农民积极性，有利于搞活农村市场，但个体经营融资能力弱、风险承担能力差，不利于农村经济的产业化和规模化发展。

为了鼓励经营主体多元化，2007 年《大力推进全国乡村旅游发展的通知》首次提到农民合作经营、完善乡村旅游合作社章程，探索建立公司制运作机制；2009 年《关于加快发展旅游业的意见》鼓励社会资本公平参与旅游业发展，鼓励各种所有制企业依法投资旅游产业。为了响应"十八大"关于新型农业经营主体培育的意见，旅游业"十三五"规划提出了创新组织方式，推广乡村旅游合作社模式的建议。2017 年的《促进乡村旅游发展提质升级行动方案》提出，强化村集体的组织和带头作用，探索实行股份公司、专业合作社等新型经营管理模式，鼓励乡村旅游经营模式多元化，形成了"合作社＋农户、公司＋合作社＋农户、村集体＋合作社＋农户"等多种形式并存的格局。

3. 土地扶持政策变化　乡村休闲旅游发展涉及农业用地、农村集体土地和农村房屋宅基地，在原有的土地政策之下，我国乡村休闲旅游发展受到较大的制约，发展缓慢。

为了促进农村经济的发展，2006 年国家开始实施土地流转工程，为乡村旅游发展提供了良好的机遇；2013 年在农村全面开展土地确权登记颁证工作，这些措施为农民参与乡村旅游经营提供了条件。2015 年《关于积极开发农业多种功能　大力促进休闲农业发展的通知》提出，各地要将休闲农业用地列入土地总体规划和年度计划优先安排，支持利用闲置宅基地、村集体建设用地和"四荒地"发展休闲农业，乡村旅游的土地政策支持力度加大；2018 年《关于促进乡村旅游可持续发展的指导意见》鼓励通过流转等方式取得属于文物建筑的农民房屋及宅基地使用权，探索村集体以出租、入股、合作等方式，利用相关资源开发乡村旅游。

4. 资金扶持政策变化　资金问题是困扰我国乡村休闲旅游发展的迫切问题，尤其是在中西部贫困地区。

从 2007 年开始，我国的相关政策一直致力于以多种方式支持乡村休闲旅游发展。《大力推进全国乡村旅游发展的通知》提出，利用支农小额贷款帮扶乡村旅游经营者，这是行业主管部门首次提出资金支持的文件。2009 年，国务院在《关于加快发展旅游业的意见》中提出，中央政府投资要重点支持中西部地区乡村旅游等基础设施建设，鼓励乡村旅游企业通过互助联保方式实现小额融资。我国的土地、森林等集体所有性质限制了农民的融资渠道，为了解决这一问题，2015 年《关于积极开发农业多种功能　大力促进休闲农业发展的通知》提出，鼓励担保机构开展土地经营权、集体林权等抵押贷款业务，鼓励符合条件的休闲农业企业通过上市、PPP 模式、众筹模式等方式进行融资。2018 年国务院提出，积极探索建立乡村旅游产业投资基金的方式支持乡村旅游发展。《关于促进乡村旅游可持续发展的指导意见》又在原有的基础上提出，支持农民住房财产权抵押贷款业务，鼓励保险企业探索实施支持乡村旅游的保险产品。

5. 智力扶持政策变化　地方经济的发展离不开中央与地方政府的引领和推动，乡村休闲旅游的发展也需要更多的公共服务倾斜。

从 2006 年开始，《关于促进农村旅游发展的指导意见》提出，要特别重视对乡（镇）一级党委领导发展农村旅游的培，2014 年又要求各地要加大对贫困地区市、县分管领导和旅游部门主要领导的培训力度。在我国的城市化进程中，农村人口老龄化、乡村空心化问题严重，现存人口受教育程度低、对新兴经济形态认识不足影响着乡村休闲旅游的产业化。2015 年，《关于积极开发农业多种功能　大力促进休闲农业发展的通知》提出，加大休闲农业从业人员的培训。2018年，国家发展改革委等 13 部门联合在《促进乡村旅游发展提质升级行动方案》提出，探索通过政府购买服务等方式对本地从业人员开展培训，吸引大学生"村官"、乡村旅游管理和专业人才等群体回乡创业；在《关于促进乡村旅游可持续发展的指导意见》提出，组织引导大学生、青年创业团队等各类"创客"投身乡村旅游发展。

二、乡村休闲旅游的政策落实

乡村旅游的发展不仅需要当地丰富的旅游资源，也离不开地方政府的培育、引导和扶持。各级政府相关部门作用的发挥应该遵循"政府主导、部门联动、行业自律、各司其职"的原则，政府虽不是乡村旅游发展的主体，但在推动乡村旅游发展中要切实发挥主导作用，协同其他部门，使得乡村旅游促进当地社会经济发展。

1. 统一发展理念，重视和加强乡村旅游工作　区、乡两级政府和相关部门要抓住国家"乡村振兴战略"机遇，落实好省、市旅游工作会议要求，配齐配强区旅游监管力量，在旅游资源丰富的乡镇设立专门的旅游工作办公室，加强旅游工作队伍建设，加快智慧旅游建设。各地党委、政府要形成发展乡村旅游是调整农村经济、农业产业，提高农民收入结构的重要手段的共同意识。从另一个角度看，发展乡村旅游还可以美化、绿化和净化村落环境；同时城市居民通过乡村旅游了解农民、了解农村、了解农业，提高三农意识，构建和谐的城乡关系，让乡村旅游成为建设富裕文明秀美乡村的重要抓手。

2. 科学发展规划，促进乡村旅游产业提档升级

一是要全力配合旅游部门开展资源普查，对自己的旅游资源"家底"摸清摸透。要在各地旅游资源普查基础上，结合自身资源和开发发展情况，聘请专业规划公司编制主题鲜明、切实可行的全域旅游发展详规，用以引领全区乡村旅游发展方向，做到差异化、特色化发展。加大旅游法律法规的宣传力度，提高全民旅游意识，营造好全民参与旅游氛围，能够形成你中有我、我中有你的乡村旅游发展大格局。

二是要全力推进乡村休闲旅游建设。持续努力发挥"旅游＋"功能，使旅游与农业、加工业、手工业及其他相关产业深度融合，形成新的增长点和竞争力，努力实现全民共建共享乡村休闲旅游的目的。

三是要完善基础设施，提升旅游体验值。加大招商引资和协调推进对接力度，吸引社会资本参与投资，下功夫完善全区内景点连接公路、游客集散中心、旅游公厕、公共停车场、移动信号网络、信息网络等基础服务设施。

3. 规范旅游市场秩序，维护旅游市场安全　按照"政府主导、部门联动、行业自律、各司其职"的原则，以提升旅游服务质量和旅游者满意度为目标，进一步加强旅游市场监管，明确政府、部门、企业、从业者在旅游市场综合管理方面的责任：政府是旅游市场监管的责任主体，对全区旅游市场综合治理工作进行领导；部门按照法定职责分工，实施日常监督检查；旅游主管部门要联合其他部门对辖区旅游市场加强日常监管，特别是要对各涉旅企业的接待设施、游乐设备、消防器材、食品卫生、警示标牌、应急措施等方面从严监管；有效规范旅游市场秩序，尽快研究出台行业标准，设立行业准入门槛，确保旅游市场安全有序。

4. 加大对旅游产业扶持力度，助推精准扶贫工作　积极争取上级政策和资金，加快旅游基础设施建设；尽快出台乡村旅游扶持政策，加大对乡村旅游从业人员培训力度，做大做强乡村旅游产业，使其成为农村产业扶贫的重头戏。一是通过乡村旅游发展的土地需求，开展土地经营权流转，对贫困户办理相关手续给予支持和帮助，将闲置土地流转给乡村旅游开发商来获得土地流转收入。二是政策上予以大力扶持，以房屋、耕地等资产参股当地乡村旅游产业来获得股权收益。三是发展特色工艺品产业。由于乡村旅游的带动作用，人流量大了，市场也广阔了，掌握了特殊公益的贫困户可以生产加工特色公益手工产品，如瓷器、陶器、编制产品等。四是开办农家乐创收。以此作为乡村旅游的辅助接待方式，为游客提供餐饮、住宿、导游等服务实现增收。

5. 加强人才队伍建设，建立人才培养机制　人才是旅游发展的第一资源，乡村旅游业的可持续发展，必须要有大批专业的旅游人才作为支撑。政府要编制科学长远的旅游人才增加规划，重视从事旅游一线工作的干部培养和使用，鼓励引进旅游策划、经营、管理等高端人才；建立旅游发展专业人才和从业人员教育培训体系，加大乡村旅游服务人员培训力度，重点培训就业创业、家庭经营和电子商务等实用技能。通过办培训班、外出考察学习、点对点结对等方式，开展多层次、大范围的教育培训，提升管理经营人员和一线服务员工的综合素质，培养一批懂管理、能经营、服务好的旅游人才。

相关部门也要加强从业者的环保意识，在进行专业培训时要组织其学习环境保护等知识，提高其环境保护意识。同时，从业者可以采用门票、宣传册等宣传教育方式，唤醒游客崇尚自然、保护自然的理念，共同保护乡村环境。

6. 创新营销宣传，提升知名度和美誉度　乡村休闲旅游不同于著名旅游景点，宣传是否到位非常重要。一是要抓住省市旅博会、商品博览会、商品大赛等各种机会开展本地旅游的营销与宣传工作。二是要借助各类知名微信平台或自身的微信平台，加大宣传促销力度，扩大本地旅游的知名度，提升旅游整体形象。三是要抓好驴友口口相传的宣传实效。通过旅游达人的游记撰写、旅游心得分享来增加景区的知名度。四是联合各类娱乐节目、各类小社会团体如车友会、自驾游协会等推动乡村旅游点的人气高涨。

第二节　人才引育体系

乡村休闲旅游是以乡村独特的自然环境、田园风光、生产经营形态、民俗风情、农耕文化、乡村聚落等资源，为游客提供观光、休闲、度假、体验、健身、娱乐和购物的一种新型的旅游经营活动。乡村休闲旅游的发展需要充分调动基层组织及广大农户的积极性、主动性和创造性，构建人才培育体系是保证乡村休闲旅游可持续发展的关键。

要培育一批领头羊，就是旅游带头人、工商资本、龙头企业和基层领导，引领乡村休闲旅游潮流；引入一批千里马，就是返乡入乡创业创新的农民工、大学生、退役军人、科技人员"新四军"，加入乡村休闲旅游建设；发掘一批老黄牛，就是田秀才、土专家、乡创客、能工巧匠，丰富乡村休闲旅游文化底蕴。

一、人才引育的主要原则

1. 整体规划，突出重点 乡村休闲旅游的发展是一个系统工程，为使乡村休闲旅游的培训工作有序进行，就要将整个工作纳入当地乡村振兴的大盘子中进行通盘考虑和整体规划。在培训内容的确定、培训主体的协调、培训步骤的安排、培训场所的组织等诸多方面都需要进行整体、科学地设计与规划，根据各地乡村休闲旅游发展的总体目标和阶段性安排，有重点、有层次地逐步推进。

2. 联系实际，注重实效 我国农村地域广大，各地的经济发展水平、历史文化传统以及乡村休闲旅游发展程度差异较大，即使在同一地域范围内仍存在不同，像云南这样的多民族聚居地则差异更为明显。因此，培训工作不可能存在千篇一律的模式和内容，要因地制宜，在认真研究和分析当地实际情况和经营户不同需要的基础上，选择培训内容和具体的培训方式。在培训过程中要坚持理论联系实际的原则，运用先进的教育理念，注重教学层面的指导，使培训工作收到实效。

3. 改革创新，形式多样 不应只注重传统的培训方式，还要重视新的培育方式方法，将乡村休闲旅游培训变成一个有意义、有趣味性、能被更多农户所接受的培训活动。

（1）创新培育理念，彰显培育价值。在现在的乡村休闲旅游发展中，培育不仅仅是一种教学，在更多的情况下，培育是作为一项创造性的活动而存在的，其主要存在是为了解决乡村在发展乡村休闲旅游过程中所遇到的一系列问题，而人才培育的最终目的恰恰是为了提升乡村休闲旅游行业的整体综合素质。基于培训的重要性，在发展乡村休闲旅游的过程中不仅要注意学习型、创新型、示范型组织的培养，还要将其他行业的新技术、新理念、新产品、新业态，及时的、有创造性的引入到乡村休闲旅游中来，并可通过相关的培训平台，缩小乡村休闲旅游产业与其他相关产业的缝隙。不能一味地强调只对乡村休闲旅游从业者进行培训，更多的也要对前来乡村休闲旅游的游客进行培训，通过媒体的评论报道、导游的讲解与解说、科普书籍的标牌展示、公益活动的举办宣传等探索对消费者进行科普教育，为促进乡村休闲旅游的可持续发展提供有力帮助。

（2）创新培训内容，提升培训效果。在过去的培训中，更多的是探讨乡村休闲旅游的理论体系，而忽略了实践。培育人才不是开会，也不是学术论坛。在发展乡村休闲旅游的人才培育过程之中，要注意加强行业特征与管理创意培训的同时，还要对产品创新和产业自成体系重点培育。鼓励发展相关产业，运用文化与科技的手段为产品注入新的元素，主要以绿色环保、文化鲜明、外形独特的包装，打造出深受消费者喜欢的高颜值、高耐用、高质量的特色产品及工艺礼品、功能保健品等。做到引导环境改造与景观小品创意之间的联系，其中包括对大地景观、园艺造型、花圃设计、农业景观、设施景观、湿地景观、园林小品、装饰点缀、旅游产品雕塑、创意标牌、原木艺术、陈列艺术、装饰艺术等旅游产品创意改造，并且也要为乡村休闲旅游产业的营销推广提供有效方法，经过整合划分为品牌塑造、形象设计、体验设计、节会活动、宣传策划、网站建设、消费心理、整合营销等。通过相关案例解读和规划创意，让乡村休闲旅游企业能够通过把创意产品、创意文化、创意美食、创意活动、创意服务和创意环境相互结合，打造出具有创意的乡村休闲旅游产品，加强游客参与度，以实现乡村休闲旅游业可持续发展。

（3）创新培训形式，拓展培训功能。对于乡村休闲旅游的培训要从解决实际问题出发，不能拘泥于固有的形式，乡村休闲旅游的创新应当根据现代的形式，努力朝着主题化、精品化、生动化，朝着绩效多功能化的方向发展。对于乡村休闲旅游管理者、企业培训等要严格按照分成、分类、分批的方式展开针对性的乡村休闲旅游培训，结合情景体验、答疑互动、分组竞赛、拓展训练等特色教学，做到让学员带着希望、带着课题、带着问题来，带着激情、带着创意、带着决心回去，全面引导乡村休闲旅游业的发展，实现乡村休闲旅游的区域集体化、生态低碳化、主题差异化。突破传统固有的培训时间、培训地点、培训对象及培训方式，开展半封闭式专场培训会、部门工作会议后培训会、相关论坛节会会中培训会、农庄诊断咨询会、组团考察座谈会、高校涉农专业培训会等，利用分组辩论、实际操作演练、活动有奖问答、考察学习报告、培训学习心得等方式深化教学成果，通过利用媒介传播、媒体专栏讲座、市场问卷调查、主体创意演讲、学员论文答辩等方式方法延伸培训效果。以便达到对乡村休闲旅游人才培训系统化、专业化、特色化，为游客提供全方位、多领域的专业化服务，确保乡村休闲旅游整体发展。

4. 保证质量，及时反馈 乡村休闲旅游的培训若流于形式，不仅会延缓部分乡村经济社会发展的步伐，同时也将会给整个社会的文明进步留下严重的后遗症。因此，要从培训前期的准备工作、培训的过程组织以及培训之后的考核与巩固等多个方面综合协调，以确保整个乡村休闲旅游培训工作的质量，使经营户真正从培训中获益，并能够运用到实际的乡村休闲旅游经营过程中。另外，乡村休闲旅游的培训是一项持续性的工作，培训的信息要形成一个闭合状的回路，从而使培训工作成为一项螺旋状上升发展的过程。因此，要通过调查问卷、访谈等多种手段开展定期不定期回访，以不断完善培训的组织和管理工作，使乡村休闲旅游的培训成为一项长期的惠民工程。

二、人才引育的实施主体

乡村休闲旅游培训的实施主体主要涉及"由谁来开展培训"的问题。

培训是一项信息由相对富集的一方向相对贫乏的一方或多方扩散的过程，相关信息的相对充分掌握者自然就成为培训的实施主体。

1. 政府引导与培育 地区政府在促进乡村休闲旅游发展的同时，也应注重人才的引导和培育。这里的政府行政管理部门并不仅仅指旅游行政管理部门，还包括农业、水利、土地、卫生、质监、林业、公安、海洋、园林、消防等众多的政府部门。他们既要向广大乡村休闲旅游参与者宣传政府的相关法律法规与政策措施，以履行行业监管的职能；同时也要利用自身在某一方面的知识专有性向乡村休闲旅游参与者提供专业服务，以提高行业整体素质。

对乡村休闲旅游人才培训时，为确保乡村休闲旅游的合理化、规模化、统一化，可以通过编写制订手册、发布官方微博等方式，广泛宣传解读政策措施，将各级、各部门对乡村休闲旅游业发展的支持政策告知给各个乡村地方的从业人员，使其可以及时掌握相关的扶持政策和监管政策，更好的发展乡村休闲旅游产业，为乡村振兴发展提供有效动力。

2. 各大院校合作培育　地方政府可以通过委托与乡村休闲旅游业专业相关的院校与业内专家，根据我国乡村休闲旅游产业的发展情况与发展趋势，在相关行业与相关知识理论的结合下，根据近年来相关的国内外乡村休闲旅游行业的发展及实际经验、学术研究及实地调研考察，围绕乡村休闲旅游和休闲农业的相关政策、理念、模式、规划、景观、文化、人文、餐饮、住宿、娱乐、休闲、体验、养殖、加工、工艺、园艺、环境、品牌、营销、管理、采购、安全、利益、技能等组织系列培训活动和培训资料的撰写与改编，经过审核后纳入培训试用教材。经过试用期间的反馈，再进行修改和调整，修订为正式出版的教材并进行授课。由于考虑企业的不同，出版内容要通俗易懂、图文并茂，有较强的学习价值与实用价值。

3. 带头人交流经验　各地乡村休闲旅游带头人往往有着多年实战经验，地方政府应组织乡村休闲旅游带头人进行交流活动，分享经验与感悟，以此培育新的乡村休闲旅游人才。

需要强调的是，在开展实地培训工作之前，上述实施主体应开展有效的沟通，在一些重要的价值观念、培训方式选择、培训管理组织等方面达成相对一致，这样有利于形成强大的合力，促进整个培训工作的顺利开展。

三、人才引育的对象范围

确定乡村休闲旅游培训对象的依据除了信息的掌握程度外，还要考虑实际的参与范围。乡村休闲旅游是以乡村地域为载体，主要以当地村民为主而开展的一项旅游活动。与乡村休闲旅游有关的当地村民（包括直接和间接）以及与村民生产生活密切关联的基层政府工作人员等理所当然成为乡村旅游培训的对象。乡村休闲旅游离不开农户的参与，按照参与乡村休闲旅游的程度和方式不同，可分为直接参与者、间接参与者和非乡村休闲旅游参与者。直接参与者是指在开展乡村休闲旅游的过程中直接为游客提供服务并获取收益的农户，如农家乐的企业。间接参与者是指通过向直接参与者提供产品或服务以获取收益的农户，如自身不经营农家乐但向农家乐经营户提供农产品的农户。非乡村休闲旅游参与者则没有从乡村休闲旅游的发展中获取收益。乡村休闲旅游培训的对象既包括直接参与者也包括间接参与者，但两者在培训的内容、方式等方面要有所差别。

基层政府工作人员，包括县级政府职能部门的管理者、乡（镇）政府及村民委员会的管理者，承担着双重角色。他们既要开展对广大乡村休闲旅游经营户的管理和培训，也要接受相应的乡村休闲旅游方面的培训，以提高和统一认识，增强开展基层管理与培训的能力。

目前我国在乡村休闲旅游管理与市场规范方面存在的部分问题，正是由于基层政府管理者整体认识不足和管理手段落后导致的。

四、乡村休闲旅游培训的主要内容

以农户深度相关的乡村休闲旅游是一项综合性的活动，从产业发展的客观规律出发，其培训的主要内容包括以下 6 个方面。

1. 乡村休闲旅游的基本理论　包括乡村休闲旅游的基本概念、主要类型和发展模式，国内外乡村休闲旅游发展的历程及现状，各地乡村休闲旅游发展的基本状况等。这方面的培训旨在提高乡村休闲旅游参与各方对乡村休闲旅游的认识，并在一些基础而重要的观念上达成共识。

2. 乡村休闲旅游资源的保护与开发问题　包括科学合理地认识本地的特色乡村休闲旅游资源，如何进行乡村休闲旅游资源的传承、保护与开发，如何形成乡村休闲旅游产品以及如何有效协调旅游资源开发过程中的保护问题等。这是充分调动社区参与旅游发展的积极性以保证乡村休闲旅游获得可持续发展的重要条件。

3. 乡村休闲旅游市场开拓问题　包括乡村休闲旅游市场的现状，如何进行市场细分和市场定位，如何运用市场组合理论进行市场开拓，如何进行农户或区域间的联合经营，如何进行市场开拓等。通过培训，使广大仍以一产为基础的农村社区尽快地接受现代市场观念，并通过自主创新活动不断推动乡村休闲旅游经济的快速发展和自身经济效益的显著提升。

4. 乡村休闲旅游发展过程中的法律与政策问题　包括国家和地方关于发展乡村休闲旅游过程中的各种政策法律规定，各地在引导和促进乡村休闲旅游发展中的各种政策导向与支持措施，政府与经营户在发展乡村休闲旅游过程中的相互关系问题等。这是顺应我国建设社会主义法治国家，引导基层政权组织依法管理和市场经营主体依法经营的有效手段。

5. 乡村休闲旅游的规范发展问题　包括餐饮卫生和安全管理规范，住宿卫生和安全管理规范，消防安全管理规范，紧急救援管理规范，医疗卫生管理规范等。这方面的内容是保障游客生命财产安全的必要措施，是促进乡村休闲旅游整体素质提升的重要手段，同时也是与社会主义新农村建设有关对策措施结合的最为紧密的部分。

6. 乡村休闲旅游的经营技能　包括餐饮服务的技能、客房服务的技能、对游客沟通与交流的技能、特色餐饮制作与创新的技能、游客招徕与市场开拓的技能、管理的方式与手段等。这方面的培训内容最为直接，效果也最为显著，是规范乡村休闲旅游经营管理行为、提高乡村休闲旅游服务质量的重要手段，同时也是最容易为培训对象认可和掌握并取得成效的部分。

五、乡村休闲旅游培训的保障措施

乡村休闲旅游培训要顺利实施，除了明确主体、客体、内容、原则等之外，还需要在培训组织管理、要素投入、监控与反馈等方面形成制度化的保障措施。

1. 建立有重点、分层次的特色乡村休闲旅游培训模式，不断推

进培训工作的开展　根据各地乡村休闲旅游发展的阶段性目标要求，结合现有的开发基础性条件等因素，可按照先基层政府管理者后农户参与者、先经营管理者后基层服务人员、先重点支持的经营户后一般经营户的原则，制订并优化对区域范围内乡村休闲旅游培训对象的培训时间安排，并通过示范效应和帮扶机制的发挥，使当地乡村休闲旅游培训对象都获得不同程度、不同时间长短、不同类型的培训。

2. 培养并形成有效的培训讲师体系　乡村休闲旅游的培训工作是一个涉及面广、持续时间长的系统工程，应按照相应的标准在一定区域范围内遴选出优秀的人才，形成当地乡村休闲旅游培训的核心讲师团队。作为乡村休闲旅游培训的实施主体，其主要负责对基层相关政府部门管理者、重点扶持经营户的经营管理者及部分基层服务人员的培训，同时在各村镇挑选、培养并形成遍及当地各乡村休闲旅游接待点的助理讲师团队，作为培训讲师体系的重要组成力量。核心讲师团队和助理讲师团队之间要建立相应的信息沟通平台和有效的合作机制，通过双方的通力合作，使乡村休闲旅游的培训工作形成一种日常的机制而非偶然的活动。

3. 选择并健全培训课程体系，合理编写培训教材　在开展乡村休闲旅游培训之前，应根据乡村休闲旅游发展的客观要求和地方乡村休闲旅游发展的实际状况，科学设计课程培训体系，所开设的课程要有针对性，要有重点、有层次、有阶段性。在形成相应课程体系的基础上，合理选择或自主编写与本地实际相符的培训教材，以利于将真实、有效的信息通过课程和教材的媒介传递给基层管理部门的干部职工和广大的乡村休闲旅游经营主体，从而保证培训目标的顺利实现。

4. 建立科学合理的考核制度和信息反馈机制　为保证乡村休闲旅游的培训工作落到实处，使广大乡村休闲旅游企业确实实从培训中获益，应积极探索并不断完善在培训过程中和培训结束之后的考核制度，采用多种方式和手段检验培训的成效。同时，应通过事中反馈和事后反馈相结合的方式，及时收集培训对象、基层政府以及游客等对培训开展情况的意见和建议，适时调整培训计划和各项组织工作，使乡村旅游培训工作不断得以完善。

5. 建立健全乡村休闲旅游培训的投入机制　乡村休闲旅游培训工作的顺利开展需要各种人力、物力、财力等资源的投入，而要保证这些资源投入的及时、充分、有效，就需要建立完善的投入机制。首先，要组织并成立专门的乡村休闲旅游培训办公室，负责当地乡村休闲旅游培训的统筹与组织协调工作。其次，要保证乡村休闲旅游核心讲师团队在人员组织、培训时间安排、薪酬发放等方面的稳定性。最后，要充分发挥市政府、县（区）政府、乡（镇）政府、乡村休闲旅游经营户、行业协会等多个群体在资金投入方面的积极性，多方努力来筹措培训资金。

乡村休闲旅游的发展需要具有高素质的人才参与，同时也需要开展切实有效的沟通，培训活动正是塑造高素质人才与实现有效沟通的良好方式。而只有建立并不断完善相应的培训体系，才能保证培训工作的顺利实施，同时也能促进乡村休闲旅游的持续健康发展。

◆　**典型案例**

季刀苗家媳妇陈琴，乡村休闲旅游带头人

2004 年，季刀村被贵州省列为巴拉河乡村旅游区的村寨之一，名不见经传的原始古朴的季刀苗寨开始被关注。"百年粮仓、百年步道、百年古歌"，厚重的民族文化，让国内外专家组对季刀苗寨格外青睐。

（一）

季刀苗家媳妇陈琴，靠具有一定英语基础和流利的普通话成为乡村旅游示范区项目村寨信息员。

2011 年，陈琴贷款建起了季刀苗寨第一家乡村客栈。由于掌握一定的乡村旅游知识，懂经营、会管理，加上热情好客，服务

到位，陈琴的乡村客栈很快蜚声国内外。2000年，陈琴从黔东南州卫校毕业后，成为三棵树季刀村的一个乡村卫生员。2004年的春天，秀美的巴拉河迎来千载难逢的发展机遇，《贵州省旅游发展总体规划》所确定的九个示范项目之一，巴拉河乡村旅游示范项目，在这里全面启动实施。

聪明能干又有一定文化水平和英语基础的陈琴被巴拉河乡村旅游示范项目工作组聘为巴拉河乡村旅游示范项目工作的专职信息员，参与了巴拉河乡村旅游示范项目工作的"管理/培训""监控/评估""规划/建设"和项目实施的全过程。在与巴拉河乡村旅游示范项目国内外专家组长达两年的工作和接触中，陈琴从中学到了发展乡村旅游的很多知识和乡村客栈经营的管理方法，看到了乡村旅游对农村农民脱贫致富的美好前景，并萌生了在家里开办乡村客栈的想法。

2011年在丈夫的支持下，陈琴借贷30多万元资金，修建了300多平方米上下两层的具有民族特色建筑风格的乡村客栈，她把从专家组学来的"外观本土化，室内现代化"的理念贯穿于整个乡村客栈建设中，在经营和接待服务上，陈琴把苗族人的热情好客、民风的纯朴在游客面前展示得淋漓尽致。陈琴说："我的乡村客栈对外是乡村旅店，实际上是我自己的家，所以我把到我这里来的每一位游客都当成我的亲戚好友来接待，使他们在温馨、舒适、安全、卫生、靓丽的旅游环境中住得下、吃得香、玩得欢"。

（二）

为了拓宽视野、增长见识、提高服务管理水平，陈琴参加了美国高盛集团在清华大学经济管理学院举办的世界发展中国家10 000名女性创业培训班，通过为期4个月的学习培训，陈琴以优异的成绩拿到了清华大学经济管理学院的结业证书。2012年中国著名设计师谢锋到季刀采风就住在陈琴的乡村客栈，被陈琴热情纯朴和周到的服务所感动，当年邀请陈琴全家参加了在法国举行的"法国苗绣之旅"2012春夏聆听时装发布会，陈琴现场进行了苗族刺绣表演，受到了现场专家的高度赞誉。上海国际交流学院老师陈凤这样评价陈琴的乡村客栈：陈琴客栈与其他苗族家庭旅馆相比的特别之处，我想不仅在于她一家人对人亲和淳朴热情，给予"家"的感觉，更多的是他们自身对苗族文化的理解和热爱，让你可以更深层去感受这个民族的气质。

陈琴的乡村客栈因古朴宁静、服务热情周到，近年来很受国内游客青睐。有很多高端游客探访季刀，住宿在陈琴的乡村客栈，如著名影视演员许晴，音乐艺术家徐沛东、朱哲琴，主持人李静，导演丑丑，设计师谢峰，造型师马玉等。2012年至今已有近2万人次中外游客入住陈琴的乡村客栈，陈琴也因此还清了30多万元建房、买车借贷的资金，从此走上了发展乡村旅游的致富路。

（三）

陈琴富了不忘季刀的父老乡亲。陈琴的客栈只有7间房，随着客人越来越多、口碑越来越好，已无法满足客人入住需求，她积极组织动员村民利用自家的老屋改建成乡村客栈，截至目前已发展了80多个床位，给每个家庭每年创造2万元、1万元、5000元不等的收入；她还帮助村民销售自制腊肉，每年为每户村民创收2000多元。在搞好旅游接待的同时，陈琴还带动游客向村里的孤寡老人和留守儿童捐钱捐物奉献爱心，一方面让孤寡老人和留守儿童得到温暖和帮助，另一方面也让游客在奉献爱心过程中体会到快乐和宁静，让传统的圣贤孝道得到更好的传承。

2013年7月，陈琴成立了一家小微企业——凯里市季刀苗族文化传播中心。以苗族刺绣、服饰等制作、销售、乡村旅游景点开发及苗族文化传播作为核心。收集村寨里的手工银饰、绣品，通过网络销售，帮助村寨妇女用刺绣为家庭创收。在共同创业的过程中，得到了凯里市妇联给予的大力帮助和支持。2015年陈琴的文化传播中心，被市妇联评为"巾帼示范基地"，并得到市妇联组织的"锦绣计划"培训项目支持。在2015年底，得到联合国开发计划署联合中国宋庆龄基金会、凯里市文产办在贵州黔东南苗寨推出"指尖上的幸福"项目，通过开展苗绣技艺培训，帮助当地少数民族女性增加收入，改善生计。当"指尖上的幸福"项目落地季刀苗寨后，陈琴毫不犹豫地申请成为项目联络人。在联络培训的同时，陈琴利用农家客栈对苗绣进行宣传，以苗家人的真实生活吸引外来游客，不仅推广了苗族文化、苗绣产品，还提高了村民的收入，越来越多的苗家妇女加入项目开发并成为绣娘。目前季刀苗寨稳定的绣娘有50人，每人每年增加的收入多则2万元，少则2000元以上。为了使项目可持续稳定地发展，陈琴号召绣娘们从收入里拿出3%作为种子基金，以鼓励支持周边更多的苗寨妇女创业。

陈琴把季刀苗族文化传播中心作为本寨的一个文化窗口，把网上预订到来的客人合理分配到有条件、有能力接待的农户家中，资源合理分配，让村民都有了很好的收入。陈琴充分利用"踏百年步道、看百年粮仓、听百年古歌、住百年古屋、望百年古树、戏巴拉河水"传统村落的文化优势，以小而精、古朴、生态、安静体验生活，留住客人。为全寨村民增加了收入，成为乡村旅游脱贫致富的带头人，为凯里市脱贫攻坚作出了贡献，由此成为黔东南州2017年脱贫攻坚先进典型人物候选人。

第三节 土地使用体系

乡村休闲旅游业是休闲农业和旅游业相结合的产业，具有以土地为根本、以服务为主要内容的产业特征，要发展乡村休闲旅游，除了资本和人力要素的投入以外，还有赖于土地要素的投入。

一、土地资源与土地流转

土地是农民主要的生产和生活资料，也是乡村休闲旅游发展的重要基础。但是，由于我国长期以来的土地制度的影响，乡村休闲旅游的产业化、规模化，造成了农村土地使用的分散化与乡村休闲旅游规模化集中发展之间的矛盾。

乡村休闲旅游设施的配套需要农村建设用地的支撑，为给游客提供"吃、住、行、游、购、娱"等服务，在旅游产品内部需要建设游客接待、餐饮、停车场、农产品售卖等服务设施，需要一定规模的建设用地，但是多数旅游产品没有建设用地指标。因此，迫切需要在农业的建设用地上"破题"，这就涉及土地经营权流转问题。

根据我国现行土地管理法，我国土地所有权归属分两类：一是全民所有，即国有土地；二是集体所有，主要指农村集体土地。农村集体所有制的土地包括耕地、林地等农用地，除此之外还有用于宅基地、集体企业用地等建设用途的土地。

改革开放以来，我国实行家庭联产承包责任制，使农村土地的经营权（生产权）从所有权中分离出来，曾极大地促进了农业和农村经济的发展。但也遗留下了一些矛盾和问题，如家庭小规模分散经营，难以形成规模效益；无法自由处置土地，限制了农民择业自由；基础设施难以建设；科技手段无法普及，不能适应市场经济发展的需求等问题。党中央对农村土地承包经营权流转问题一直高度重视，不断改进、完善相关政策。

土地经营权流转是指在农村土地所有权归属和用地性质不变的情况下，拥有土地承包经营权的农户将土地经营权（使用权）转让给其他农户或经济组织的行为，其实质就是保留承包权，转让使用权。2002年颁布的《中华人民共和国农村土地承包法》把土地承包经营流转政策上升为法律。2007年实施的《中华人民共和国物权法》进一步完善了土地承包经营权流转的有关规定。2007年7月1日第十届全国人大常委会第二十四次会议审议通过的《中华人民共和国农民专业合作社法》，正式从法律上确认农村土地流转的合法性。2008年10月12日，党的十七届三中全会通过的《中共中央关于推进农村改革发展若干重大问题的决定》，从政策上确立了农村土地流转这一核心问题的基本原则，即"依法、自愿、有偿"，2013年11月12日，党的十八届三中全会通过的《中共中央关于全国深化改革若干重大问题的决定》，再次强调"鼓励承包经营权在公开市场上向专业大户、家庭农场、农民合作社、农业企业流转，发展多种形式规模经营"，并明确提出"赋予农民对承包地占有、使用、收益、流转及承包经营权抵押、担保权能，允许农民以承包经营权入股发展农业产业化经营"。这一系列的规定和政策为农村土地流转提供了可能。

《中共中央关于推进农村改革发展若干重大问题的决定》明确指出，"现有土地承包关系要保持稳定并长久不变"，改变了以前"确保农村土地承包关系长期稳定"的提法，这个变化一方面可以稳定现有的土地流转方式，另一方面又保障了农民的土地流转权益，提高了农民土地流转的积极性和土地流转效率。

在乡村休闲旅游规划开发过程中，可以通过以下方式推动土地承包经营权流转。

（一）农村土地基本流转模式

1. 转租（包）　转租（包）是指承租方将部分或全部承租经营的土地一定期限内的使用权，转给同一集体经济组织的其他农户从事农业生产经营。转租后原土地承租关系不变，原承租方继续履行原土地承租合同规定的权利和义务。接租方按转租时约定的条件对转租方（原承租方）承担责任。作为村集体经济组织成员的农民可以通过转租的方式，将其他村民的承租土地一定期限内的使用权租过来，从而获得发展休闲旅游所需的土地资源，并通过换地的方式，使其集中在适合开发休闲旅游的区域。此种方式适用于作为集体经济组织成员的农民。

2. 出租　出租是指承包方将部分或全部土地承包经营权，在一定期限内租赁给他人（包括个人、集体、企业或其他组织）从事农业生产经营，出租人向承租人收取租金。出租后原土地承包关系不变，原承包方继续履行原土地承包合同规定的权利和义务。承租人按出租时约定的条件对出租人（承包方）承担责任。在出租引起的各主体关系中，发包方与出租人（承包方）之间存在土地承包经营权关系，属于用益物权关系；出租人（承包方）与承租人之间存在租赁关系，属于债权关系。如果发展休闲旅游的主体并非是当地集体经济组织的成员，则可以通过承租的方式获得当地农民的土地使用权，然后再进行休闲旅游的开发。

3. 互换　互换是指承包方之间出于各自需要或者方便耕种管理的目的，通过自愿平等协商，对属于同一集体经济组织的承包地块进行交换，同时交换相应的土地承包经营权。互换后，原土地承包合同规定的权利和义务可由原承包者承担，也可随互换而转移。作为集体经济组织成员的农民可以利用这种方式换取适合于搞休闲旅游的地块，也可以将自己所拥有的零散地块合并在一起，从而有利于休闲旅游的开发。此种方式同样适用于作为集体经济组织成员的农民。

4. 入股　入股是指实行家庭承包方式的承包方之间为发展农业经济，将土地承包经营权作为股权，自愿联合，组成股份公司或者合作社等，从事农业生产经营，承包方按股分红。由于休闲农业经营需要较多的投入，因而通过股份制获取相应的资源是十分必要的。通过土地承包经营权自愿入股，是解决休闲旅游开发和其他资源筹集的最有效手段之一。通过入股的方式既可以解决土地问题，也可以解决资金问题，甚至劳动力问题。

5. 转让　农村土地转让是指土地所有人将土地所有权有偿或无偿地转移给他人。有偿的是买卖，无偿的是赠予或遗赠。土地转让行为只能发生在土地私有制的社会里，我国土地为公有制，因而不允许土地转让。但是土地的使用权可以依法转让，受让人仅对土地享有使用权，而所有权仍属于国家或集体。

在土地家庭承包经营的情况下，土地转让指承包人寻找第三人代替自己向发包人履行承包合同的行为。转让的合同内容虽无改变，但是变更了承包人，终结了原承包人与发包人的权利和义务关系，确立了受让人与发包人的权利和义务关系。土地承包经营权转让时，承包方与第三人应订立书面协议。

土地流转为农村土地资源整合提供了一条现实路径。但在土地流转的过程中，会遇到土地流转合理模式、农村建设用地供应、农民利益保障等新问题。要结合当地实际，按照公平与效率相结合、当前利益与长远利益相结合、增加增量与盘活存量相结合的原则，从规划、体制、政策等方面出发，多因素配合，有效解决这些问题。

二、用地规划

在各地大力发展休闲旅游的同时，部分休闲旅游农业项目却走了样，打起了土地政策的"擦边球"，戴着修建农业附属设施的"帽子"，却改变了农业用地的用途和性质，面临很大的政策、法律风险。因而各地政府在编制用地规划时，将休闲农业用地纳入规划十分必要。

2015 年 9 月，农业部下发《关于积极开发农业多种功能大力促进休闲农业发展的通知》，提出将"明确用地政策"，在实行最严格的耕地保护制度的前提下，对农民就业增收带动作用大、发展前景好的休闲农业项目用地，各地要将其列入土地利用总体规划和年度计划优先安排。

各级政府要在各地土地利用总体规划指导下，按照"珍惜每一寸土地、统筹安排、合理开发"的原则，在搞好资源调查评价的基础上，划定休闲农业用地，编制休闲农业用地规划。

1. 规划休闲农业用地的考虑因素　在用地规划中，要综合考虑常住人口和乡村旅游常态人口，并以此来确定乡村旅游公共服务设施、基础设施配套和乡村旅游实体项目建设用地指标。闲置的宅基地、整理结余的建设用地可用于休闲农业。鼓励利用村内的集体建设用地发展休闲农业，支持有条件的农村开展城乡建设用地增减挂钩试点，发展休闲农业。鼓励利用"四荒地"（荒山、荒沟、荒丘、荒滩）发展休闲农业，对中西部少数民族地区和集中连片特困地区利用"四荒地"发展休闲农业，其建设用地指标给予倾斜。另外，还将加快制订乡村居民利用自有住宅或者其他条件依法从事旅游经营的管理办法。

2. 规划休闲农业用地的依据　各地在修编土地利用总体规划时，要根据本地实际和自然条件，在符合上位规划和相关要求前提下，合理安排休闲农业用地。

（1）积极支持利用废弃矿山、腾退宅基地、垃圾场等存量建设用地，以及荒山、荒坡、荒难、荒地开发休闲农业项目。

（2）支持企事业单位利用存量房产、土地资源，开发乡村旅游。在与土地规划和城乡规划相衔接的基础上，"未利用地"在不影响原用地功能、不改变原用地性质、确保生态安全的条件下，可建设节地型、不压覆土地或可拆除复原的休闲农业服务设施。

（3）在废旧工矿用地上开发休闲农业项目时，实行有利于休闲农业产业发展的土地征用占用方式。结合休闲农业用地自身特点，确立一定时期内乡村旅游用地开发利用的方向，对休闲农业用地进行时空上的优化组合，并制定详细的管理制度，以确保乡村旅游顺利开发、持续经营。

三、合理的利益分配机制

在土地流转过程中，农民作为承包地用益物权的拥有者，由于对相关土地法律法规和政策知之甚少，每个农户的土地数量也不多，在谈判时缺少话语权，加上无法预测土地的未来增值收益，因此，往往处于弱势地位。为实现土地的顺利流转，切实保障农民权益，要按照"效率优先、兼顾公平"的原则，因地制宜地确定合理的利益分配机制。具体可以从以下几个方面加强探索。

1. 公正、公平　要在农村土地流转过程中做到土地流转合同公开、透明，进而实现公正和公平。

2. 返还机制　要在农村土地流转过程中建立土地增值部分按比例返还的机制。根据北京郊区的实践，每隔 5 年，土地流转费按一定比例递增。

3. 前置条件　对于失地农民，在签订土地流转合同时，可把优先安排农民在休闲农庄企业就业作为一个前置条件。这样农民不仅可获得土地流转费用，而且实现了再就业，有了工资收入。总之，在土地流转制度安排下，应始终把尊重农民意愿、维护农民的根本利益作为利益分配机制的核心和土地流转的出发点，以此维护农村社会稳定。

四、乡村休闲旅游产品用地管理

乡村休闲旅游产品是以乡村、农业生产生活资源为主要内容，以城市居民为目标市场，提供农业体验的活动，满足大众休闲、观光、游憩的需求，从而提高地区农业与经济效益可持续发展。乡村休闲旅游产品由最初的农田发展到集观光、休闲、娱乐、教育为一体的有组织的旅游产品，是发展的高级形态。观光休闲农业旅游产品将生态、休闲、科普有机地结合在一起，同时，生态型、科普型、休闲型的观光休闲农业旅游产品的出现，改变了传统农业仅专注于土地本身的大耕作农业的单一经营思想，客观上促进了旅游业和服务业的开发，加快了城乡经济的发展。

然而休闲农业项目的建设用地问题涉及国家土地政策，省市一级无法突破，国家有关部门要在进行专题研究的基础上，开展试点。

1. 休闲农业旅游产品用地面积　对于休闲农业旅游产品，允许有3%～5%的面积作为建设用地，用于建设管理服务中心、土特产品销售厅、停车场、餐饮住宿设施、园内道路、标识牌等。应明确休闲农业园的准入标准，严格评审制度，对符合条件的休闲农业园给予建设用地指标支持。

2. 休闲农业旅游产品用地控制思路　在具体操作中，有两个思路；一是只给国家休闲农业示范点和省、市、区级休闲农业示范园建设用地指标，以控制建设用地的总体规模；二是拉开档次，对于国家级和省级休闲农业园允许5%的建设用地，地市级休闲农业园允许3%的建设用地。对这项政策，可以按照从严掌握、区别对待、便于实施等原则，从农业农村部评定的国家级休闲农业示范点先行试点，再逐步推开。

3. 加强管理，严格执法　在农村，一些乡（镇）政府急于招商引资，在与客商签订土地包租合同时，并没有规范土地用途，一些企业就在耕地上建起厂房或其他永久性建筑，破坏了耕地的固有属性，即使到期收回，农民也难以再行耕种。随着城市的扩张，城区土地与城郊农村用地的界限在模糊，大量城市商业性用地打着公益性的名义非法侵占农用耕地，随意转变土地的性质和用途，严重侵害了农民的利益。此外，部分地方在实行税收改革之前出租的土地，流转价格偏低。实行税收改革之后，国家免除了农业税和"三提五统"，并实行粮食补贴，农产品价格也逐渐攀升，土地自身价值也相对提高，原来确定的流转价格显失公允。对于上述问题，应通过健全制度，严格管理，加强部门间的协调与租赁双方的协商，严格执法，从根本上加以解决。

五、休闲农业用地的最新政策

休闲农业是农业供给侧结构性改革的重要内容，是农业农村经济发展的新动能。党中央、国务院高度重视休闲农业和乡村旅游发展，2015 年以来连续 3 个中央 1 号文件都提出要大力发展休闲农业和乡村旅游，使之成为繁荣农村、富裕农民的新兴支柱产业。

2017 年中央 1 号文件明确规定：完善新增建设用地保障机制，将年度新增建设用地计划指标确定一定比例用于支持农村新产业新业态发展。允许通过村庄整治、宅基地整理等节约的建设用地，采取入股、联营等方式，重点支持乡村休闲旅游养老等产业和农村三产融合发展，完善农业用地政策，积极支持农产品冷链、初加工、休闲采摘、仓储等设施建设。

2017 年 5 月 25 日农业部发布的《关于推动落实休闲农业和乡村旅游发展政策的通知》提出：在用地政策上，要落实城乡建设用地增减挂钩试点，农村集体经济建设用地自办、入股等方式经营休闲农业的政策。要积极向当地政府汇报，争取将休闲农业和乡村旅游项目建设用地纳入土地利用总体规划和年度计划合理安排。要支持有条件的地方通过盘活农村闲置房屋、集体建设用地、"四荒地"、可用林场和水面等资产资源发展休闲农业和乡村旅游。

第四节 财政与金融帮扶体系

无论是开发乡村景区，还是发展乡村民俗接待、开办观光农业园、开发休闲度假村、举办乡村节事活动，都需要一定的资金投入。

但目前农民资金量有限，投融资渠道相对狭窄、招商引资难度较大，政府支持力度有限等，乡村休闲旅游发展的资金还比较缺乏，这也在某种程度上导致了乡村休闲旅游产品难以实现升级发展和集群布局。建立适合乡村休闲旅游发展特色的财政金融支撑体系便显得非常必要。

一、概念解析

财政政策包括各地整合财政资金，将中央有关乡村建设资金向休闲农业集聚区倾斜，包括以奖代补、先建后补、财政贴息、设立产业投资基金等方式，加大财政扶持力度。同时创新融资模式，利用PPP、众筹、"互联网＋"、发行私募债券等方式，引导社会各类资本投资休闲农业和乡村旅游。

金融政策包括创新担保方式，搭建银企对接平台，鼓励担保机构加大对乡村休闲旅游业的支持力度，帮助经营主体解决融资难题。要推动银行业金融机构拓宽抵押担保物范围，扩大信贷额度，加大对休闲农业的信贷支持，带动更多的社会资本投资乡村休闲旅游。

二、乡村休闲旅游业投融资情况

近年来，我国乡村休闲旅游业产业投融资规模明显扩大，投资主体趋向多元化，融资形式和融资渠道趋向多样化。政府多渠道投资有力促进了休闲农业的发展，优惠政策和投资环境优化吸引了企业的规模投资，休闲农业组织化程度的提高增强了融资实力，乡村土地使用权和房屋使用权流转制度的不断完善为我国休闲农业融资开辟了新空间，促进了休闲农业项目的落地和特色业态的培育。

《国务院办公厅关于推进农村一二三产业融合发展的指导意见》(国办发〔2015〕93 号) 提出：对社会资本投资建设连片面积达到一定规模的高标准农田、生态公益林等，允许在符合土地管理法律法规和土地利用总体规划、依法办理建设用地审批手续、坚持节约集约用地的前提下，利用一定比例的土地开展观光和休闲度假旅游、加工流通等经营活动。

（一）政府投资公益性项目

政府及有关部门通过转移支付的方式分别支持了农村基础设施建设项目、新农村建设项目、生态农业项目、观光农业项目、农业产业化项目和生态涵养项目等，这些投资都直接或间接促进了休闲农业发展。

1. 从农业部门的投入来看　市县两级对设施农业、生态农业和观光农业的投资，不仅促进了乡村休闲旅游业的发展，而且延伸了产业链条，把农业资源转化为旅游资源，进而促进了农业和旅游业共同发展。

2. 从旅游部门的投入来看　虽然资金规模不大，但投向的都是乡村休闲旅游的薄弱环节，有利于整合、梳理、链接由其他各类投资产生的资源和产品，在推进产业发展方面起到了倍增放大效应。

3. 从其他部门的投入来看　政府投资绝少直接进入乡村休闲旅游业经营领域，进入的都是基础设施建设项目和公益性项目。但这些项目改善了乡村休闲旅游发展的投资环境，为引进社会民间投资起到了先导和示范作用。

（二）投资主体多元化

在发展初期，乡村休闲旅游的投资主体主要是政府部门、乡村集体经济组织和乡村居民，政府投资引导，农民投资跟进。经过多年发展，在政府大力支持下，投资主体已经呈现多元化局面。政府部门通过项目投资、转移支付等形式，对基础设施、特色产业、生态补偿等关系休闲农业发展领域的引导性投入，吸引民间资金、外来资金以各种形式投向休闲农业及乡村休闲旅游，形成了"百川汇流融天下"的良性资金投入局面。农民和相关合作社以房屋和土地租赁方式，或者以房屋和土地使用权入股方式招商引资，吸引外地企业斥资进入乡村休闲旅游业。一些本地企业转而发展乡村休闲旅游，这些企业有的原本是农业生产企业和农产品加工企业，现在向旅游产业延伸；有的原本是服务性企业，现在向乡村休闲旅游业拓展，带来先进技术和管理，发展新的乡村休闲旅游业态。不仅国内资金进入乡村旅游，国外资金也在广大农村这块"热土"集聚。在北京郊区，从异域文化情调的"意大利农庄"、怀柔区慕田峪村、北沟村的"国际驿站",到国际色彩浓郁的北京张裕爱斐堡国际酒庄都有外商投资的印记。

1. 投融资合作 外来企业投资开发乡村休闲旅游经营性项目,因担心村民不守信用,不愿与村民直接打交道。而村民担心企业回报多,自己获益少,在经营上被边缘化。因此,双方直接谈成的项目不多。为解决这一问题,北京一些地区探索出了"政府主导、企民合作"的模式,即地方政府出面搭建合作平台,外来企业与村民构建合作机制。在外来企业与村民的合作方式上,主要分为股权融资模式和权益融资模式两种,其中股权融资模式是成立股份有限公司,外来企业出资入股,村集体以村落资源为不动产入股;权益融资模式是由地方政府主导,农民以村集体为单位向企业出租不动产。两者都是由地方政府所属的企业管理服务中心代理各村与企业签订协议。政府及其代理机构成为企业信用和农民信用的担保者,减少了项目投融资成本,增加了项目合作成功率。这两种融资模式使企业与村民的双方博弈变为政府、企业、村民的三方合作,创造了共赢格局。

2. 社会集资 一些集体经济实力较弱又缺少政府和企业投资的村庄,为发展休闲农业及乡村旅游,往往采取集资的方式来实现,即通过休闲农业合作社,把村民组织起来,每户出一定的份额,聚零为整。从社会集聚来的资金主要用于美化、优化村落环境,改善村落基础设施,保护村里的历史遗存,开发乡村休闲旅游项目,涵养本地的生态环境。通过社会集资发展乡村休闲旅游,旅游资源得到整体开发,旅游产品品质提高,在一定程度上改变了过去农民"单枪匹马"办旅游、组织化程度低、产品低水平重复、业内纷争多发、村落景观和环境退化等不利于休闲农业可持续发展的局面。能够从社会成功集资办休闲农业的村庄,一般来说,基层党组织的战斗力较强,有一个好的带头人和团结奋进的领导班子,能得到广大村民的信任和支持。

(三)乡村休闲旅游投融资模式

乡村休闲旅游项目的开发与落地,都涉及乡村集体土地的占有与使用问题。无论是哪种投融资模式,都是以土地(包括宅基地)使用权和林权流转为前提。在符合政策的前提下，一些村庄由乡镇政府主导，将部分土地使用权整体转让给开发企业，发展乡村休闲旅游。有的是村民集体获得开发企业的土地租金，有的是以土地招股方式获得企业投资，有的是村民散户将土地使用权转让给村集体，成立合作组织发展休闲旅游，分享经营利润。

农村土地使用权流转和金融改革为休闲旅游投融资开辟了广阔的空间。因此，呈现出以政府公益性投资、土地使用权流转和休闲旅游的组织化为前提，因地制宜，因项目而异，采取多种形式投融资，实现政府、企业与农民的合作共赢。

1. 转移支付模式　一般指省、市两级政府通过转移支付的方式支持新农村和现代农业建设，使乡村休闲旅游投资环境得到优化。例如北京郊区少数村庄休闲旅游的发展主要得益于市、区政府的大力支持，这些村庄一般是全国或市级在某一方面的先进单位，或是古村落，具有发展观光、休闲、旅游的先天条件，但在发展初期，村庄自身的接待能力和资金积累有限。为使这些村庄发挥窗口作用，带动休闲农业产业和区域经济的发展，北京市有关部门和区县政府往往以转移支付的方式给予它们一些资金支持，用于完善基础设施，改善村庄环境，提高乡村休闲旅游接待水平。

2. 复合投资模式　乡村休闲旅游项目启动之初，由政府投资基础设施建设，为企业投资开辟道路，吸引企业进行较大规模投资，并输入休闲旅游项目所需要的技术和管理，也可以称之为"一揽子投资"。多数投资企业原本就从事休闲旅游的关联产业，如花卉种植、生态农业和农产品加工等。他们依靠政府的支持，在原有企业基础上，通过延伸产业链，或者开发相关项目，搞起了乡村休闲旅游。

3. 权益与股权融资模式　村集体或村民散户出让土地使用权，并一次性或多次向受让方，即休闲旅游开发企业或休闲旅游经营户，收取土地租赁费。权益融资模式的特点是：村集体或农民放弃对土地的使用权、经营权和经营所得，以得到租赁费为补偿，同时为地方争取到企业对休闲旅游的投资，但村集体或农民在休闲旅游开发企业中并不占有股份。

村集体或村民散户出让土地使用权，换取企业的投资或者包括资金、技术和品牌的"一揽子投资"，出让方和受让方依据土地使用权的长短和投资额的多少分配各自的股权。之所以称为"股权融资"，是区别于"权益融资"，农民或村庄放弃对土地的使用权、经营权和经营所得，并不以租赁费为补偿，而是占有休闲旅游企业的部分股权，甚至控股，参与企业的经营和分红，这是对村民比较有利的融资方式。

4. 社会集资模式　近几年，在政策支持下，全国各地休闲旅游合作组织大量涌现。农民或者联合起来经营，或者以房屋使用权、土地使用权入股，交给休闲农业合作社来经营，或者再由合作社委托专业公司经营，从而获得经营性收入之外更高的资产性收益。与过去单个民俗旅游户的经营方式相比，休闲旅游合作社体现出了规模经营的优势，并产生较好的经济效益。如果在成立合作社的基础上，再对外招商引资，与"单打独斗"的个体经营相比，休闲旅游合作组织的信誉明显提高，招商引资的实力显著增强。外来企业参股经营，合作成本减少，成功率提高。另外，合作组织的信用程度提高，金融机构愿意为其贷款，中介机构愿意为其担保。

5. 贷款模式　个体企业、合作组织或企业为发展休闲旅游从商业银行贷款，政府为了支持本地休闲旅游产业发展，利用财政资金为贷款企业支付一定比例的贷款利息（如50%～100%），以减轻企业负担。获得商业银行贴息贷款是休闲旅游企业负债融资的方式之一，这种形式在各地较为常见。很多地方政府对新建、翻建、改建、扩建房屋用于乡村民俗旅游接待的农户，给予贷款贴息或补贴。

个体企业、合作组织或中小企业为发展休闲旅游从非银行金融机构获得贷款（北京郊区小额贷款的上限是8万元），虽然贷款额度不大，但是在一定程度上解决了过去长期存在的休闲旅游经营户和中小企业资金不足、贷款难的问题。村镇银行、农村资金互助社和小额贷款公司等经营灵活、快捷，适合民俗旅游接待户和中小休闲旅游企业的需要。

上述休闲旅游投融资模式中，既有政府投资，又有民间投资；既有资产融资，又有债务融资；既有国内投资，又有外商投资，实现了投资主体多元化、融资渠道多样化。用一句话可以将其概括为："政府引导、企业主体、市场运作、农民受益。"

（四）休闲旅游融资面临的问题

受产业特性、政策导向、比较效益、抵押物等因素的制约，休闲旅游产业仍然受资金约束，在投融资总量、工具、结构、布局等方面都难以满足产业发展的要求，面临以下主要困难与问题。

1. 投资总量不足，投资结构有待优化　休闲旅游面临经营和管理建设中都缺乏资金的状况。民俗旅游接待主要靠村民自筹资金，难以形成规模效应，对游客的吸引力不够，对当地休闲旅游的带动力也明显不足。休闲旅游的管理建设和休闲旅游产品的促销也存在资金匮乏瓶颈，使得产业升级成为难题。从休闲旅游投资结构看，也不尽合理。住宿、餐饮和采摘类的投资项目较多，而参与类、教育类、娱乐类项目投资较少，重复性、趋同性、低品位项目投资占有相当比重，致使休闲旅游产品结构不合理。

2. 项目后期投入不足，金融支持不够　从休闲旅游开发来说，前期投入大部分是企业老板的自有资金。他们大多是建筑、房地产、电线电缆、市政工程、电力工程等相关行业的成功人士，然后返乡创业，发展休闲旅游，前期投入较为充足。但由于休闲旅游投资周期长，环节多，见效慢，且事先估计不足，致使后续建设资金跟不上。因为休闲旅游涉及种养、加工、三产服务等多个环节，其发展需要大量资金投入，光靠企业远远不够，在完成了首次大量资金投入之后，大部分企业很难有第二次投入的能力，加上多数休闲旅游是利用租赁土地兴建的，产权不明晰，地面建筑物没有产权证，种植的果林没有果（林）权证，养殖的水域没有养殖证，其土地和房屋等不能作为抵押物，因而难以办理贷款，致使休闲旅游发展受到很大限制。

3. 投融资主体缺位，金融支撑体系不健全　从融资主体来说，大体可分为民俗旅游接待户等个体企业、乡村旅馆等微型企业、休闲旅游产品等中小企业、乡村景区等龙头企业、休闲农业合作社等合作组织。对于民俗旅游接待户来说，由于经营分散、资产规模小、收入水平低、抵押物缺乏等原因，很难从正规金融机构融到资金；对于乡村旅馆来说，由于规模小、经营不稳定、抵押担保品不足等原因，也很难从银行贷款；休闲旅游产品具有一定的规模，自身资产总量相对较大，有抵押物，可以获得贷款，但贷款规模难以满足自身需求；乡村景区是休闲旅游的龙头企业，体量大，资产存量高，能够满足金融机构的贷款担保要求，一般会受到金融机构的青睐；休闲农业合作社从严格意义上讲，并不是法人企业，也没有足够的资产可以抵押，因此，如果没有村集体经济组织等提供担保，也难以获得足够数额的金融贷款。

从投资主体来说，受历史及现实条件的限制，休闲旅游的金融支持主要来自银行业的信贷，而证券、保险、担保等行业的金融支持几乎为空白，金融产品的创新不够，金融支撑体系的建立任重而道远。

（五）完善金融支撑体系

必须建立完善的金融支撑体系，加快乡村休闲旅游业的发展与升级。要以财政资金为基础，以金融创新为核心，以投资服务平台建设为突破口，合理调配金融资源，创新金融工具和产品，充分发挥银行、保险、证券、担保等行业的优势，建立休闲旅游的金融支撑体系。

1. 财政资金主导体系

（1）设立休闲旅游基金。地方政府从振兴经济的资金中，每年拿出一定份额，作为乡村旅游发展专项基金，主要用于项目区及周围地区公共基础设施的建设、改造升级，休闲旅游项目的投资补助或贷款贴息等，为休闲旅游的发展提供更多的公共产品。

（2）研究制定优惠的财政政策和金融政策。对那些拉动地方经济发展作用明显、有发展前景、惠及本地农民的休闲旅游项目投资，可以适当采取税收优惠政策，增大财政资金的支持力度和投融资优惠力度。政府部门应出台优惠的财政政策，吸引社会对休闲旅游的投资，并建立申报审批制度，使休闲旅游投资项目的立项和实施走向正规化、程序化。

2. 信贷服务体系　银行业是金融支撑休闲旅游发展的主体。要创新信贷产品，改进信贷服务，加强对休闲旅游的信贷支持。

（1）创新符合休闲旅游特点的信贷产品。鼓励金融机构在依法合规、风险可控和符合国家产业政策的基础上，探索开展休闲旅游景区经营权质押和门票收入权质押业务，积极开展休闲旅游企业建设用地使用权、林权等抵押质押贷款业务。对具有一定知名度、发展良好且初步形成规模或集中连片的区域特色休闲旅游，金融机构要有针对性地创新金融产品，进一步简化贷款程序，降低贷款利率，给予重点支持。

（2）切实改进休闲旅游的信贷服务。对符合条件的小微休闲旅游企业实行差异化的信贷管理和考核办法，合理扩大基层机构审批权限。涉农金融机构要努力满足休闲旅游的资金需求，对于合理利用农业与农村景观资源、乡村空间、古村古镇、民族村寨等发展观光、特色和休闲旅游的项目与企业，要积极采取多种有效信贷模式和服务方式予以支持。针对休闲旅游的特点和休闲旅游行业的财务特征，制定和细化符合休闲旅游经营规律的授信标准，改进和完善风险评价体系。对旺季休闲旅游企业的短期小额贷款，要在有效控制风险的前提下适当简化审批手续，确保符合条件的休闲旅游企业获得方便、快捷的信贷服务。逐步加大对农家乐、观光采摘园的贷款支持力度。

（3）适当扩大担保物范围。可探索开展"四荒资源"及水面使用权抵押贷款和股权、应收账款质押贷款等，满足休闲旅游企业的融资需求。被评为五星级休闲旅游企业的，视同市级农业产业化龙头企业，列入信贷扶持范围，优先给予支持。鼓励发展休闲旅游融资性担保公司，逐步建立起功能完善的担保服务体系，支持涉农担保基金为民俗旅游接待户等提供担保。

3. 风险服务体系 乡村休闲旅游的基础是农业。鉴于气候突变、病虫害危害等特点，休闲旅游风险系数较大。因此，开发休闲旅游保险产品，健全休闲旅游保险体系，完善风险分担机制，显得尤为重要。

（1）开发休闲旅游保险产品。鼓励保险公司创新保险服务，大力推广"农家乐综合保险""财产险""责任险"等保险产品，为休闲旅游经营主体提供适合其特点的风险管理手段。探索开发休闲旅游项目

205

融资保险产品，以"项目保险"分类打包的形式，提升创投基金、信贷基金的投放信心，弱化"项目风险"。

（2）完善风险管理服务。承担政策性农业保险业务的保险公司，应依托现有业务网络，进一步加大对休闲旅游的支持。已经开办有关休闲旅游险种的保险公司，应加大业务拓展力度，提高服务水平。对于已经形成一定特色和规模的休闲旅游地，北京市各区政府可以按照政策性农业保险的有关规定，配合保险公司研发区域特色险种，并经市政策性农业保险协调领导小组审定后，按照有关规定给予不超过保费金额40%的市级财政资金补贴。

（3）探索设立休闲旅游的再保险。充分整合保险业界资源，探索设立休闲旅游再保险基金，提升再保险自身"造血"功能，吸引各大保险机构提供休闲旅游再保险支持。

4. 投融资机制 充分利用金融机构支持旅游业加快发展的有利时机和政策措施，健全北京地区休闲农业投融资机制，灵活运用多种投融资方式，促进多渠道、多模式融资。

（1）支持优质休闲旅游企业直接上市融资。支持休闲旅游资源丰富、管理体制清晰、符合国家旅游发展战略和发行上市条件的休闲旅游企业上市融资。积极支持优质休闲旅游龙头企业，利用资本市场进行并购重组，做大做强。

（2）建立市场化融资机制，探索和运用发行企业债券、私募基金、资产证券化及股权融资等多种投融资方式，开拓多元化融资渠道，制定系列的休闲旅游产业政策，使休闲旅游项目采用不同的方式，如 BOT 模式、BT "建设-移交"方式和 TOT "移交-经营-移交"方式等进行融资，还可以选择文化创意融资、专项资金融资和产业政策融资等。

第五节　标准化建设体系

休闲旅游标准化是实现乡村休闲旅游发展的重要内容，是促进乡村休闲旅游转型升级的关键环节。开展休闲旅游标准化建设，对于规范企业及相关企业行为，提升服务质量，保障乡村休闲旅游者权益，提高休闲旅游的竞争力，具有重要意义。

一、乡村休闲旅游标准化建设的必要性

休闲旅游作为现代农业的一种生产方式和生活方式，必将发展成为现代农业中不可或缺的产业形态。生产的目的是生活，休闲是一种健康积极的生活方式，制造业解决短缺问题，服务业提供便利，那么休闲则创造幸福。休闲旅游不仅需要标准化，而且需要高水平的标准化。

根据 GB/T 39351 的规定，标准是对重复性事物和概念所作的统一规定，它以科学、技术和实践经验的综合为基础，通过有关方面协商一致，由主要管理机构批准，以特定的形式发布，作为共同遵守的准则和依据。因此，标准具有以下特点。

一是标准是对重复性事物和概念的统一规定，因此对于该类事物具有一定的普适性。

二是标准的制定需遵循一定的原则，有对应的批准机构和相应的制定程序。

三是标准具有一定的效力，要求被规范者遵守。

休闲旅游标准化是指运用"统一、简化、协调、优选"的原则，以休闲旅游生产、服务、管理全过程为对象，通过制定标准、实施标准和实施管理，指导生产，引导消费，确保休闲旅游产业的质量和安全，规范休闲旅游市场秩序，促进休闲旅游规范化，以达到提高休闲旅游服务水平和竞争力为目的的一系列活动过程。

休闲旅游标准化包括标准体系建设、标准编制、修订和发布、实施等过程。

二、乡村休闲旅游标准化建设存在的问题

虽然一些地区已陆续制定一系列休闲旅游地方标准，并积极推进标准示范区建设，通过典型示范，以点带面，形成了标准化的管理体系，推进了休闲旅游的发展。但与标准化建设的内在要求、乡村旅游者权益的有效保障、休闲旅游产业的蓬勃发展相比，休闲旅游标准化

建设还存在一些矛盾和问题。

1. 缺乏顶层设计 休闲旅游标准数量少，尚不能涵盖休闲旅游的新兴业态；休闲旅游标准体系的建设不足，对休闲旅游标准的规划与制定缺乏宏观性、系统性、前瞻性；从实施来看，仅考虑当前的需要，没有长远发展的安排，休闲旅游标准的开放性不足。

2. 规范内容单一 现有标准以规范设施为主要目标，对休闲旅游的服务、乡村旅游者的权益、休闲旅游生态环境的保护等规范的不具体，在实施过程中也缺乏有效的约束。随着休闲旅游的发展，休闲旅游标准的规范对象，要从注重硬件设施向注重物质环境、服务要求、生态环境与乡土文化保护等方面的兼顾转变。

3. 限制性条件规定不足 现有的休闲旅游标准多为推荐性标准，缺乏强制性标准。对休闲旅游经营主体行为的上限和下限控制不足，没有强制执行和禁止执行的条款；对从业人员资格要求与资格审查不足，难以从源头上保证休闲旅游服务的质量；限制性条件规定不足，缺乏对违反限制条件的处罚和管理规定。

4. 重建设轻实施 在实践中，相对于标准的制定与标准化体系的建设，在实施上力度不够。一方面源于多部门管理，各部门之间沟通协调起来复杂；另一方面源于缺少法律层面的专门规定，使有关部门的执法缺乏法律依据。实施标准也是休闲旅游规范发展、提升水平、完善管理的重要手段，对休闲旅游的健康和持续发展将起重要作用。要通过休闲旅游标准化建设，构建休闲旅游标准化体系，促进休闲旅游转型升级。

◆ 典型案例

北京市休闲旅游标准化的成果

进入 21 世纪以来，北京市有关部门积极推行休闲旅游与乡村旅游的标准化管理，引导行业自律，取得了初步成果。2003 年，北京市农业委员会就制定了《北京市观光农业示范园评定标准

（试行）》，此后评定了4批共95个北京市观光农业示范园。随着实践的发展，2009年对该标准进行了修订，并更名为《北京市观光休闲旅游示范园评定标准（2009修订）》，2011年，评定主体由北京市农业委员会调整为北京观光休闲旅游行业协会，印发了《关于开展北京市休闲旅游星级旅游产品（企业）评定工作的通知》（京观农协〔2012〕1号），休闲旅游标准化已经成为都市型现代农业标准化的重要组成部分。2010年，北京市启动了休闲旅游标准化体系建设研究工作，探索建立休闲旅游标准化体系需求和农业服务标准化工作方法，为建设旅游观光、采摘休闲旅游标准体系，拓展农业标准化基地（示范区）建设内容奠定了基础。

为推进乡村旅游的有序发展，北京市坚持"边建设、边制定标准、边规范"的原则。

2001年，北京市农业委员会和北京市旅游局联合制定了《北京市郊区民俗旅游接待村评定标准（试行）》和《北京市郊区民俗旅游接待户评定暂行办法》。

2005年7月，《北京市乡村旅游发展规划（2005—2010年）》通过专家评审。

2006年，北京市地方标准《乡村民俗旅游村等级划分与评定》（DB 11/T 350—2006）和《乡村民俗旅游户等级划分与评定》（DB 11/T 351—2006）开始推行。

2008年5月，制定了《北京市乡村旅游景观管理公约》。

2009年1月，北京市颁布地方标准《乡村旅游特色业态标准及评定》（DB 11/T 652—2009），规定了国际驿站、采摘篱园、乡村酒店、养生山吧、休闲农庄、生态渔家、山水人家、民族风苑8个乡村旅游特色业态的接待与评定规范，成为全国首批乡村旅游新业态地方标准。

三、乡村休闲旅游标准体系的基本架构

开展休闲旅游标准化建设，前提是研究制定标准体系的基本架

构，进行顶层设计。休闲旅游标准体系是休闲旅游相关标准按其内在联系形成的有机整体，是按照一定的结构进行逻辑组合而组成的标准系统。建设休闲旅游标准体系，就是要使其基本架构覆盖整个休闲旅游领域，并对休闲旅游产品的提供过程和后续消费过程进行质量控制和管理，每一个标准都能在体系中进行准确的定位。休闲旅游标准体系在标准化过程中处于统领地位，是确保标准制定的完备性、前瞻性和科学性，引领和统筹标准制定工作的重要基础。

1. 休闲旅游标准体系的层次结构　休闲旅游标准体系的层次结构通常包括基础标准、通用标准和技术标准（表 6-2）。

表 6-2　休闲旅游标准规范体系

标准体系	与其他标准关系	法律法规体系	相互关系	强制性类型	制定机构
基础标准	全文引用	行政法规	指导性	强制性	政府部门
通用标准	部分引用	定义条款	指导下位标准	推荐性	休闲旅游主管部门
技术标准	没有引用	实体性内容	遵守上位标准	推荐性	行业组织

（1）基础标准涉及休闲旅游管理、运营、规划中公共利益与公共安全的部分，与相关行政法规中的原则和内容对应，具有法律强制性。

（2）通用标准则对应于下位标准中的术语、标志等基本要素，与行政法规、标准中的定义条款对应。

（3）技术标准与大部分涉及休闲农业与乡村旅游的行政规章对应，涉及乡村旅游的实体性和程序性内容规范，属于推荐性标准的范畴。

2. 休闲旅游标准体系层次的作用

（1）基础标准保障公共利益。休闲旅游标准体系中的基础标准主要为涉及质量、安全、卫生、环保和公众利益等目标要求的规定，或为达到这些目标而必需的技术要求及管理要求。该层次标准对休闲旅游各层次标准均有制约和指导作用，部分内容要求按照法律法规进行强制性要求，标准内容全文引用国家标准化管理委员会、国家旅游局等部委所指定的《生活饮用水卫生标准》《旅店业卫生标准》等标准规范。休闲旅游基础标准的制定，其意义在于对休闲旅游发展实践中最为核心的原则、要求、细节加以规定，从而体现出休闲旅游标准的政策属性，维护公共利益，制约和有效衔接下位标准。

（2）通用标准体现科学性。休闲旅游的通用标准主要为涉及休闲旅游其他标准定义和使用的术语、基本分类、基本原则、符号、计量单位、图形、规划等内容的标准。例如，制定乡村旅游中民俗旅游接待户、乡村酒店等专业术语的标准，将有利于乡村旅游设施与服务的明晰化和准确性表述，适用于进一步技术标准的编制、运用、监督等工作，适用于从乡村旅游规划编制到乡村旅游管理者、企业、当地居民、乡村旅游者的实践，是休闲旅游标准科学性的重要体现。

（3）技术标准全方位规范休闲旅游。技术标准是关于休闲旅游设施、服务、产品、方法、用地、从业人员、环境等具体要素的标准。此类标准在现实生活中最为常见。

一是从制定主体上说。技术标准的制定主体主要包括休闲旅游的管理主体、经营主体和中介服务组织等，旨在通过制定全方位、多要素、多载体的技术标准，促进休闲旅游规范化、有序化发展。从未来发展看，应更多地发挥行业协会在制定和实施技术标准方面的职能和作用。

二是从内容上说。技术标准又可细分为休闲旅游建设和评价标准、休闲旅游服务规范和操作规程。其中，休闲旅游建设和评价标准主要关注各个业态的规划、建设与评价标准；休闲旅游服务规范和操作规程主要关注各个业态规范服务的需求。

三是从具体的技术标准上说。由于休闲旅游的资源分类、规划设计、设施建设和旅游产品管理、产品质量和检验方法、形象宣传等各环节都应有相应的标准和规范，标准间应相互联系，形成有机整体，所以休闲旅游标准体系不仅包括已经颁布的相关农业、旅游、生态环境的标准、法规、规范条例，还包括正在立项和预计颁布的各类标准、规范条例。

四、乡村休闲旅游标准化建设的主要目标

休闲旅游标准化与休闲旅游市场趋势密切相关。近年来，休闲旅游的市场需求日趋旺盛，呈现出休闲生活常态化、休闲产业市场化、

休闲消费个性化以及休闲选择精准化等特点。标准化将引导休闲旅游向规范化、现代化、差异化方向发展，切实增强休闲旅游市场化竞争实力。

推进休闲旅游标准化建设，一方面要在标准体系的指导下，做好有关标准的制定和修订工作；另一方面要做好在编标准的试点和已有标准的实施工作。

1. 逐步健全完善休闲旅游标准体系　由于乡村旅游发展环境的变化和消费需求的升级，原有标准存在着诸多的不适应，甚至在一些方面阻碍着乡村民俗旅游业的发展，亟须修订。建议根据乡村民俗旅游业发展现状、发展趋势、服务规范等要素，对原有标准进行修订，实行星级管理，并制定新标准。在上述休闲旅游标准体系基本架构指导下，严格标准制（修）定程序，提升旅游标准制（修）定水平。组织好每一个新标准研究制定的论证工作，确保新标准制定的可行性、可操作性和前瞻性。加大对休闲旅游标准制（修）定的指导力度，跟踪了解，动态把握，严把质量关。

2. 加大现行休闲旅游标准实施力度，扩大各类标准的影响力
加大休闲旅游标准的宣传力度，开展标准（国标、行标、地标）的宣传贯彻培训。

（1）加强对休闲旅游企业的培训工作。对休闲旅游单位领导层、管理层和标准化工作层干部职工的培训，提高其标准化意识，增强执行标准的自觉性。应分批、分类，开展相关标准的宣传、贯彻培训。

（2）加强对休闲农庄、乡村酒店、乡村景区等复核检查工作。按照现有标准，不定期组织检查，由有关专家和执法人员组成检查小组，对休闲旅游点贯彻落实相关标准的情况进行抽查，对于不合格的，要督促其改正，不能限期改正的，由有关部门给予摘牌等处罚。要通过复核、检查，推进现有休闲旅游标准的实施，严格规范服务行为，提高服务质量。

（3）有序推进标准化实施方式的转变。按照"政府部门指导、行业协会运作、企业共同参与"的基本原则，加强组织协调，共同推进现行休闲旅游标准化实施方式的转变，提高标准化工作的有效性。

第七章

总结与展望

　　乡村原本是人类最原始的家园，古人已经诠释了乡村原本的模样，它是陶渊明笔下的"采菊东篱下，悠然见南山"，是杜牧笔下的"借问酒家何处有，牧童遥指杏花村"，是孟浩然笔下的"绿树村边合，青山郭外斜"，是辛弃疾笔下的"稻花香里说丰年，听取蛙声一片"。乡村凝聚着人类的记忆和一路走来的文化基因，值得保护，也值得传承。

　　随着城市化的稳定，人类开始渴望乡村的宁静和自然的清新。"户庭无尘杂，虚室有余闲。久在樊笼中，复得返自然。"传统农业时代回归自然是人们所期盼的，它不仅充分反映了城里人向往的生活方式，更是体现出了一种浓浓的乡愁。

　　我国在改革开放 40 年的时间里，城市化发展取得了举世无双的长足发展与傲人的成绩，到 2015 年已经在整体上完成了乡村社会的转变。只是这种转型引发了城乡之间的诸多问题，城市与乡村同时面临着前所未有的挑战。由于城市的扩张吞噬了很多乡村的文化和特色，导致很多乡村文化和乡村特色遗失。城市化的发展迅猛，也导致城乡差距的严重分化，城乡二元格局成为阻碍我国整体发展的首要问题。

　　解决这一问题的唯一出路就是实施乡村振兴战略，乡村振兴可以在最大程度上保留乡村优秀的文化基因。乡村振兴战略是习近平总书记于 2017 年 10 月 18 日在党的十九大报告中提出的战略。农业农村农民问题是关系国计民生的根本性问题，必须始终把解决好三农问题作为全党工作的重中之重,实施乡村振兴战略。

产业振兴是乡村振兴的关键,乡村休闲旅游业是乡村产业的新业态。发展乡村休闲旅游是实现乡村产业振兴直接、有效的手段,是乡村产业振兴中至关重要的环节。未来的乡村休闲旅游产业仍将会是一大热门产业,是许多创业人士的第一选择。

全国各地的发展实践证明,乡村休闲旅游业的发展不仅可以充分开发农业资源,调整和优化产业结构,延长农业产业链,带动农村运输、餐饮、住宿、商业及其他服务业的发展,促进农村劳动力转移就业,增加农民收入,致富农民,而且可以促进城乡人员、信息、科技、观念的交流,增强城里人对农村、农业的认识和了解,加强城市对农村、农业的支持,实现城乡协调发展。

第一节　乡村休闲旅游业的效应

一、社会效益

发展乡村休闲旅游不仅为当地增加财政收入,也为各地居民创造更多的就业机会,提供收入渠道,增加收入,当地居民可以通过直接与间接的方式来参与旅游业,促进产业发展,在经济上受益。发展乡村休闲旅游业,可以完善当地的配套设施及公共服务系统,带动一二产业的发展,促进一二三产业融合,并提供更多的就业岗位,增加当地的农民收入,缓解当地就业问题,提高当地农民在社会上的社会地位。

(一)拓宽农民增收渠道

乡村休闲旅游是一种充分利用农村资源开展的旅游活动,其依托的资源主要是城市周边以及比较偏远地带的自然景观、田园风光和农业资源,而这些资源的所有者和创造者都是农民。其本质决定了乡村休闲旅游非常强调当地社区和农民的参与,通常一个乡村休闲旅游景区的发展历程就是当地农民直接参与旅游业发展、改变自身经济发展模式的过程。农民可以将一般的生活资料和生产资料转化为经营性资产,具有投资少、风险小、门槛低、经营灵活的特点。同时,农民依旧保留这些经营性资产的所有权，治理成本较低，激励结构简单，产权回报直接。农民作为所有者、企业和劳动者三位一体，劳动力与土地、资本相结合投入自主经营，创造财富，从乡村休闲旅游发展中直接受益，避免了传统旅游开发中因土地和资源被占用而返贫或受益不均的问题。许多国家发展乡村休闲旅游的历程可以证明，它对推动经济出现不景气的农村地区的发展起到了非常重要的作用。国内不少地区乡村休闲旅游发展的现状也日益显现出它对农村脱贫致富的重要意义。例如，贵州省有 132 个民族村寨成为特色乡村休闲旅游村寨，到 2020 年底，农户家庭经营收入达 110 万元，农户平均收入 1 138 元，人均收入 2 180 元，贵州省农村已有 5 321 万人通过发展乡村休闲旅游摆脱了贫困，走上了致富之路。

（二）吸收农村剩余劳动力

我国农村产业结构单一，农民就业不充分，长期处于"隐性失业"状态，造成了大量的农村剩余劳动力，既有总量剩余，也有季节剩余。同时这些剩余劳动力的文化程度普遍较低，竞争力不强。长此以往，人口和资源的矛盾更加凸现，生产和生活都会陷入困境，心态平衡差距加大，必定会引发农村的不稳定因素。

乡村休闲旅游业的乘数效应可以让农民在不背乡、不离土的情况下，实现就业。换句话说发展乡村休闲旅游最直接、最显著的效益就是增加了农民收入，有利于农村剩余劳动力的分流。让之前的传统农业的发展，以前靠种地维持生活，甚至是身体不便的农户都可以有"用武"之地，在过去没人注意的土产、山货、农家饭、民间艺术、手工艺品等都发展和传承起来，俗话说，有人气儿的地方才有传承。而乡村休闲旅游的发展正是利用乡村剩余劳动力传承乡村特色文化的一种有效体现，也是促进就业的有效方法。例如，在节假日开展乡村休闲旅游活动，已经成为许多城市居民周末生活中不可或缺的一部分。既保证了农民在农闲时候能获得相应的收入，剩余劳动力得到有效利用，还消除了不安定隐患。

（三）促进城乡精神文明对接

乡村休闲旅游是一种较高层次的旅游行为，游客受教育程度高、收入良好，他们参加乡村休闲旅游是为了获得精神享受，寻找曾经失落了的净化空间和尚存的淳厚的传统文化氛围。因此，乡村休闲旅游市场不仅要求经营户具有优美、舒适、整洁的室内外环境，还要有健康、文明、科学、环保的生活方式。在旅游过程中农户必然参与到游客的高品位精神追求中去，从而丰富自己的精神世界和文化生活。在农户与游客间的相互交流过程中，游客把先进的理念与知识传到乡村而农户则通过旅游活动把纯朴的乡情传遍四方。有些地方为提高接待服务水平，举办乡村休闲旅游培训班，对从业人员进行培训，学习接待礼仪、外语口语会话和其他旅游服务知识技能，有效地提高了农民的素质。这些都非常有利于推进农村的精神文明建设。

二、经济效益

旅游业每增加一个直接就业人员，就能为社会创造 5 个以上的就业机会，从而产生较大的乘数效应。乡村休闲旅游的发展不单单是为周边地区剩余劳动力创造了就业机会，还为周边地区的农副产品的销售提供了大的市场，带动了周边地区的经济发展。

（一）促进农业产业结构调整

随着乡村休闲旅游业的兴起，外部传统农业经济效益的下滑，促使农村开辟其他的经营之道，推动乡村产业结构的优化及升级。乡村休闲旅游业的发展不仅带动住宿业、餐饮业的发展，还带动当地农副产品加工业、手工艺品加工业、运输业、服务业等其他产业的发展，鼓励有想法的农户进行自主创业及自主择业、回乡的大学生进行创业，增加农民的就业机会，为乡村农户提供、扩宽收入渠道，增加农民收入。

乡村休闲旅游业带动乡村产业的商贸发展，传播乡村独特文化，提高土地利用率，将旅游业与各产业融合，延伸及发展乡村产业链，促进乡村一二三产业融合。

（二）带动周边地区经济

乡村休闲旅游不仅为周边地区剩余劳动力创造了就业的岗位，而且为周边地区农副产品的销售提供了一个大市场，带动了周边地区经济的发展。由于乡村旅游规模不断扩大，旅游接待对食品饮料、农副产品、山货等的需求量不断加大，使得乡村旅游接待村与周边地区形成了稳定的合作关系，延长了旅游的产业链，扩大了产业面，形成了产业群。在许多地区，乡村旅游已成为地区经济发展的新亮点和第三产业的支柱产业，并极大地促进了社会就业，带动了与之相关的餐饮、娱乐、交通、商业等行业的飞速发展。

乡村休闲旅游为农村经济发展提供了新的收入来源，改变了以农业生产方式为主的经济发展途径，促进了农村经济发展的多元化。乡村旅游的发展挖掘了农业增收潜力和开拓了非农增收渠道，有效地利用了各种农业资源和农村资源、人文资源，人力资源潜力得到了较好的发挥。一些地少田薄、地处山区的贫困村，很难凭借发展农业摆脱贫穷落后的面貌。但是，通过开展乡村旅游，一座山、一个洞、一条沟富了一个村、一个乡，甚至一个县。例如，北京的雕窝村、鱼子山村、爨底下村，就是因发展旅游而走上了致富的道路。在乡村旅游较发达的地方甚至农业功能变为次要功能，旅游功能、休闲度假功能变为主要功能。这种改变也使农民转变了原有的角色，由农民变成了旅游产品的生产者和服务者，传统的资源就地转化为旅游产品，就地形成了旅游市场，而且就地完成了价值的实现和大幅度的升值。围绕这些资源性产品的开发，也形成了一系列的服务设施。最终，农民变股东，农区变景区，农房变客房，产品变商品，农家变商家，叶子变钞票。

（三）改善乡村基础设施

"外面五千年，里面五星级"。发展乡村休闲旅游给农户带来经济效益的同时也促进了乡村基础设施的改善，很大程度上推动了农业农村现代化发展进程。游客对乡村休闲旅游目的地的餐饮、住宿的卫生状况、接待服务水平、旅游接待地居民态度等方面十分关注，尤其是对卫生与安全的要求更高，促使乡村休闲旅游景区加大基础设施投入、改善人居环境、健全农村社会化服务体系，如给排水建设、美化洁化、道路改治、住房改造、卫生厕所建设、生活垃圾处理等生活细节的处理，从而使当地居民客观上享受现代生活。而且在形成休闲旅游规模化是以众多的无形资产和现存的建筑等有形资产为基础，也不用大规模地进行投放建造现代化的接待设施，一次性投入小、滚动式发展可以缓解政府的财政压力，充分发挥社会资金和民间资金的参与作用。

三、生态效益

乡村休闲旅游业的发展很好地带动了乡村的环境发展，好的乡村休闲旅游的发展若是想吸引到更多游客，乡村环境是必不可少的着力点和出发点。在乡村休闲旅游的发展中，自然生态环境既是乡村休闲旅游的重要引力源，也是实现乡村休闲旅游可持续发展的重要基础。从本质上来说，乡村休闲旅游与生态环境有着相辅相成的关系，相互依存，又相互制约。

因此，在乡村休闲旅游的发展中，必须以乡村生态环境和资源保护为前提，坚持经济效益、社会效益和生态效益的联合发展，正确处理好发展与保护的关系，着力提升和加强乡村休闲旅游发展的生态正效应，实现乡村休闲旅游的可持续发展。

（一）乡村休闲旅游的功能体现

乡村休闲旅游的生态功能即休闲旅游所具有的维持以至改善生态环境的能力。休闲旅游以保护农业生态平衡为前提，通过景观建设、农村生态环境保护，进一步增强当地的田园特色，构建自然与文化相融合的生态园林景观，有效地保护自然资源，减少环境污染，提高环境质量和生态效益。

（二）乡村休闲旅游发展的生态环境正效应

乡村休闲旅游有着生态环境保护的内在特点，并立足于乡村优越的自然环境和丰富的人文景观，是一种以自然环境作为重要旅游吸引物的旅游方式。乡村休闲旅游开发重点是利用乡村独特的人居环境、田园风光、生活方式、民俗民风和生产活动等城市所不具备的资源要素，因而对作为重要吸引物和发展基础的自然生态环境具有原生保护的内在特质，即乡村休闲旅游开发往往更多地借势乡村自然生态特征，而不是对乡村自然植被、地形、河流和土壤等做大的改造和变动，发展乡村休闲旅游，有利于乡村原生自然生态环境保护。

1. 促进乡村休闲旅游企业环保意识的提高　自然生态环境是乡村休闲旅游的重要引力来源，也是乡村休闲旅游可持续发展的重要基础。乡村休闲旅游自然生态环境和资源保护的越好，吸引来的游客就越多，也就越具有市场竞争力，并且带来更大的经济效益和社会效益。经济效益、社会效益的驱动和对乡村休闲旅游本质特征及发展规律认识的加深，促使乡村休闲旅游经营企业不断提高资源和生态环境保护责任意识，加大投入，完善管理，积极优化乡村休闲旅游生态环境。如中国十大名村——宁波滕头村在乡村休闲旅游发展中不断加强生态环境保护，在全球率先构建了低碳、生态的乡村系统，被亚太旅游联合会、国际度假联盟组织、中华生态旅游促进会联合授予首批"中国低碳旅游景区"荣誉称号，成为经济效益、社会效益和生态效益有机统一的乡村休闲旅游发展新型典范。

2. 促进地方政府和社区居民环保意识的增强　自然生态环境是乡村生态环境系统的核心层级，是乡村休闲旅游引力源的最直接表现形式。发展乡村休闲旅游，就必须有效保护富有价值的乡村休闲旅游资源及生态环境。乡村休闲旅游发展对地方政府和社区居民资源与环境保护意识的增强具有明显的正效应，乡村休闲旅游搞得越好，当地政府和社区居民的生态环境保护意识就越强。这是因为乡村休闲旅游发展能为当地带来良好的经济效益和社会效益，促进乡村经济发展和农户就业增收，作为利益相关者的地方政府和社区居民自然会高度重视乡村休闲旅游资源和自然生态环境的保护，积极搞好环境整治和村庄绿化美化，环境保护成了地方政府和社区居民的自觉行为。同时，外来游客也会带来先进的生活理念、开放的思想观念和新的生产方式，促成社区居民健康卫生的生活习惯和文明生活方式的养成。

3. 促进游客环境保护意识的养成　乡村休闲旅游依托良好生态环境吸引游客，并使游客在旅游活动过程中得到相应的生态环境熏陶和感染。旅游者置身优美的乡村自然生态环境，欣赏乡村的自然美景，置身淳朴自然的农家风俗，体验古老的农事生产，享受良好的自然生态环境。这种极其有益于人们身心健康的活动，无形中实现了对游客生态环境重要性的宣传和环境保护意识的教育和培养，而乡村休闲旅游经营过程中导游员的生态解说、景区各类生态环境保护标志的醒目提示，都会加深游客对生态环境保护重要性的认识，增强游客对生态责任和生态伦理意识的认知。可以说，乡村休闲旅游本身就是一种生态文明建设和公众环境保护意识培养的有效载体，它不仅是一种消费行为，通过乡村休闲旅游活动的积极参与，还能够增进人与人、人与自然的融合，养成爱护自然、保护生态、关心他人、乐于助人、洁身自爱的旅游道德习惯。

（三）乡村休闲旅游开发过程的环境负效应

1. 环评论证不充分为生态环境破坏提供了空间　乡村休闲旅游项目开发环评认证是在对开发地区位、地质地貌、气象水文、土壤、动植物、大气环境质量等指标进行深入调研基础上，科学测定乡村休闲旅游地生态环境容量，并对乡村休闲旅游发展可能带来的生态环境影响作出科学的预测和评估。环评认证是乡村休闲旅游项目和产品开发的前提条件和必要基础，只有进行科学的环评，才能制订出符合可持续发展理念的乡村休闲旅游发展规划。目前，大多数乡村旅游项目开发都未经详细、专业的环评认证，只是在相应的乡村休闲旅游规划中对环境资源保护作出原则性规定和要求，缺乏强制性指标规定，在实际运作中指导性不强，并为开发建设中的生态环境破坏提供了空间。

2. 随意更改项目规划直接导致生态环境破坏　旅游资源开发对环境影响可分为原发性影响和继发性影响两类。原发性影响是指旅游开发过程中导致的直接影响，如旅游索道修建中的开山、炸石、砍树等行为对山体地表、生态的影响；继发性影响是指旅游开发间接或诱发的环境变化，包括由于旅游开发引起的大气质量、水质变化等。乡村休闲旅游项目建设过程中，上述两种环境影响类型均不同程度的存在。获取更多经济效益的价值追求和缺乏对乡村生态系统的科学认知，极易导致乡村休闲旅游项目开发建设过程中无视规划，对原有地形骨架和植被、池塘、衍生物等进行大肆改造，随意改动和破坏固有特色，或盲目模仿城市园林绿地的造景手法，追求大投入、高档次，从而导致乡村自然生态环境系统遭到破坏，引发乡村自然生态系统功能退化。

（四）乡村休闲旅游经营过程的环境负效应

1. 追求短期效益的超载经营　"依托于乡村原生态环境和乡村性资源的乡村休闲旅游属于环境敏感性资源，很容易因乡村休闲旅游的过快发展而遭到破坏。"其中，乡村休闲旅游时间的相对集中和追求短期效益的超载经营最易引发乡村生态环境的破坏。从客观方面看，城市居民乡村休闲旅游在时间选择上主要集中在"五一""十一"和春节3个长假、其他国家法定的传统假日以及每周的双休日，在游览项目选择上又大多集中在如农作物耕作与果实采摘等，必然导致乡村休闲旅游地的游客在特定时间和空间上的大量聚集，从而使乡村自然生态环境承载压力加大。从主观方面看，由于我国旅游经济总体仍处于门票经济时代，旅游经营企业经济效益增长更多地依赖游客规模增大、数量增长，而不是依靠效益提高。出于短期经济效益的最大化，乡村休闲旅游经营企业往往无视超规模接待对自然生态环境的负面影响，周期性的旅游超载直接影响了乡村自然生态系统的平衡，甚至会造成生态环境难以逆转的破坏，导致环境功能的衰退。可见，发展乡村休闲旅游，必须充分考虑乡村休闲旅游地生态承受能力，否则"即使短期内为当地带来了一些经济上的好处，但是由于自然生态环境遭到破坏，环境损失和经济损失远远超出其带来的经济利益"这将使乡村旅游长远利益得不偿失。

2. 缺乏环保责任的随意排放　乡村休闲旅游带来大量的人流、物流，必然会伴随各种生产生活污水、废气和固体垃圾等大量污染物的排放，黄大勇将它划分为五类，即大气污染、水体污染、土地污染、噪声污染和旅游垃圾污染等。若不予以及时有效治理，就会严重污染水体、土壤、植被和大气环境。因此，必须加强清洁生产，搞好各种污染物的科学处理。但清洁生产和各种污染物的科学有效处理需要增加设施设备和人力资源等投入，进而增加经营企业运行成本。在经济利益驱使下，经营企业极易诱发极端唯利行为，置乡村生态环境于不顾，随意倾倒固体垃圾，未经处理直接排放各种污水、废水和废气，从而污染乡村水体、土壤、植被和大气，影响乡村休闲旅游的可持续发展。

3. 无视环境脆弱性的旅游行为　由于旅游活动往往是对日常生活的全新改变和超越，是一种求新求异、超越常规的生活环境和状态，因此，在乡村休闲旅游过程中，短暂的异地游览特征就容易使游客产生"道德感弱化"，由于自然和人文环境的暂时性突变，人们原有的对共同行为准则和规范积极反应和循环的状态也会随着改变，甚至会产生道德盲区。在旅游活动中，不同程度地存在随心所欲、懒散随性、放任自流的心理倾向，行为举止上就弱化了原先常态生活与工作中的道德顾忌与约束，加强了物质摄取意识，及其容易产生过度利用自然环境、乱攀乱采、践踏草坪、乱扔垃圾等诸多不文明现象，以至于对乡村自然生态环境、景观资源等产生消极影响，在不同程度上破坏了乡村自然生态环境和生态系统。

(五) 乡村休闲旅游模式与生态解决办法

所有乡村休闲旅游的发展都有助于乡村经济的发展、乡村生态的发展及乡村地位的提升，三者相辅相成，不可分割，呈现出一种封闭循环的模式。对此，地方政府和管理人员对乡村休闲旅游目的地的生态问题出台相关的政策及解决办法。

1. 因地制宜、合理规划、带动乡村休闲旅游连片发展　在乡村休闲旅游的生态问题上，秉承着以人为本的发展理念。充分调动起村民参与村庄建设的积极性，尤其要加强对村庄村域范围内绿地建设与改造；利用现状条件，因地制宜地选择场地，根据需要及不同地形特点适当进行改造；要坚持经济型原则，在满足舒适的同时，符合现阶段村庄的经济发展状况，切忌不切实际地构想乡村生态旅游；要与园林景观设计相结合，立足于美丽乡村，利用村庄特有的景观资源发展生态农业主题产业链，同时结合周边地区景观资源和文化资源，带动乡村生态旅游连片发展。

2. 突出乡土特色和文化特色　在努力建设舒适优美、乡村绿化环境的同时，切记避免过度开发建设和盲目模仿，过度地城市化和商业化是对乡村绿地建设和未来乡村休闲旅游发展地严重破坏。进行乡村休闲旅游规划，要运用好当地资源，要始终牢记"好作品"是从乡土环境中生长出来的，而文化特色是乡村建设与发展的灵魂，乡村绿地系统规划只有突出其文化特色，才能体现出村庄独具魅力的乡村风光和乡土人情。

乡村休闲旅游中生态环境是吸引游客的最初动因，保持和突出农村自然特色及其原始、纯朴的风情是乡村休闲旅游景区的基本条件，也是村民的首要职责。在规范的乡村休闲旅游开发中，通过深入挖掘、拯救、复原、宣传等一系列活动，原本鲜为人知、已濒临绝迹、不可再生的历史传承得以发扬光大。旅游开发使当地居民认识到了历史文化的价值，增强了自豪感，激发了他们保护自身传统文化和生态环境的自觉性。例如，世界文化遗产地安徽黟县西递古村落在旅游开发前，当地居民砍柴、烧石灰，严重破坏了古民居周围山林，导致生态环境恶化，水土流失加剧。1986 年旅游开发以来，村民人均收入得到大幅度提高。

3. 引进先进技术，推行规范化管理　过度规化就丧失了规划的意义，要适应时代发展要求，引进先进技术健全基础设施体系，中国广大农村地区环境污染问题严重究其根源在于不合理地资源配置方式和粗放型的农业增长模式，在现代农业发展过程中要坚持可持续发展的原则，在生态系统承载力范围内运用生态学原理和系统化的规划方法，使自然与生态环境和谐可持续发展。

第二节　乡村休闲旅游业的发展前景

一、乡村休闲旅游发展的优势和潜力

1. 各具特色的景观资源　我国地域辽阔，自然类型复杂，形成了多样的休闲旅游资源。从全国范围看，可以划分为北方旱作农业景观、南方水田农业景观、西北草原牧业和灌溉绿洲景观、西南山地高原农业景观、青藏高原高寒农牧业景观、沿海地区现代农业景观等。这些各具特点的休闲旅游景观资源，为发展我国休闲旅游提供了优越的条件。

2. 丰富的民俗文化 我国是农业大国，又是农业古国。悠久的农业历史，丰富的农耕文化，是发展乡村休闲旅游的良好基础。我国是一个多民族的国家，全国有 56 个民族分布在广大乡村，西部地区是少数民族集中分布区。丰富多彩的民族风俗、民族文化、民族习惯、民族生活、民族建筑、民族节庆活动等，是发展休闲旅游、民俗文化旅游的独特资源。

3. 潜力巨大的休闲旅游市场 随着国民经济的发展和城市化进程的加快，城市规模扩大、人口增加，工作和生活环境日趋恶化，导致城市居民到乡村休闲旅游的愿望更为强烈。加之城市居民收入增加，休假时间增多，交通条件改善，以及人们消费观念的转变，都为发展休闲旅游产业提供了广阔市场。

4. 国家的重视，农民的要求，农业和旅游部门的大力支持 我国是农业大国，解决三农问题是发展我国社会经济、建设小康社会的重中之重，党中央和各级政府对此高度重视。解决三农问题，首先要以人为本，以提高农业效益为中心，调整和优化农业结构，转移农村剩余劳动力。而休闲旅游，正是调整农业结构，实现农业和旅游业融合发展的新途径，是发展"三农"经济的一个新亮点。广大新型职业农民也开始认识到利用本地的特色农业资源和优良的生态环境，吸引城里人来休闲旅游，以推销农产品，收取服务费用，增加收益。同时，发展休闲旅游，有利于加强城乡文化和信息交流，转变农民观念，促进乡村开放。通过发展休闲旅游，增加了经济收入，扩大了劳动就业，改善了农村居住环境，很多新型职业农民也尝到了发展乡村休闲旅游产业的甜头，提高了发展休闲旅游的积极性。各级农业部门和旅游部门也紧跟国家战略部署，努力为解决三农问题做贡献，积极指导扶持休闲旅游，开辟休闲旅游新型产业发展新天地。

5. 总结经验，正视问题，加快休闲旅游迅速而健康的发展 近些年来，我国乡村休闲旅游有了较快的发展，也取得了一些经验。如，因地制宜，统一规划，突出特色；发挥资源优势，开拓客源市场，控制数量，提高质量；注意基础设施建设，改善生态环境；加强规范化管理，提高服务水平；建立合理运行机制；扩大宣传力度等。但是，由于缺少经验，缺乏规划设计，管理不规范，人才瓶颈严重，导致休闲旅游发展存在很多问题，应该引起足够重视。我国乡村休闲旅游发展存在的问题，是发展中的问题、前进中的问题，我们应该总结经验，找对路子，使其健康发展。我国具有发展休闲旅游的资源优势，市场巨大，前景广阔，未来我国不仅是旅游大国，而且也应该成为世界休闲旅游大国。展望未来，乡村休闲旅游将显示出它的勃勃生机，发展成一项很有生命力的新型产业。

二、乡村休闲旅游的演变趋势

1. 乡村休闲旅游产品市场化　中国农业长期处于自给自足的自然经济状态，农民市场意识相对不足。随着现代经济高速发展，市场规模不断扩张，单一的小农经济已不能满足市场需求。因此，要推进农业供给侧结构性改革，实现从传统农业向集约化、规模化的现代农业转变，使供给数量、品种和质量不断满足市场需求。

根据调查显示，现如今我国乡村休闲旅游仍存在问题，主要表现为：农民市场意识薄弱、农产品受自然属性限制商品化较难、农产品市场流通体系不健全、农产品信息化程度低下。若想避免以上诸多问题，就要对经营主体进行培育，将农民培育成市场化主体，提升能力，创新农业发展模式。推动农业生产资料市场化的进程，通过推动土地、劳动力市场化，建立完善的农村金融体系；以加快市场信息化服务，加强信息监测预警，构建市场化基础；同时加快农产品和各类要素市场体系建设来提高资源配置效率；完善的农产品价格形成和市场调控机制是确保调优激活市场的有效机制。

2. 乡村休闲旅游技术科学化　科学技术是第一生产力。唯改革者进，唯创新者强。实施乡村产业振兴，核心是农业生产方式的转变，转变农业生产方式主要依靠科技创新来驱动，加强农业科技的研发和推广应用。

在技术上秉承增效增产并重、良种良法配套、农机农艺结合、生产生态协调的四大原则。发展实施聚焦动植物新品种选育、绿色增产与节本增效等领域的技术需求，加强基础理论研究以及技术攻关，持续提高农业核心竞争力，以便实现技术攻关。在体系衔接上充分发挥"互联网＋农业"的技术支撑作用，利用大数据、云计算等信息技术系统设计和架构，强化国家农业科技服务云平台建设，加强农业科技创新体系、农业产业技术体系和农业技术推广体系的衔接。

3. 乡村休闲旅游过程绿色化　乡村绿色发展，对生态环境保护、提供生态产品、发展生态旅游等意义重大，也是农业农村可持续发展的应有之义。要把绿色发展理念贯穿到农业生产、产品加工、废弃物利用的全过程。按照绿色兴农、质量兴农要求，生产并提供绿色、有机农产品，增加产品附加值，提升品牌化和产业化水平。

由于人们对食品安全健康的需求得不到充分满足，加上乡村环境长期粗放式生产破坏环境，可持续发展难以为继。使得乡村生态绿色化在发展乡村休闲旅游的过程中显得尤为重要。政府和企业、个人为此推出了五大措施来助推绿色农业的发展。

（1）引领绿色理念。思想观念，方式方法；政策举措，工作安排；制度设计，科技研发；资源配置，绩效考核。

（2）技术助力绿色生产。普及一批先进适用的绿色农业技术，推动绿色生产方式落地生根，确保粮食和重要农产品供给。

（3）绿色市场需求导向。主攻农业供给质量，注重可持续发展，加强绿色、有机、无公害农产品供给。

（4）新主体推动绿色发展。通过发展多种形式适度规模经营，引导新主体推动绿色发展成为农业普遍形态。

4. 绿色制度的构建与保障　构建绿色制度体系（生产区利益补偿、耕地保护补偿、生态补偿、金融激励）、绿色农业标准体系、绿色农业法律法规体系、绿色发展制度环境。

5. 乡村休闲旅游质量标准化　走质量兴农道路，主要依靠提高农产品质量，增强农业竞争力，实现乡村产业兴旺。

在乡村休闲旅游生产质量标准化的发展过程中，本着环境净化的前提条件，环境净化是发展乡村休闲旅游的首要条件，环境好才能吸引更多游客前来旅游，同时乡村休闲旅游目的地应当秉承着旅游产品生产标准化，也就是人们常说的按标生产。在乡村旅游发展中按标生产时，依据在不过多超额生产的前提下，遵循国家指标进行生产乡村休闲旅游产品，以做到生产出的商品合理化、达标化；科技创新是发展乡村休闲旅游的有力支撑，随着现代社会科技化的发展路程和发展速度，科技已经走进人们的日常生活中来，而乡村也要跟上科技的脚步，因此，在乡村休闲旅游的发展中已经不能像以往那样过于守旧，企业理应在保留乡土文化和乡土味道的基础上运用科技力量为自己和游客提供更多的方便条件。

在安全管理上，通过完善农产品质量和食品安全标准体系来实现乡村休闲旅游产品标准化；同时加强农业投入品和农产品质量安全追溯体系，以便强化追溯；以健全的农产品质量和食品安全监管体系来达到对农产品的质量安全监管，为游客提供更有保障、更绿色、更环保的乡村休闲旅游产品。

在结构上既要调整整体乡村农业结构，又要兼顾产业布局的优化作用，在最大程度上减少农产品的无效供给，以便增加农产品的优质化，实现农产品产业结构、产品质量的优化和不浪费，最大程度上发展绿色的乡村休闲旅游产品。

生产质量优化也要对乡村休闲旅游产品的投入进行合理把控，减少投入品的过度、过量使用。减少资源环境的过剩利用和高强度利用，避免乡村资源的过度开采导致乡村环境发展失衡，最后不但乡村休闲旅游发展不起来，乡村环境也没有得到保护。

6. 乡村休闲旅游营销品牌化　品牌是农业竞争力的核心标志，是现代农业的重要引擎，更是乡村振兴的关键支撑。习近平总书记强调，"品牌是信誉的凝结""粮食也要打出品牌，这样价格好、效益好"。2017年中央1号文件提出，"推进区域农产品公用品牌建设，支持地方以优势企业和行业协会为依托打造区域特色品牌，引入现代要素改造提升传统名优品牌"。

现如今，乡村休闲旅游在乡村休闲旅游品牌上还有一定缺失，充分体现在乡村休闲旅游品牌整体不大不强，存在急功近利的倾向，存在品牌主体动力不足的情况，这些都阻碍了乡村休闲旅游的发展。因此，在乡村休闲旅游品牌上要树立起特有的旅游品牌就应当以旅游产品建设作为主攻方向，通过统筹规划来明确乡村休闲旅游的发展方向；通过强化全程监管，起到完善标准体系的作用；中央及地方政府加大对乡村休闲旅游的扶持力度，注意发展龙头企业带动乡村整体发展。以宣传推介、主动作为来讲好品牌就是指利用展销平台来推介乡村休闲旅游品牌，在批发市场主打品牌，以利用科技信息化来助推品牌，以利用新闻媒体来讲好品牌，只有品牌宣传到位才能吸引游客前来购买乡村休闲旅游产品，才能实现农村的增产增收。相关的监管部门要维护和保护乡村休闲旅游品牌，并将其发展作为监管保护的主要手段，通常监管主体以政府、协会、企业为主。乡村休闲旅游目的地也应当对于构建机制作为主体职责，通过建立合作机制、扶持机制、服务机制来对已经发展起来的乡村休闲旅游品牌进行扶持，以保证乡村休闲旅游品牌的长久发展。

未来乡村将以发展特色旅游为主题，集文化传承、涵养生态、农业科普、农事体验于一体的乡村休闲旅游项目，方式不仅特色化还更多样化。

针对游客多元化的需求，旅游产业必须使我们的产品多样化。比如针对"活力老人"们的养老需求，开发了"居旅养老"服务产品；针对佛教游客们的修身养性的需求，开发了"禅养小镇"的服务产品。当然，游客们还有更多多元化需求，需要我们提供相应的服务产品。

乡村休闲旅游多元化还可以从附加产品方面体验，如花卉园附加赏花、摄影、采摘等服务，橘子园附加自助采摘、自助野营等服务。不仅增加了当地居民收入，还增强了乡村休闲旅游的体验感。

积极拓展其他相关产业，发展配套产业，形成旅游相关产业链或文化旅游、体育旅游、工业旅游、农业旅游、水上旅游、商业旅游等产业。跨行业整合将不可避免地将旅游业从单一类型转变为相关的复合型，从孤立发展到推动发展，开拓更广阔的视野和发展前景。"旅游＋"必定是以后的大势所趋。

三、乡村旅居时代来了

旅游生活化，生活旅居化，乡村旅游应该是乡村休闲，乡村旅游未来必定走向乡村旅居时代。城里人到乡下不能说是旅游，而是休闲、度假、旅居，乡村旅游本质上是乡村休闲，并从乡村休闲过渡到乡村旅居和度假。

旅游的最高境界是休闲，休闲的最高境界是旅居。

"三避"，即避霾、避暑、避寒。"避霾"深呼吸，以换气洗肺为目的；"避寒"与"避暑"是为了感受温暖如春和清凉宜人的气候，通过度假的方式使"五养"（即养生、养心、养老、养颜、养疗）得到充分的实现。

1. 乡村旅居产业 旅游的"旅"是指旅行，"游"是指游览、观光，"居"是居住，休闲。

旅居是人们为了休闲、娱乐、探亲访友或者商务目的而进行的非定居性旅行和在游览、休闲、居住过程中所发生的一切关系和现象的总和，包括吃、住、行、游、购、娱。

（1）旅居的分类。旅居从目的分为观光、休闲、度假、体验；从距离分为国际国内，长途短途；从时间分为过境地、目的地、生活地。

（2）乡村旅居的三大卖点。

一是空间形态上保持自然风光。

二是空气质量上 $PM_{2.5}$ 接近于零、负氧离子 1 万以上。

三是居住环境上：温度为 $18\sim22\ ℃$、湿度为 $50\%\sim60\%$。

乡村旅居就是要实现农业产出革命：从过去单纯依靠农产品生长结果挣钱，转变为还能利用农产品生长过程挣钱，这就是"农旅结合，以旅为主，农文旅融合"。

马云说中国未来最好的产业是健康与快乐。前三十年重点在"吃、住、行"；后三十年重点将会在"游、养、娱"。

2. 旅居的本质 休闲旅行旅游旅居的真谛，不是运动，而是带着你的灵魂，去寻找生命的真光。去找回你前生或来世或从前你待过的地方，也去找回你自个儿，找回你前生或原来失散的亲戚朋友，找回你的影子和灵魂。这也是为什么你到了一个地方、见到一个人觉得很亲切的原因所在。

附　　录

附录1　《农业部办公厅关于推动落实休闲旅游和乡村旅游发展政策的通知》

农办加〔2017〕15号

　　休闲旅游和乡村旅游是农业供给侧结构性改革的重要内容，是农业农村经济发展的新动能。党中央、国务院高度重视休闲旅游和乡村旅游发展，2015年以来连续3个中央1号文件都提出要大力发展休闲旅游和乡村旅游，使之成为繁荣农村、富裕农民的新兴支柱产业。国务院办公厅在加快转变农业发展方式、推进农村一二三产业融合发展、促进旅游投资和消费、支持返乡下乡人员创业创新的四个意见中都强调，要大力发展休闲旅游和乡村旅游，推进农业与旅游、教育、文化、健康养老等产业深度融合。为贯彻党中央、国务院的文件精神，2015年农业部联合财政部等11个部门印发《关于积极开发农业多种功能　大力促进休闲旅游发展的通知》（农加发〔2015〕5号），2016年联合国家发展改革委等14个部门印发了《关于大力发展休闲旅游的指导意见》（农加发〔2016〕3号），指导全国休闲旅游和乡村旅游发展。党中央、国务院和相关部门的文件和意见的相继出台，标志着全国休闲旅游和乡村旅游政策体系框架的形成。近年来，各级休闲旅游管理部门高度重视，采取多种措施推动政策落实，为本地休闲旅游和乡村旅游发展营造了良好环境。但一些地方仍存在认识不足、重视不够、落实不力等问题，严重影响了中央政策的落地生效。为督促政策落实，指导工作开展，现就有关事项通知如下。

一、充分认识落实政策的重要意义

党中央、国务院和多个部门出台的休闲旅游和乡村旅游政策措施，具有很强的指向性、针对性和操作性，是今后一个时期指导各地产业发展的重要政策性文件。贯彻落实好这些文件中规定的一系列政策措施，对于促进引导休闲旅游和乡村旅游持续健康发展，加快培育农业农村经济发展新动能，壮大新产业新业态新模式，推进农村一二三产业融合发展，深入推进农业供给侧结构性改革，实现农业增效、农民增收、农村增绿具有十分重要的意义。各级休闲旅游管理部门要进一步统一思想，提高认识，结合本地实际尽快制订具体实施意见，切实推动政策贯彻落实。

二、认真推动政策落实

各级休闲旅游管理部门要加强沟通协调，进一步将政策细化实化，切实提高政策的精准性、指向性和可操作性，推动各项政策落地生根，促进休闲旅游和乡村旅游业态多样化、产业集聚化、主体多元化、设施现代化、服务规范化和发展绿色化。

在用地政策上，要落实城乡建设用地增减挂钩试点，农村集体经济建设用地自办、入股等方式经营休闲旅游的政策。要积极向当地政府汇报，争取将休闲旅游和乡村旅游项目建设用地纳入土地利用总体规划和年度计划合理安排。要支持有条件的地方通过盘活农村闲置房屋、集体建设用地、"四荒地"、可用林场和水面等资产资源发展休闲旅游和乡村旅游。

在财政政策上，要鼓励各地整合财政资金，将中央有关乡村建设资金向休闲旅游集聚区倾斜。要探索采取以奖代补、先建后补、财政贴息、设立产业投资基金等方式加大财政扶持力度。要创新融资模式，鼓励利用 PPP 模式、众筹模式、"互联网＋"模式、发行私募债券等方式，引导社会各类资本投资休闲旅游和乡村旅游。

在金融政策上，要创新担保方式，搭建银企对接平台，鼓励担保机构加大对休闲旅游和乡村旅游的支持力度，帮助经营主体解决融资难题。要推动银行业金融机构拓宽抵押担保物范围，扩大信贷额度，加大对休闲旅游的信贷支持，带动更多的社会资本投资休闲旅游和乡村旅游。

在公共服务上，要从规划引导入手，积极推进"多规合一"，将休闲旅游和乡村旅游开发纳入城乡发展大系统中，打造产业带和产业群。要加大行业标准的制定和宣贯力度，建立健全食品安全、消防安全、环境保护等监管规范。要积极构建完善的休闲旅游和乡村旅游监测统计制度。要鼓励高等院校、职业学校开设专业和课程，培养一批规划设计、创意策划和市场营销专门人才。要加强从业技能培训，培养一批服务接待、教育解说实用人才，提升服务质量。

在品牌创建上，要按照"3＋1＋X"的品牌培育体系，在面上继续创建全国休闲旅游和乡村旅游示范县（市、区），在点上继续推介中国美丽休闲乡村，在线上重点开展休闲旅游和乡村旅游精品景点线路推介，吸引城乡居民到乡村休闲消费。要继续加大中国重要农业文化遗产的发掘保护传承工作，推动遗产地经济社会可持续发展。要指导各地积极探索农业嘉年华、休闲旅游特色村镇、星级户等地方品牌创建。

在宣传推介上，要按照"统筹谋划、上下联动、均衡有序"的思路，加大宣传推介，创新推介方式，在节假日和重要农事节庆节点，有组织、有计划地开展休闲旅游和乡村旅游精品景点宣传推介，扩大产业的影响力。要指导各地举办特色鲜明、影响力大、公益性强的农事节庆活动。

三、切实加强组织领导

休闲旅游和乡村旅游的持续健康发展，事关发展现代农业、增加农民收入、建设社会主义新农村，事关经济社会发展全局。各级休闲旅游管理部门要履职尽责，因势而谋、应势而动、顺势而为、开拓创新，认真抓好各项政策的落实。

一要层层推动落实。要按照中央有关文件要求和统一部署，结合本地实际，争取尽快制定实施含金量高，指向性、精准性、操作性强的政策文件，积极推动中央各项政策的落地生根。

二要层层落实责任。要加强与有关部门协调沟通，探索成立由农业部门牵头、有关部门参与的工作协调机制。要明确工作责任，形成主要负责同志亲自抓、分管负责同志牵头抓、分管处室具体抓的工作格局。

三要层层开展督导。要加强督促检查，建立年前有计划、年中有落实、年终有考核的督察机制。要探索将政策落实和工作推动纳入年度目标任务考核。

农业部办公厅

2017 年 5 月 25 日

附录 2 《农业农村部关于积极稳妥开展农村闲置宅基地和闲置住宅盘活利用工作的通知》

农经发〔2019〕4 号

各省、自治区、直辖市、计划单列市农业农村（农牧）厅（局、委），新疆生产建设兵团农业农村局：

农村宅基地和住宅是农民的基本生活资料和重要财产，也是农村发展的重要资源。近年来，随着城镇化快速推进，农业转移人口数量不断增加，农村宅基地和住宅闲置浪费问题日益突出。积极稳妥开展农村闲置宅基地和闲置住宅盘活利用工作，对于增加农民收入、促进城乡融合发展和推动乡村振兴具有重要意义。为确保此项工作有序实施、落到实处、惠及农民，现就有关要求通知如下。

一、总体要求

积极稳妥开展农村闲置宅基地和闲置住宅盘活利用工作，要以习近平新时代中国特色社会主义思想为指导，全面贯彻党的十九大和十九届二中、三中全会精神，以提高农村土地资源利用效率、增加农民收入为目标，在依法维护农民宅基地合法权益和严格规范宅基地管理的基础上，探索盘活利用农村闲置宅基地和闲置住宅的有效途径和政策措施，为激发乡村发展活力、促进乡村振兴提供有力支撑。

积极稳妥开展农村闲置宅基地和闲置住宅盘活利用工作，要突出服务乡村振兴。紧紧围绕实施乡村振兴战略，着眼乡村产业发展需求，推动美丽乡村建设。要守住盘活利用底线。严守土地公有制性质不改变、耕地红线不突破、农民利益不受损的底线，符合国家和地方关于宅基地管理、国土空间规划、用途管制、市场监管和传统村落保护等法律法规和政策。要坚持农民主体地位。充分尊重农民意愿，调动农民参与的积极性和主动性，切实保护农民合法权益，千方百计增加农民收入。要注重规划先行要求。与村庄规划相衔接，与乡村产业发展规划相匹配，遵守安全消防规定，符合环保卫生要求，注重绿色发展。要发挥基层首创精神。支持地方大胆创新、积极探索，不搞"一刀切"，不得强迫命令。

二、重点工作

（一）**因地制宜选择盘活利用模式。**各地要统筹考虑区位条件、资源禀赋、环境容量、产业基础和历史文化传承，选择适合本地实际的农村闲置宅基地和闲置住宅盘活利用模式。鼓励利用闲置住宅发展符合乡村特点的休闲旅游、乡村旅游、餐饮民宿、文化体验、创意办公、电子商务等新产业新业态，以及农产品冷链、初加工、仓储等一二三产业融合发展项目。支持采取整理、复垦、复绿等方式，开展农村闲置宅基地整治，依法依规利用城乡建设用地增减挂钩、集体经营性建设用地入市等政策，为农民建房、乡村建设和产业发展等提供土地等要素保障。

（二）**支持培育盘活利用主体。**在充分保障农民宅基地合法权益的前提下，支持农村集体经济组织及其成员采取自营、出租、入股、合作等多种方式盘活利用农村闲置宅基地和闲置住宅。鼓励有一定经济实力的农村集体经济组织对闲置宅基地和闲置住宅进行统一盘活利用。支持返乡人员依托自有和闲置住宅发展适合的乡村产业项目。引导有实力、有意愿、有责任的企业有序参与盘活利用工作。依法保护各类主体的合法权益，推动形成多方参与、合作共赢的良好局面。

（三）**鼓励创新盘活利用机制。**支持各地统筹安排相关资金，用于农村闲置宅基地和闲置住宅盘活利用奖励、补助等。条件成熟时，研究发行地方政府专项债券支持农村闲置宅基地和闲置住宅盘活利用项目。推动金融信贷产品和服务创新，为农村闲置宅基地和闲置住宅盘活利用提供支持。结合乡村旅游大会、农业嘉年华、农博会等活动，向社会推介农村闲置宅基地和闲置住宅资源。

（四）**稳妥推进盘活利用示范。**各地要结合实际，选择一批地方党委政府重视、农村集体经济组织健全、农村宅基地管理规范、乡村产业发展有基础、农民群众积极性高的地区，有序开展农村闲置宅基地和闲置住宅盘活利用试点示范。突出乡村产业特色，整合资源创建一批民宿（农家乐）集中村、乡村旅游目的地、家庭工场、手工作坊等盘活利用样板。总结一批可复制、可推广的经验模式，探索一套规范、高效的运行机制和管理制度，以点带面、逐步推开。

（五）依法规范盘活利用行为。各地要进一步加强宅基地管理，对利用方式、经营产业、租赁期限、流转对象等进行规范，防止侵占耕地、大拆大建、违规开发，确保盘活利用的农村闲置宅基地和闲置住宅依法取得、权属清晰。要坚决守住法律和政策底线，不得违法违规买卖或变相买卖宅基地，严格禁止下乡利用农村宅基地建设别墅大院和私人会馆。要切实维护农民权益，不得以各种名义违背农民意愿强制流转宅基地和强迫农民"上楼"，不得违法收回农户合法取得的宅基地，不得以退出宅基地作为农民进城落户的条件。对利用闲置住宅发展民宿等项目，要按照 2018 年中央 1 号文件要求，尽快研究和推动出台消防、特种行业经营等领域便利市场准入、加强事中事后监管的措施。

三、保障措施

（一）强化组织领导。各地要高度重视农村闲置宅基地和闲置住宅盘活利用工作，加强统筹领导，搞好指导服务，强化部门协调，形成工作合力。要根据本地实际制订具体实施方案、操作细则和配套政策，进一步明确目标任务、主要内容和重点措施，确保盘活利用工作取得实效。

（二）强化政策扶持。各地要认真落实党中央、国务院关于乡村振兴、城乡融合发展、返乡下乡人员创业创新等文件要求，完善适合本地实际的农村闲置宅基地和闲置住宅盘活利用政策，出台扶持措施，简化市场准入，优化登记、备案等手续。要推动做好村庄规划编制、房地一体的宅基地使用权确权登记颁证、农村宅基地和农房调查、农村人居环境整治等基础工作，为盘活利用工作创造有利条件。

（三）**强化宣传引导。**各地要依托报刊、电视、网络、微博、微信、新闻客户端等媒体，深入宣传和解读农村闲置宅基地和闲置住宅利用法律法规和政策。要组织开展农村闲置宅基地和闲置住宅盘活利用典型案例征集推介活动，宣传盘活利用工作中涌现出的典型，营造良好的社会舆论氛围。

农业农村部

2019 年 9 月 30 日

附录3 《农业农村部关于开展休闲旅游和乡村旅游升级行动的通知》

农加发〔2018〕3号

各省、自治区、直辖市及计划单列市农业（农牧、农村经济）厅（局、委），新疆生产建设兵团农业局：

为深入贯彻党的十九大精神，认真落实《中共中央、国务院关于实施乡村振兴战略的意见》关于"实施休闲旅游和乡村旅游精品工程"的决策部署，促进农业高质量发展，加快培育乡村发展新动能，农业农村部决定开展休闲旅游和乡村旅游升级行动。现将有关事项通知如下。

一、深刻认识重要意义

休闲旅游和乡村旅游是农业旅游文化"三位一体"、生产生活生态同步改善、农村一产二产三产深度融合的新产业新业态新模式。党的十八大以来，休闲旅游和乡村旅游呈现持续较快增长态势，为农业农村经济发展和农民就业增收发挥着越来越重要的作用。但产业总体发展仍然不平衡不充分，中高端乡村休闲旅游产品和服务供给不足，发展模式功能单一，经营项目同质化严重，管理服务规范性不足，硬件设施建设滞后，从业人员总体素质不高，文化深入挖掘和传承开发不够等问题仍不同程度存在。开展升级行动，有利于推进农业供给侧结构性改革，促进农业转型升级；有利于发展农村新产业新业态新模式，加快培育农业农村发展新动能；有利于农民就近就地创业，促进农民就业增收；有利于改善农村人居环境，为城乡居民提供看山望水忆乡愁的好去处，满足人民日益增长的美好生活需要。实施升级行动对于推进休闲旅游和乡村旅游高质量发展，实施乡村振兴战略，加快

239

农业农村现代化，实现农业强、农村美、农民富，建设美丽中国健康中国都具有十分重要的意义。

二、准确把握总体要求

开展休闲旅游和乡村旅游升级行动要以习近平新时代中国特色社会主义思想为指导，践行"绿水青山就是金山银山"重要理念，贯彻落实中央1号文件精神，紧紧围绕实施乡村振兴战略，以深化农业供给侧结构性改革为主线，以建设美丽乡村、促进农民就业增收、满足居民休闲消费为目标，推进业态升级、设施升级、服务升级、文化升级、管理升级，推动乡村休闲旅游高质量发展，为加快推动农业农村现代化提供有力支撑。

开展升级行动，要坚持以人民为中心的发展思想，紧紧围绕农民就业增收和市民休闲旅游需求，不断增强城乡居民的获得感、幸福感、安全感；坚持以农业为基础的发展定位，积极拓展农业多种功能，因地制宜发展休闲观光、体验娱乐、科普教育、健体康养、民俗民宿等特色产业；坚持以绿色为导向的发展方式，遵循乡村自身发展规律，美化乡村生态环境，提供绿色优质产品和服务；坚持以创新为动力的发展路径，积极发展创意农业，创作一批充满艺术创造力、想象力和感染力的创意精品；坚持以文化为灵魂的发展特色，立足本地农耕文明，发掘民俗文化，拯救村落文化，弘扬乡贤文化，讲好乡村故事。

三、进一步明确目标任务

到2020年，休闲旅游和乡村旅游产业规模进一步扩大，营业收入持续增长，力争超万亿元。实现业态功能多样化、产业发展集聚化、经营主体多元化、服务设施现代化、经营服务规范化，打造一批生态优、环境美、产业强、机制好、农民富的休闲旅游和乡村旅游精品，支撑农业现代化、带动农民增收、促进美丽乡村建设的作用更加突出，满足城乡居民美好生活需要的能力进一步增强。

（一）培育精品品牌促升级。创新推动休闲旅游和乡村旅游品牌体系建设，以行政村镇为核心，建设一批天蓝、地绿、水净、安居、乐业的美丽休闲乡村（镇）；以集聚区为核心，建设一批功能齐全、布局合理的现代休闲旅游园区；以经营主体为核心，建设一批增收机制完善、示范带动力强的现代休闲农庄。全国上下联动、精心组织休闲旅游和乡村旅游大会、美丽乡村休闲旅游行等主题活动，分时分类向社会发布推介精品景点线路。鼓励各地因地制宜培育农业嘉年华、休闲旅游特色村镇、农事节庆、星级农（林、牧、渔）家乐等形式多样、富有特色的品牌。

（二）**完善公共设施促升级**。充分利用政府、社会和金融机构等不同渠道资金，加大对休闲旅游和乡村旅游公共服务设施建设的支持力度，改造提升一批休闲旅游村庄道路、供水、停车场、厕所、垃圾污水处理等设施，扶持建设一批设施齐全、功能完备、特色突出的美丽休闲乡村（镇）、休闲旅游园区和休闲农庄。鼓励因地制宜兴建特色餐饮、特色民宿、购物、娱乐等配套服务设施，满足消费者多样化的需求。

（三）**提升服务水平促升级**。组织开展休闲旅游和乡村旅游人才培训行动，加强行政指导、经营管理、市场营销等培训，培育一批积极性高、素质强、善经营的行业发展管理和经营人才。鼓励从业人员就近就地参加住宿、餐饮、服务等各种培训，增强服务意识、规范服务礼仪、提高服务技能，提升服务规范化和标准化水平。组织编制休闲旅游精品丛书，加强对休闲旅游设计、管理、营销、服务的指导。鼓励实行学历教育、技能培训、实践锻炼等多种教育培训方式提高从业者素质能力。

（四）**传承农耕文化促升级**。结合资源禀赋、人文历史和产业特色，挖掘农村文化，讲好自然和人文故事，建设有温度的美丽乡村，书写记得住的动人乡愁，提升休闲旅游和乡村旅游的文化软实力和持续竞争力。按照在发掘中保护、在利用中传承的思路，做好第五批中国重要农业文化遗产发掘保护认定，加大对已认定遗产保护和合理适度利用。举办中国重要农业文化遗产主题展，提高全社会对农业文化遗产保护工作的认识。

（五）**注重规范管理促升级。**梳理、修订和完善现有休闲旅游和乡村旅游标准，加大宣传和贯彻力度，提升产业标准化、规范化发展水平。注重发挥休闲旅游和乡村旅游协会、产业联盟和社会组织的桥梁纽带作用，形成经营主体自我管理、自我监督、自我服务的管理服务体系。加强对从业人员的诚信教育和服务考核，规范竞争行为，营造公平环境。加强安全宣传教育，强化安全意识，完善预警机制，提升应急能力。

四、切实强化保障措施

（一）**强化组织领导。**各地农业农村管理部门要从战略和全局的高度深化认识，把开展升级行动作为推动乡村振兴的重要举措，认真履行规划指导、监督管理、协调服务的职责，充实工作力量，建立高效的管理体系。要尽快组织制定发展战略、政策、规划、计划并指导实施，进一步明确目标任务和主要内容，大力推动休闲旅游和乡村旅游高质量发展。

（二）**强化政策落实。**要结合实际认真贯彻落实中央 1 号文件，农业部、财政部等 11 部门印发的《关于积极开发农业多种功能大力促进休闲旅游发展的通知》（农加发〔2015〕5 号）和农业部、国家发展改革委等 14 部门印发的《关于大力发展休闲旅游的指导意见》（农加发〔2016〕3 号）等系列政策措施，制订完善具体实施意见，协调各部门在用地、财政、税收等方面落实扶持措施，推动政策落地生效。

（三）**强化宣传引导。**充分利用报刊、电视、网络、微博、微信等各类媒体，大力宣传休闲旅游和乡村旅游政策措施，及时总结宣传新进展新成效、好做法好经验。要创新形式，举办各具特色、形式多样的发布推介活动，加强对各类精品品牌、先进主体、优秀人物宣传，发挥好典型示范的引领带动作用，传播好声音、好故事，营造产业发展良好氛围。

（四）**强化公共服务。**要加大监测统计力度，建立健全监测统计制度，开展动态监测分析，为产业发展提供数据支撑。加强对已认定全国休闲旅游和乡村旅游示范县等品牌的动态管理考核，研究设立考核标准和退出机制。鼓励引导社会资本参与信息服务平台建设，完善休闲旅游和乡村旅游网有关功能，提升信息化服务水平。充分发挥休闲旅游专家委员会、农业文化遗产专家委员会、休闲旅游重点实验室、研究所、创意中心、职业院校的人才优势，为产业发展提供智力支撑。

农业农村部

2018 年 4 月 13 日

附录 4   休闲农业和乡村旅游相关问答

1. 问：乡村振兴是国家大战略，休闲农业和乡村旅游作为新产业新业态，对乡村振兴应起到哪些作用？

答：乡村振兴，产业兴旺是基础。休闲农业和乡村旅游是乡村产业重要组成部分，也是一大亮点。它是横跨一二三产业、兼容生产生活生态、融通工农城乡的新产业新业态。在实施乡村振兴战略中，要大力发展休闲农业和乡村旅游，促进农业强、农村美、农民富、市民乐。其作用体现在：

一是促进产业兴旺有"市值"。休闲农业和乡村旅游是农村一二三产业发展的天然融合体，产业链长、涉及面广、内涵丰富。促进休闲农业和乡村旅游发展，要发掘农业的多种功能，夯实一产的基础，推动二产两头连，促进三产走高端。休闲农业和乡村旅游发展，要以农业农村资源为依托，与教育科普、健康养生、农事体验、乡土产品等结合，带动种养、加工、营销、电商、餐饮、住宿等一二三产业深入发展，让乡村资源优势变为经济优势，让农民的钱包鼓起来。

二是促进生态宜居有"颜值"。休闲农业和乡村旅游是绿水青山转化成金山银山的"金扁担"，可以将田园变公园、农区变景区、劳动变运动，空气变人气，在很多"山清水秀人也秀、鸟语花香饭也香"的农区周边，让乡村的景观靓起来，为市民提供"风餐露宿人情世故"（风景旅游、农家饭菜、景观道路、宿营房屋、人情味道、农事体验和故事传说）等服务，让人们享受"好山好水好风光"视觉愉悦。

三是促进乡风文明有"气质"。休闲农业和乡村旅游为广袤的农村大地"铸魂"，传承良好的乡风、民风和家风。休闲农业和乡村旅游，要结合当地的文化符号、文化元素，通过休闲养生、农耕体验等

244

活动，挖掘被掩藏被遗忘的民俗乡土文化、农耕饮食文化、图腾文化和民间工艺，将其激活、保护、传承和弘扬。在丰富休闲农业功能的同时，传承了博大精深的农耕文明，为乡村发展铸造文化灵魂。

四是促进治理有效有"基质"。休闲农业和乡村旅游以农民为主体、农村为场所，既有小农户和基层组织的自主经营，又有工商资本的参与带动，在发展过程中与农民和基层组织存在着千丝万缕的合作。这一过程中，休闲农业和乡村旅游将先进的管理模式、管理理念源源不断引入农村，潜移默化影响基层组织管理方式，促进自治、法治、德治"三治"体系的建立，激发基层组织自我组织、自我激励、自我调整、自我改进、自我创新的活力。

五是促进生活富裕有"品质"。休闲农业和乡村旅游能够极大提升农产品附加值，增加农民收入，扩大就业容量，有效提升农村产业的劳动生产率、土地产出率、资源利用率，让农业"有干头、有赚头、有奔头、有念头"。让农民就地就近就业，在"家门口"就有持续稳定的收入来源，使农民衣食住行无忧，日子过得更加体面。

2. 问：休闲农业和乡村旅游是适应消费结构升级应运而生的，取得了哪些成效？

答：近年来，各地以农业供给侧结构性改革为主线，以农村一二三产业融合发展为路径，加强规划引导，加大投入力度，因地制宜发展各具特色的休闲农业和乡村旅游，取得了积极成效。

一是产业规模不断扩大。目前，休闲农业和乡村旅游已从零星分布向集群分布转变，空间布局从城市郊区和景区周边向更多适宜发展的区域拓展，规模效应越来越凸显。据测算，2018 年全国休闲农业和乡村旅游接待人次超 30 亿，营业收入超过 8 000 亿元。休闲农业成为城市居民休闲、旅游和旅居的重要目的地，成为乡村产业的新亮点。

二是业态类型不断丰富。休闲农业和乡村旅游主要有三种类型：第一，以"农家乐"和聚集村为主的休闲旅游。这主要集中在城市郊区，以提供食宿、游乐、采摘、购物为主。第二，以自然景观、特色风貌和人文环境为主的生态旅游。主要集中在景区周边，发展风景旅游、农家饭菜、宿营房屋、农事体验等服务。第三，依托田园景观，以健康养生为主的休闲旅游。主要集中在气候宜人、资源独特、农业生产集中连片的区域，提供食宿、康养、保健等服务。此外，也形成了一些有特色的农业嘉年华、特色小镇等品牌。截至目前，全国已创建388个全国休闲农业和乡村旅游示范县（市），推介了710个中国美丽休闲乡村。

三是产业内涵不断拓展。由原来单纯的休闲旅游，逐步拓展到文化传承、涵养生态、农业科普等多个方面。在传统吃、住、行、游、购、娱基础上，更注重开发"好山好水好风光"的农业农村资源，发掘资源潜在价值。通过拓展科普教育、农事体验的功能，让人们享受青山绿水的视觉愉悦，近距离参与农业生产，了解乡村民俗，不断传承农耕文化。通过拓展养生养老、健身运动的功能，让城市居民到乡村居住，感受田园和农耕生活，充分享受返璞归真的喜悦。

四是就业增收不断增加。通过发展休闲农业和乡村旅游带动了餐饮住宿、农产品加工、交通运输、建筑和文化等关联产业，农民可以就地就近就业，还可把特色农产品变礼品、特色民俗文化和工艺变商品、特色餐饮变服务产品，增加了经营性收入。一些地方把民房变民宿，农家庭院变成农家乐园，增加了财产性收入。特别是一些贫困地区，发掘独有的稀缺资源，发展休闲农业和乡村旅游，有效带动农民脱贫致富。

3. 问：在实施乡村振兴战略中，如何促进休闲农业和乡村旅游持续健康发展？

答：休闲农业和乡村旅游是一个新兴产业，也是一个系统工程，需要统筹谋划、精准发力，为乡村振兴提供有力支撑。在推进思路上，要坚持"一个围绕，两个紧扣，三个突出，三个着力提升"。

一个围绕。就是围绕发展现代农业，运用现代科技、管理要素和服务手段，改造提升传统的休闲农业和乡村旅游，逐步实现生产、经营、管理、服务的现代化。

两个紧扣。一个是紧扣乡村产业振兴，让农业经营有效益、成为有奔头的产业，让农村留住人、成为安居乐业的美丽家园；另一个是紧扣农民持续增收，让农民足不出户就能获得稳定的收益，实现自身价值的提升和经营收入的增长。

三个突出。一是突出特色化。立足当地资源、区位和传统优势，打造特色突出、主题鲜明的休闲旅游产品。二是突出差异化。因地制宜、错位竞争，让消费者感受与众不同的景观和体验。三是突出多样化。设立针对不同消费需求的产品，满足消费者个性化需求，实现休闲旅游产品异彩纷呈。

三个着力提升。一是着力提升设施水平。从人性化、便利化、快捷化的角度，加强休闲旅游设施建设，让消费者尽情享受、顺畅游玩。二是着力提升服务水平。为游客提供休闲、观光、体验等服务，让游客玩得放心、住得安心、花得舒心。三是着力提升管理水平。创新管理理念，引进农业、旅游、人力、财务等多领域人才，实现质量效率同步提升。

围绕上述思路和要求，要重点抓好以下措施落实：一是强化规划引领。要立足资源优势、产业基础和市场需求，制定好发展规划，引导资金、技术、人才等向优势区域聚集。中央印发的《乡村振兴战略规划（2018－2022 年）》，对休闲农业和乡村旅游发展也作出了统筹安排。各地要按照规划要求，注重因地制宜和多规合一，切实抓好落实。二是强化精品打造。以行政村镇为核心，培育一批天蓝、地绿、水净、安居、乐业的美丽休闲乡村（镇）。以集聚区和经营主体为核心，建设一批功能齐全、布局合理、增收机制完善、示范带动力强的休闲农业精品园区和农庄。持续开展精品推介活动，推介农业嘉年华、休闲农业特色村镇、农事节庆等形式多样、富有特色的活动。三是强化规范管理。对乡村休闲旅游的标准进行梳理，制定修订一系列的技术规程和服务标准，提升产业的标准化、行业的规范化。组织开展人才培训，重点开展经营管理、市场营销、创意设计等培训，培养一批素质强、善经营的休闲旅游人才。要不定期地对休闲旅游聚集区的设施状态、安全责任、服务水平开展督促检查，保障服务规范、运营安全。四是强化设施完善。基础设施投入主要靠国家、省级、市县级的交通建设规划和旅游景点的建设规划投入。农业农村部门要加强与有关部门的沟通协调，密切配合、共同推进。旅游景点设施投入主要靠经营主体自筹资金解决，国家予以适当补助。要引导经营主体利用现有的一些农业项目补助资金，更主要是撬动金融等社会资本支持。五是强化业态丰富。对农家乐、农事体验等一些传统业态，要通过改造基础设施、提升服务水平、创新营销模式，实现"老树开新花"。适应消费升级需要，引导经营主体发展高端民宿、康养基地、摄影基地、教育农园等高端业态。因地制宜创制深度体验、新型疗养等新型业态，发展森林疗养、音乐康养等服务。

4. 问：促进休闲农业和乡村旅游健康发展，在工作中应注重把握好哪些问题？

答：针对当前休闲农业和乡村旅游发展中出现的新情况新问题，要加强引导，规范管理，保持良好的发展势头。重点要处理好以下几个关系。

一要处理好政府引导与市场主体的关系。发挥市场配置资源的决定性作用。充分调动各类市场主体从事休闲农业的积极性，才能有效地将社会的资金、技术、人才等要素与农业特色产业、农村生态与环境、农民生活与文化等优势相结合，创造出满足城镇居民体验农业、回归自然、回报乡村需求的新产业新业态，才能在政策和规则的框架下，使得休闲农业在经营上更加灵活多样，在机制上更加充满活力，在服务上更加贴近市场需求。更好发挥政府的引导作用。政府通过制订发展规划，引导休闲农业的发展方向；通过制定优惠政策和措施，吸引社会主体参与；通过强化管理服务，促进规范服务，提档升级。如果缺乏正确的引导，就会出现诸如损害农业基础、破坏生态环境、侵害农民权益等问题。

二要处理好农民主体与社会参与的关系。尊重农民的意愿和主体地位。发展休闲农业必须把促进农民就业创业、增加农民收入作为根本出发点和落脚点，不论是搞休闲观光还是餐饮服务，都要健全利益联结机制，让农民深度参与，这样才能持续稳定发展。引导社会资本参与，聚集更多资源要素。鼓励城市工商资本进入乡村，兴办休闲农业和乡村旅游，解决乡村产业发展中资金短缺问题，将更多的先进管理经验、信息技术和营销网络引入乡村，做大做亮这一产业。同时，资本下乡要带动老乡，不能代替老乡，更不能剥夺老乡。农家乐不能光让老板乐，还得让农民乐。

　　三要处理好经济效益与生态效益的关系。注重经济效益提升。休闲农业和乡村旅游是一个产业，要遵循经济规律，投资要有收益，经营要有利润，这样才能持续，否则就办不下去，留下一个烂摊子，投资损失更大，农民收益得不到保障。注重生态环境保护。天人共美、相生共荣的好生态，是休闲农业和乡村旅游的独特吸引力和竞争力。发展休闲农业和乡村旅游，要坚持生态为先，践行好"两山"理念，美化山水林田湖草。严禁开山填湖、破坏生态，杜绝毁坏村容村貌，严格落实耕地保护制度。

主 要 参 考 文 献

潘贤丽，2009. 观光农业概论 [M]. 北京：中国林业出版社.

史亚军，秦远好，2012. 休闲农业概论 [M]. 北京：中国农业出版社.

王浩，李晓颖，2011. 生态农业观光园规划 [M]. 北京：中国林业出版社.

李卫东，2015. 休闲农业创意 [M]. 北京：中国农业大学出版社.

刘莹莹，2006. 我国休闲农业发展研究 [D]. 太原：山西财经大学.

鲁明勇，2010. 区位结构、投融资与乡村旅游产权制度的形成——以湘西民族地区为例 [J]. 贵州民族研究 (5)：105-111.

佚名，2017. 国外休闲农业的 7 种模式 [J]. 吉林农业 (2)：64-65.

郑健雄，2009. 休闲旅游产业概论 [M]. 北京：中国建筑工业出版社.

周建明，蔡晓霞，宋涛，2011. 试论我国乡村旅游标准化发展历程及体系架构 [J]. 旅游学刊，26 (2)：58-64.

伍鹏，2013. 休闲活动策划与管理 [M]. 北京：清华大学出版社.

杨桂华，王秀红，2016. 乡村旅游经营手册 [M]. 北京：中国旅游出版社.

戴美琪，游碧竹，2006. 国内休闲旅游发展研究 [J]. 湘潭大学学报（哲学社会科学版），30 (4)：144-148.

黄飞，袁燕生，2008. 我国农业政策手段的运用与绩效分析以乡村旅游政策为例 [J]. 农业经济科技 (6)：35-36.

李玉新，吕群超，2018. 乡村旅游产业政策演进与优化路径基于国家层面政策文本分 [J]. 现代经济探讨 (10)：118-124.

马聪灵，2016. 近年乡村旅游政策成效评估 [J]. 中国发展观察 (20)：55-58.

盘晓愚，2009. 中国乡村旅游的发展阶段和新趋势 [J]. 河北农业科学 (9)：58-61.

周玲强，黄祖辉，2004. 我国乡村旅游可持续发展问题与对策研究 [J]. 经济地理 (4)：537-542.

赵仕红，2018. 休闲农业旅游市场制度环境分析 [J]. 江苏农业科学 (16)：345-350.

陆林，2019. 乡村旅游引导乡村振兴的研究框架与展望 [J]. 地理研究 (1)：102-118.

银元，李晓琴，2018. 乡村振兴战略背景下乡村旅游的发展逻辑与路径选择 [J]. 国家行政学院学报（5）：182－188.

张薇，秦兆祥，2018. 以互联网＋乡村旅游为抓手推动农村产业升级的思考［J］. 农
    业经济（11）：27－28.